HEYNE <

Natalie Buchholz

DER ROTE SWIMMINGPOOL

Roman

WILHELM HEYNE VERLAG
MÜNCHEN

Sollte diese Publikation Links auf Webseiten Dritter enthalten, so übernehmen wir für deren Inhalte keine Haftung, da wir uns diese nicht zu eigen machen, sondern lediglich auf deren Stand zum Zeitpunkt der Erstveröffentlichung verweisen.

MIX
Papier aus verantwortungsvollen Quellen
FSC® C014496

Verlagsgruppe Random House FSC®N001967

Taschenbucherstausgabe 09/2020

Neumarkter Str. 28, 81673 München
Printed in Germany
Umschlaggestaltung: Covergestaltung: Nele Schütz Design, München,
nach dem Originalcoverdesign von: Anzinger und Rasp, München
Covermotiv: Jessie Reeder/Getty Images
Druck und Bindung: GGP Media GmbH, Pößneck
ISBN: 978-3-453-42348-0

www.heyne.de

Für Grisou & Mignonne

Aus der Urteilsbegründung:

Der Angeklagte wird zu hundertzwanzig Arbeitsstunden verurteilt, die in der Altenpflege abzuleisten sind. Damit wird dem Vorschlag der Jugendgerichtshilfe stattgegeben. Von einer Freiheitsstrafe wird abgesehen, da der Angeklagte geständig ist, Reue zeigt und sich seines Fehlverhaltens bewusst ist. Auch gibt es keinen Verdacht auf Wiederholungsgefahr. Die Höhe der Bestrafung ergibt sich aus der Schwere der Tat und der bewussten Inkaufnahme eines größeren Unglücks.

1

Eigentlich war bei uns zu Hause alles gut. Ich meine, wir hatten immer viel Spaß zusammen, lachten oft, meine Eltern küssten sich sogar noch. Das kam bei den Familien meiner Freunde überhaupt nicht vor. Jedenfalls sah ich nie, wie sich die Eltern meiner Freunde küssten oder Händchen hielten. Die meisten waren sowieso geschieden, bis auf die Eltern von Tom. Die lebten zusammen. Aber nur, um sich anzukeifen. Wenn die sich geküsst hätten, wäre Toms Weltbild zusammengebrochen. Er hätte sich neu erfinden müssen. Denn Tom definiert sich oft über die Beziehung, die seine Eltern nicht führten.

Meine Eltern führten eine. Eine gute sogar. Es war schön, ihnen dabei zuzusehen, wenn sie miteinander sprachen oder einfach nur nebeneinandersaßen. Dann leuchtete etwas auf zwischen ihnen. Etwas Großes, Helles, das alles überstrahlte. Das fanden auch Tom und die anderen, die zu uns kamen. Alle kamen gerne zu uns. Wir hatten das größte Haus und einen Swimmingpool, ein Fünfzehnmeterbecken, das mein Vater extra für meine Mutter hatte bauen lassen. Im Garten. Und da war meine Mutter, *la bombe*.

Meine Freunde liebten ihren schwarzen Badeanzug. Am Bund, knapp über dem rechten Bein, gab es ein goldenes Zeichen, das aussah wie eine kleine Krone. Es war nur ganz klein, aber es machte diesen Badeanzug zu etwas Besonderem. Es machte meine Mutter in diesem Badeanzug zu etwas Besonderem. Sie war die Königin aller Mütter – und ich wusste das.

Meine Freunde wussten das. Ich wusste, dass meine Freunde es wussten. Und meine Mutter wusste, dass wir es wussten. Es fühlte sich gut an.

Und dann war da ihre Art zu sprechen. Weich und durch die Nase. Sie machte aus jedem »u« ein »ü« und aus jedem »e« ein »ö«, auch dann, wenn das Wort, das sie sagen wollte, gar nicht mehr richtig zu verstehen war. Ich hatte nur einmal einen Schulkameraden mit nach Hause gebracht, der meinte, meine Mutter würde ziemlich bescheuert reden. Ich schubste ihn samt Klamotten ins Becken und lud ihn nie wieder ein. Alle anderen sagten nie ein böses Wort über den Akzent meiner Mutter. Sie kamen nicht nur wegen des Pools, sie kamen auch wegen ihr. Weil sie so sprach, wie sie sprach, weil sie jedem von ihnen mit der Hand über die Wange strich und sagte, wie sehr sie sich freue, dass sie mich besuchten, und weil sie so lächelte, wie nur meine Mutter lächeln konnte.

Mein Vater war oft unterwegs. Doch wenn er von seinen Dienstreisen nach Hause kam, ging er sofort zu ihr. Ich hörte den Schlüssel im Schloss, das Klicken des Gestells am Rollkoffer, das eingefahren wurde, das kurze Seufzen, das er jedes Mal von sich gab, nachdem die Tür hinter ihm zugefallen war, und dann sah ich, wie er in seinem Anzug hinaus zum Pool ging und sich an den Beckenrand stellte. Seine Schuhspitzen ragten ein wenig über den Rand hinaus, als würde er jeden Augenblick nach vorne kippen. Ich sah sein Gesicht nicht, aber ich wusste, dass er vor Freude grinste. Dass er unruhig mit den Zehen in seinen Schuhen wackelte.

Ich weiß nicht warum, aber meine Mutter zog ihre Bahnen meistens, kurz bevor er nach Hause kam. Ich glaube, sie machte das extra, damit mein Vater sich an den Rand stellen und sie beim Kraulen bewundern konnte. Dann folgte die immer gleiche Szene: Meine Mutter schwamm auf ihn zu, schlug mit einer Hand am Beckenrand an, schwang sich aus dem Wasser und lächelte ihn an, während sich ihr Brustkorb vor Anstrengung hob und senkte. Mein Vater stand vor ihr wie ein großer Schuljunge, die Hände in den Hosentaschen vergraben, und lächelte zurück. Das war der Moment, in dem zwischen ihm und ihr die Sonne aufging, immer weiter nach oben wanderte und etwa auf der Höhe ihrer beiden Köpfe stehenblieb, wo sie ein warmes, kräftiges, pink-gelbes Licht ausstrahlte.

Ja, eigentlich war bei uns zu Hause alles gut. Wann immer mein Vater nach Hause kam, gab es Sonnenaufgänge. Danach Quiche Lorraine, gebratene Zucchini oder gefüllte Tomaten. Später eine Schüssel mit Erdnussflips oder Eis-Sandwich. Rommé oder Monopoly oder eine Partie Schach mit meinem Vater. Es gab keine Streitereien, keine nervigen Geschwister, keine getrennten Betten. Alles war gut. Solange meine Mutter meinen Vater anlächelte und sich die Sonne bereitmachte für ihren großen Auftritt, war alles gut.

Mein Vater arbeitet als Unternehmensberater. Was genau er tut, habe ich nie richtig verstanden. Ich weiß nur, dass er viel Geld verdient und dass es heißt, er sei kein typischer Unternehmensberater. Keiner von der Sorte, der einfach so Leute entlässt. Mein Vater ist anders. Vielleicht liegt es daran, dass er elf Geschwister hat, aus Polen und vom Bauernhof kommt und nur durch Zufall zum Studium gekommen ist. Ursprünglich hätte er Pfarrer werden sollen. Immer dann, wenn der aktuelle Dorfpfarrer anfing, senil zu werden, bestimmte die Dorfgemeinschaft einen Jungen, den sie auf die geistliche Laufbahn schickte. Die Wahl fiel auf meinen Vater. Da war er gerade mal dreizehn. Es gab einen Kassenwart, der genau für diesen Zweck monatlich von allen Dorfbewohnern Geld einsammelte, um das Internat zu bezahlen, auf das er gehen sollte. So kam mein Vater auf eine höhere Schule. Und zum ersten Mal raus aus dem Kaff, in dem er aufgewachsen war. Weg von den Kühen, Schweinen, Silos und den Fliegen, die in der Stube so lange herumschwirrten, bis sie an den Klebestreifen, die wie Girlanden von der Decke hingen, hängenblieben. Im Internat merkte er schnell, dass er auf keinen Fall Pfarrer werden wollte. Er konnte mit der Kirche nichts anfangen. Nichts mit den Morgenandachten, nichts mit dem »Lass-die-Finger-weg-von-da-unten«, nichts mit den Kapuzinern, die mit ihren Psychogewändern durch die alten Gemäuer huschten. Nur bei dem Bier und der rothaarigen Kellnerin vom Braukeller, in den er sich so oft wie möglich wagte, kam er auf den Geschmack. Aber das war nicht der Grund, warum er letzten Endes doch auf dem Internat blieb. Er blieb, weil er im Dorf niemanden enttäuschen wollte. Sie hatten für ihn bezahlt, sie hatten auf ihn gesetzt. Wenn er alles hinschmiss, wäre die Scham für seine Eltern groß gewesen. Er fürchtete weniger die Tränen seiner Mutter als die Tracht Prügel seines Vaters. Also blieb er bei den Kapuzinern und verschob die Entscheidung auf später. Er ahnte auch, dass ihn das Internat weiterbringen würde. Weiter als seine sieben Schwestern, weiter als seine vier Brüder. Weiter als alle anderen, die zu Hause Schweine schlachteten, Kühe molken oder die Äcker pflügten. Und so machte mein Vater Abitur. Bis zum Abitur verlor er jeden Tag ein wenig mehr von seinem schlechten Gewissen, dass er die Situation ausnutzte. Als es dann soweit war, seinen Leuten die Wahrheit zu sagen, starb sein Vater. Er ging zur Beerdigung, verkündete beim Leichenschmaus den Anwesenden, dass er sich dagegen entschieden hätte, für sie zu beten und zu predigen, spendierte ihnen einen Quittenschnaps und dann noch einen, packte seinen großen Rucksack und zog nach München, um Betriebswirtschaft zu studieren. Er hatte beschlossen, in Deutschland zu leben, dort Karriere zu machen und reich zu werden. Er jobbte als Parkplatzwächter, als Türsteher und im Kino, bestand schließlich sein Examen, fand eine Stelle in einem großen Unternehmen, verdiente sein erstes Geld und fuhr damit nach Frankreich. Dort sah er meine Mutter, wie sie am Strand von La Torche ihr dunkles, langes Haar zu einem Knoten zusammenband, lief barfuß zu ihr hin, reichte ihr die Hand, damit sie über die Sandburg hüpfen konnte, die sie mit ihrer Schwester, meiner Tante, gebaut hatte, gab ihr drei Kugeln Eis aus, Erdbeere, Vanille und Schokolade, lernte Französisch, nahm sie mit nach München, steckte ihr einen Ring an den Finger und hielt mich sieben Monate später in den Armen. Ich war ein Frühchen.

Seine Familie sah er nie wieder.

Meine Mutter sprach damals im Gegensatz zu meinem Vater, der alles, was er wollte, schnell erlernte, wenig Deutsch. Zwar hatte sie das Fach in der Schule gewählt, doch mehr als »Dankö« und »Bittö« war davon nicht übriggeblieben. Sie unternahm in den ersten Jahren auch nicht den Versuch, Deutsch zu lernen. Sie kam ganz gut ohne durch. Erst später ließ sie sich dreimal die Woche von einer kleinen dicken Frau, die permanent schwitzte und mir oft eine Kleinigkeit zum Spielen mitbrachte, zu Hause unterrichten. Aber ihren Akzent, den behielt sie.

Überall, wo meine Mutter auftauchte, machte man ihr Komplimente. Sie behauptete, es läge daran, dass sie so aussah, wie Deutsche sich eine Französin vorstellten: blasse Haut, dunkles Haar, grüne Augen und Lollos (meine Mutter nannte ihre Brüste Lollos) so groß wie Galiamelonen. Mein Vater hingegen meinte, es sei der französische Akzent, auf den alle abführen. Ihr Akzent allein reiche aus, um bei seinen Freunden – und bei meinen – ein Feuerwerk an Phantasien auszulösen. Sobald ein Nachbar, ein Lehrer oder der Postbote beim Anblick meiner Mutter mal wieder den Mund nicht zubekam, sagte mein Vater, dass er sich jetzt bestimmt vorstelle, wie meine Mutter auf ihn zukomme, sanft die Hand an seinen Bauch lege, sich mit der Zunge über die Lippen fahre, den Mund öffne, kurz aufstöhne, ihren heißen Atem in seinem Nacken verteile und etwas flüstere, direkt in die Ohrmuschel hinein, ganz egal was, Hauptsache auf Französisch. Meine Mutter lachte, wenn sie das hörte. Laut und freudig. Sie klatschte dabei in die Hände, die Finger weit auseinandergespreizt. Auch ich musste lachen. Nicht, weil ich es lustig fand. Ich lachte, weil mich das Lachen vor den erotischen Bildern schützte, die mein Vater von meiner Mutter zeichnete und die ich schnell wieder aus dem Kopf kriegen wollte.

Ich glaube, meine Mutter bezauberte alle, weil sie dieses Lächeln hatte. Ein Lächeln, das einen wach werden ließ, wenn man müde war. Hungrig, obwohl man gerade gegessen hatte. Und gesund, wenn man krank war. Das Lächeln meiner Mutter hatte die Gabe zu heilen.

2

Als ich bei den Schedels ankomme, bin ich über eine Viertelstunde zu spät. Der alte Ostermann, fast hundert, halb blind, inkontinent, ziemlich stur und ein Odeur von saurer Milch aussendend, hatte mich nicht gehen lassen wollen. Er ist so einsam, dass er sich regelrecht an mir festkrallt, wenn meine Zeit bei ihm um ist. Der alte Sturkopf will, dass ich mir seine Geschichten von früher anhöre. Die sind gar nicht mal uninteressant. Er erzählt vom Krieg, von den Russen, vor allem aber von seiner Frau, wie er sie kennengelernt hat, in der Eisenbahn von Salzburg nach München. Es fällt mir schwer, ihn allein zu lassen mit seiner Einsamkeit. Deswegen bleibe ich oft noch ein bisschen länger, als ich sollte. Zum Ärger der jungen Schedel, die bestimmt auch schon um die siebzig ist und es mit der Uhrzeit ganz genau nimmt. Eine Beamtin, auch noch in Rente. Selbst bei dreißig Grad im Schatten.

Die Sonne knallt mit voller Wucht herab, der Asphalt schmilzt schon, obwohl es Vormittag ist. Auf den Reifen meines Fahrrads haben sich glänzende schwarze Schlieren gebildet, die an meiner Hose klebenbleiben, während ich mich über das Fahrrad bücke, um das Schloss durch die Speichen zu ziehen und am Gartenzaun festzumachen. Ich fahre mit den Händen über die ölige Substanz und reibe sie nur noch mehr in den Stoff. Bevor ich fluchen kann, steht die junge Schedel in der Tür und sieht mich schief von der Seite an. Ich spucke meinen Kaugummi in Richtung Gully, murmele eine Entschuldigung, zwänge mich an ihr vorbei in den dunklen Flur, in dem es angenehm kühl ist, lege meine Tasche ab und gehe, ohne die junge Schedel noch einmal anzusehen, die Treppen nach oben in den dritten Stock. Von Stufe zu Stufe steigt die Temperatur. Die junge Schedel läuft mir hinterher, hält gerade mal zwei Stufen Abstand, den Kopf immer auf Höhe meines Hinterns, und jammert, dass mit ihrer Mutter ständig alles schlimmer werde, dass sie inzwischen nicht mal mehr selbst essen könne, ohne sich vollzumachen wie ein Baby, aber sie andauernd rumkommandiere. Ich sage kein Wort, stapfe eine Stufe nach der anderen hoch und merke, wie mir übel wird. Wie mir mein Brechzentrum im Hirn signalisiert, schnellstens einen Ort aufzusuchen, an dem ich ungestört meinen Mageninhalt entleeren kann. Die Hitze, der Saure-Milch-Geruch vom alten Ostermann, seine flehenden Augen, als ich mich verabschiedete, die junge Schedel, die mir am Hintern klebt wie eine Fliege – all das hat mir auf den Magen geschlagen. Ich muss mich zusammennehmen, um mich nicht auf der Stelle zu übergeben und der jungen Schedel noch mehr Grund zu geben, mich nicht zu mögen.

Als ich oben ankomme, drehe ich mich kurz zu ihr um und nicke in Richtung Klo, in das ich sofort verschwinde. Es ähnelt einer Flugzeugtoilette: ganz klein und mit einer hellbraunen Schiebetür aus Kunststoff, die sich auf- und zufalten lässt. Und durch die man jeden Huster und jedes Papierrascheln hört. Ich bin mir sicher, sie würde mitbekommen, wenn ich in die Toilette kotze. Und das möchte ich nicht.

Also öffne ich den Wasserhahn und das Fenster rechts neben dem Waschbecken. Ich lasse kaltes Wasser über die Handgelenke und den Nacken laufen, atme dabei tief ein, trinke zwei Schluck direkt aus dem Hahn und spüre, wie sich der Druck in meiner Magengegend entspannt. Als ich mich wieder aufrichte, sehe ich in mein Gesicht, das mir von einem militärgrünen Spiegelschrank entgegenblickt. Fahl, blass, fettig vom Schweiß. Ich fahre mir mit der Hand über die Stirn und höre, wie die junge Schedel draußen im Treppenhaus ungeduldig mit den Füßen trippelt, wie sie nur darauf wartet, dass ich die Tür wieder auffalte und sie mich weiter vollquatschen kann. Der Brechreiz würde sofort wiederkommen. Und dieses Mal würde ich ihn nicht unterdrücken können. Ich lasse den Wasserhahn weiterlaufen und nähere mein Gesicht dem Spiegel. So nah, dass meine Nase fast die Oberfläche berührt. Seit einigen Tagen habe ich auf Stirn und Nase Hitzepickel. Ich fahre mit dem Zeigefinger über zwei Erhebungen, die sich parallel, als hätten sie sich abgesprochen, über meinen Augenbrauen gebildet haben und zu groß sind, um sie zu ignorieren. Gerade, als ich einen der beiden Pickel quetschen möchte, bemerke ich, wie mich aus dem Garten der Schedels zwei Augen anglotzen, die zu einem Mädchen in knappen Jeans und rotem Shirt gehören. So schnell ich kann, schließe ich das Fenster, ziehe pro forma die Klospülung und stehe kurz darauf schweißgebadet vor der jungen Schedel, die mich sofort weiter zutextet, während ich darüber nachdenke, ob mir gerade wirklich ein Mädchen dabei zugesehen hat, wie ich mein bleiches Gesicht akribisch nach Hautunreinheiten abgesucht habe.

3

Die erste Schallplatte, die mein Vater mir von einer seiner Dienstreisen mitbrachte, war leuchtend blau. Mein Vater hatte sich nie wirklich viel aus Musik gemacht. Aber er mochte Schallplatten. Weil sie ihn an die rothaarige Kellnerin vom Braukeller erinnerten, die jeden Samstag ein paar Scheiben auflegte, wenn der Braukeller eigentlich schon geschlossen war und nur noch der harte Kern blieb. Dann fing sie an zu tanzen, mal in einem gelben, mal in einem weißen Kleid, aber immer in einem, das viel Ausschnitt zeigte. Sie drehte sich zwischen den Barhockern hin und her und suchte sich stets einen anderen aus, den sie aufforderte, seine Arme um ihren Hals zu legen und mit ihr im Takt der Musik zu schwingen. Meinen Vater ließ sie immer aus. Er war ihr zu jung, zu grün hinter den Ohren. Nur einmal, als fast alle schon gegangen waren oder besoffen über ihren Krügen hingen, zog sie ihn vom Tresen weg. Mein Vater konnte nicht tanzen, auch nicht so tun, als ob. Er stolperte von einem Eck ins andere und fiel schließlich vor ihr auf die Knie. Die Musik ging aus, nur das Rauschen der Nadel, die nicht automatisch nach oben gegangen war, sondern durch die letzte Rille der Platte fuhr, war zu hören. Da bückte sie sich und bat meinen Vater, eine neue Scheibe aufzulegen. Und noch eine. Und noch eine. Von dem Tag an legte mein Vater jeden Samstag, wenn er sich aus dem Internat in den Braukeller stehlen konnte, die Handvoll Schallplatten auf, die sie besaß. Er tat es für die rothaarige Kellnerin und weil es der wärmste Ort war, den er bis dahin kennengelernt hatte. Auf dem Hof seiner Eltern hatte er nur Kühe, Schweine, Silos und die Kartoffelernte gekannt. Viel Arbeit, kaum Freizeit. Hier und da mal heimlich eine Zigarette mit einem seiner Brüder. Das war alles. Viel zu lachen hatte es in seiner Kindheit nicht gegeben.

Als er in Dänemark dann die blaue Platte sah, kaufte er sie. Er kaufte sie nur, weil sie blau war, weil Blau seine Lieblingsfarbe war und weil die erste Schallplatte, die er im Braukeller in den Händen hielt, auch blau gewesen war. Es war das erste farbige Vinyl, das ich bekam, und es sollte nicht das letzte sein. Von jeder Dienstreise, die danach folgte, brachte mein Vater mir eine bunte Scheibe mit. Ganz egal, was für Musik es war und ob ich etwas damit anfangen konnte. Hauptsache, sie war rot, gelb, grün, blau oder transparent. Das war sein Spiel, seine Herausforderung. In welchem Land auch immer er war, er musste eine bunte Platte finden. Was ihm natürlich gelang.

Bei jeder neuen Errungenschaft schlug er einen langen Nagel in die große weiße Wand in meinem Zimmer, nahm die Platte aus der Hülle, steckte sie drauf und erzählte mir dabei von der rothaarigen Kellnerin. Wie sie das Bier in die Krüge laufen ließ, bis der Schaum über den Rand schwappte. Wie sie die Schuhe von den Fersen gleiten ließ, wenn sie in Fahrt kam, und barfuß über den alten Holzboden fegte. Wie sie in Windeseile hinter den Tresen huschte und einen flotten Spruch fallen ließ, sobald ihr Chef vorbeikam, um nach dem Rechten zu sehen. Sie war ein Fuchs, kaum zu bändigen.

Im Laufe der Zeit füllte sich meine Zimmerwand mit den bunten Scheiben. Es machte mir nichts aus, dass er die Platten aus den Hüllen nahm, mit seinen breiten, festen Händen auf die Rillen tatschte und sie wie tote Schmetterlinge an die Wand pikte. Die meisten Platten wollte ich sowieso nicht abspielen, und an der Wand sahen sie gut aus. Ich fühlte mich wie ein Musikproduzent, der seine Trophäen ausstellte.

Meiner Mutter brachte er von seinen Dienstreisen jedes Mal einen besonderen Blumensamen mit, den er in eine kleine Schatulle steckte, genau an die Stelle, an der normalerweise ein Ring blinkte. Meine Mutter öffnete die Schatulle stets so gespannt, als erwartete sie Perlenohrringe oder ein Collier, drehte dabei verschämt ihr rechtes Bein am Boden von innen nach außen, sprang in die Höhe, klatschte in die Hände, fiel meinem Vater in die Arme und lehnte ihren Kopf an seine Brust, damit er sie nur noch zu umarmen brauchte, damit die Sonne ein weiteres Mal aufging. Die Samen pflanzte meine Mutter in Blumentöpfe aus Plastik, Keramik oder Blech, die überall verstreut im Wintergarten lagen. Die Samen, die schon gekeimt hatten und zu Pflanzen geworden waren, stellte sie im Sommer nach draußen an den Swimmingpool oder pflanzte sie in seine Nähe. Er war eine richtige Oase mit einem Ginkgobaum, einer Trauerweide, einer Blutbuche, Stachelbeersträuchern und Lavendel. Die Mütter meiner Freunde sagten, unser Garten sähe typisch französisch aus. Ich wusste nicht genau, was sie damit meinten. Ich wusste nur, dass es ein Kompliment war, weil alles, was französisch war, für die Leute irgendwie gut war.

Dass sich zwischen meinen Eltern etwas verändert hatte, spürte ich zum ersten Mal an dem Tag, an dem mein Vater mir aus London eine Tasse mit der Queen drauf mitbrachte und meiner Mutter einen Blumenstrauß. Ich hörte den Schlüssel im Schloss, das Klicken des Gestells am Rollkoffer, das eingefahren wurde – und danach eine Weile nichts. Irgendwann wurde die Toilettenspülung gezogen, und ich sah, wie mein Vater hinaus zum Swimmingpool ging, die Hand wie ein Kellner auf den Rücken gelegt, den Blumenstrauß fest im Griff. Ich saß am Tisch im Wintergarten und schaute durch die großen Scheiben nach draußen. Meine Mutter legte gerade ihre Handflächen auf den Rand des Beckens, nahm Schwung und stemmte sich nach oben, drehte sich in der Luft um ihre eigene Achse, setzte ihren Po am Beckenrand ab, sodass nur ihre Füße im Wasser waren, und erhob sich dann zu meinem Vater, der stumm vor ihr stand. Meine Mutter strahlte ihn an, aber sie lächelte nicht. Und die Sonne, die sonst immer da gewesen war, schien verhalten hinter einer Wolke hervor, die ihr das Licht nahm. Ich weiß noch, dass ich dasaß und mir diese Szene, die sich vor mir abspielte wie im Kino, endlos vorkam, dass ich sie ankurbeln wollte, damit alles wieder so würde wie sonst. Mein Vater drehte sich zu mir um, als wüsste er, dass ich ihn beobachtete, und sah mich lange an. Er war noch nie ohne quadratische Plastiktüte und ohne Schatulle in der Hand von einer Dienstreise nach Hause gekommen. Nie hatte er es sich verkniffen, mich raten zu lassen, welche Farbe er wohl dieses Mal ergattert hatte. Gemeinsam hatten wir eine Stelle an der Wand in meinem Zimmer ausgesucht, was in all den Jahren immer schwieriger geworden war. Und jetzt stand mein Vater dort im Schatten, winkte mich zu sich und übergab mir die Queen.

4

Die alte Schedel sitzt auf dem Sofa und starrt auf den brüllenden Fernseher. Ein junger Mann küsst gerade eine junge Frau mit viel Ausschnitt vor einer Bergkulisse. Hinter dem Paar steht ein anderer junger Mann mit einem Gewehr in der Hand und brüllt wie ein Ochse. Es dröhnt in meinem Kopf, während ich mich neben die alte Schedel setze und darauf warte, dass sie meine Hand nimmt und sie tätschelt, so wie immer. Der junge Mann mit dem Gewehr zielt mit hochrotem Kopf auf den anderen jungen Mann. Die Frau mit viel Ausschnitt löst sich von ihrem Geliebten, gibt einen erschrockenen Laut von sich und schlägt die Hände vor die Brust, als sich der Schuss aus dem Gewehr löst und ihren Geliebten mitten ins Herz trifft. Ich greife in meine Hosentasche und ziehe die Packung Karamellguttis hervor, die ich der alten Schedel mitgebracht habe. Sie liebt Bonbons, sie liebt Zucker, besonders wenn er zwischen den Zähnen knirscht. In das Glas für ihre Dritten schmeißt sie jeden Abend eine Reinigungstablette mehr rein als nötig. Damit sie überhaupt noch sauber werden und um ihre Tochter zu ärgern, die jeglichen Verbrauch der alten Schedel penibel kontrolliert.

Die alte Schedel grinst mich an, zeigt mir ihre künstlichen Zähne, greift nach den Bonbons und streichelt mir endlich über die Hand. Sie hat ganz weiche Haut. Nicht so ledrig wie die vom Ostermann. Eher samtig, fast durchsichtig. Jede Vene und noch so kleine Arterie schimmert blau hindurch. Ihre Fingernägel aber sind groß und gelblich und gebogen.

Wie bei einem Tier. Sie passen nicht zu der feinen Hand, die sich anfühlt, als ob sie fast ein Jahrhundert lang nur die Tasten eines Klaviers berührt hätten. Eine Weile sitzen wir nebeneinander und schauen uns den Abspann der Sendung an. Die alte Schedel braucht ihre Zeit, um aufzutauen. Am Anfang sagt sie nie viel. Später dafür umso mehr. Auch wenn sie nicht mehr so aussieht, für ihre neunzig ist sie im Kopf noch erstaunlich fit.

Die Abspannmusik wummert durch das unerträglich stickige Dachgeschoss. Ich spüre den Bass am Boden durch meine Fußsohlen hindurch. Die alte Schedel aber sitzt da, als lausche sie dem Zwitschern eines entfernten Vogels. Wiegt dabei leicht den Kopf hin und her. Als endlich die Werbung eingeblendet wird, stehe ich auf und schalte den Fernseher aus. Es wird Zeit, die alte Schedel zu waschen und in den Garten zu tragen, raus an die frische Luft.

Zur Dusche schafft sie es alleine. Schritt für Schritt schlurft sie durch das Zimmer. Ich helfe ihr aus der Bluse und der grauen Strickjacke mit dem riesigen goldenen Knopf, ziehe ihr auch das Unterhemd aus, das schon leicht verschlissen ist. Sie tut immer etwas beschämt, aber ich weiß genau, dass sie es genießt, gewaschen zu werden. Im Bad, das so klein ist, dass wir gerade so hineinpassen, gibt es zwei Waschlappen. Einen kleinen hellblauen fürs Gesicht und den Oberkörper. Einen großen rosafarbenen für Füße, Beine und den Intimbereich. Auf dem Waschlappen für untenrum ist ein kleines Schwein eingestickt, das auf einem Sprungbrett steht, kurz davor, ins Becken zu springen, in dem ein weiteres Schwein mit einer Schleife auf dem Kopf planscht. Beim Anblick des Waschlappens muss ich daran denken, wie mein Vater den Swimmingpool für meine Mutter bauen ließ. Meine Mutter vermisste das Meer. Sie vermisste es, morgens zum Strand zu laufen und in die Wellen zu steigen. Bis zur vierten Boje zu schwimmen und wieder zurück. Sie hatte es mehrmals beim Frühstück erwähnt und dabei selig in die Ferne geguckt. Eines Tages war mein Vater in mein Zimmer gekommen und hatte gesagt: »Adam, wir müssen deiner Mutter einen Swimmingpool bauen, damit sie das Meer nicht mehr vermisst.«

Mein Vater plante, und ich zeichnete seine Ideen auf. So hatten wir das oft gemacht, als ich klein war und mein Vater mit mir Architekt gespielt hatte. Sein Lieblingsspiel – und ich hatte nichts dagegen gehabt. So waren viele dreieckige Häuser auf Stelzen entstanden, Hochhäuser mit Rutschbahnen statt Aufzügen und Baumhäuser so groß wie Einfamilienhäuser.

»Wir haben genug Platz für die Länge«, sagte er. »Fünfzehn Meter müssen es schon sein, sonst kann sie ihre Bahnen nicht richtig ziehen. Nur mit der Breite haben wir ein Problem. Der Garten steigt im Westen leicht an und fällt im Osten ab. Das müssten wir begradigen lassen, aber das ist viel zu viel Aufwand.«

»Und wenn wir den Swimmingpool nur so breit machen, wie sie für ihre Arme braucht?«, fragte ich, und mein Vater legte den Kopf zur Seite.

»Das ist eine interessante Idee. Wer sagt denn, dass Swimmingpools immer so aussehen müssen, wie sie aussehen! Also, deine Mutter ist eins fünfundsechzig groß. Nach Leonardo da Vinci oder wem auch immer müsste die Armspanne deiner Mutter dann ungefähr genauso weit sein. Nur für den Fall, dass sie mal nicht krault, sondern brustschwimmt. Es müsste also reichen, wenn wir den Pool zwei Meter breit machen. Sagen wir zwei Meter fünfzig. Dann müssen wir auch nichts begradigen lassen. Das ist wirklich eine gute Idee, Adam. Zeichne auf: Fünfzehn Meter in der Länge und zwei Meter fünfzig in der Breite. Und drum herum haben wir noch Platz für ein paar Kacheln, auf denen sie sich sonnen kann.«

Die Kacheln wurden blutrot. Im Swimmingpool und außen. Ein roter Swimmingpool, das gefiel meinem Vater.

»Rotes Wasser! Rot passt hervorragend zu deiner Mutter.«

Zwei Monate später war von der Baustelle nichts mehr zu sehen außer einem kniehohen Turm überzähliger Fliesen, der am Rand des Beckens stand. Vom Wintergarten aus hatte man den besten Blick auf den Pool, der sich wie eine Laufbahn in den Garten erstreckte und im Süden bis zum Ginkgobaum reichte. Im Herbst segelten die gelben Blätter ins Wasser. Ich fischte sie mit dem großen Kescher heraus und sammelte sie in Säcken, die ich in die Garage stellte. An Weihnachten trug ich alle Blätter, die ich den Herbst über zusammengesammelt hatte, in den Garten zu dem kleinen Erdloch, das ich jedes Jahr an Heiligabend mit meinem Vater zwischen Wintergarten und Pool aushob. Mein Vater stellte drei Campingstühle um das Loch, ich befreite es von Schnee, wenn denn welcher lag. Dann stopfte ich die Blätter in das Loch, zusammen mit etwas Zeitungspapier, Reisig und ein paar Holzscheiten, und zündete alles an. Es gab nichts Schöneres für mich an Weihnachten, als mit meinem Vater und meiner Mutter eingewickelt in Decken um das kleine Feuer zu sitzen und dem Knistern der Blätter und dem Knacken des Holzes zuzuhören. Und meiner Mutter, die zu den Akkorden, die ich auf der Gitarre spielte, *Ring of Fire* sang, was bei ihr wie ein französisches Chanson klang.

Ich tauche den Waschlappen in eine kleine Plastikschüssel mit lauwarmem Wasser und Seife und fahre der alten Schedel damit über den dürren Rücken. Sie hält sich mit der rechten Hand am Griff fest, der extra dafür an der Wand angebracht worden ist. Wenn sie so dasteht, leicht nach vorne gebückt, den Kopf nach unten gerichtet, kommt jeder Wirbel einzeln zur Geltung. Sie wirkt noch zerbrechlicher als sonst. Wie ein ausgehungertes Kind, das für sein Alter viel zu viel erlebt hat.

Sie riecht nach alter Zeitung. Ich streiche vorsichtig mit dem Waschlappen über ihre Wirbelsäule, fahre jede einzelne Erhebung langsam ab, wasche sie unter den Armen, zwischen den Beinen. Säubere ihre Füße. Einen nach dem anderen. Ganz vorsichtig. Die Seife riecht zitronig und vertreibt ein wenig den alten Zeitungsgeruch, der zwischen dem Duschvorhang und der Armatur festzuhängen scheint. Die alte Schedel hält die Augen geschlossen, während ich sie wasche, die eine Hand fest um den Haltegriff, die andere an der Wand links neben ihr. Es strengt sie an, aber sie beschwert sich nicht. Nur manchmal, wenn ich mich ihrer Hüfte nähere, stöhnt sie auf. Ganz leise. Schwer auszumachen, ob sie vor Anstrengung stöhnt oder weil es ihr gefällt, wenn ich ihr um die Hüfte streiche.

Später trage ich sie die drei Stockwerke hinunter auf die Terrasse und setze sie auf die gepolsterte Sonnenliege vor dem Kräuterbeet. Die alte Schedel friert ständig. Selbst wenn es draußen so heiß ist wie im Backofen. Deswegen nehme ich aus dem Wohnzimmer zwei Decken vom Sofa mit. Eine lege ich ihr um die Schultern. In die andere wickele ich ihre Füße. Dann fahre ich die Markise aus und gehe in die Küche, um etwas zu trinken zu holen. Als ich gerade wieder aus der Terrassentür treten will, sehe ich, wie das Mädchen in den knappen Jeans und dem roten Shirt, das ich schon erfolgreich verdrängt hatte, vor der alten Schedel kniet und mit ihr spricht. Ich mache einen Schritt zurück und beobachte die beiden durch die Fensterscheibe. Sehe, wie das Mädchen die Decke zurechtzupft, wie sie die Hand auf das Knie der Alten legt und dabei fröhlich lacht. Aus dem Lachen heraus hebt es plötzlich den Kopf und blickt mir durch die Fensterscheibe direkt ins Gesicht. Ertappt tue ich so, als würde ich eben erst aus der Küche kommen, hebe verlegen die Hand zum Gruß und gehe ins Freie.

Das Mädchen stellt sich mir als Tina vor und sieht so schön aus, dass ich ganz nervös werde. Ich bin mir nicht sicher, wie alt sie ist. Vielleicht ein bis zwei Jahre jünger als ich, sechzehn oder siebzehn. Vielleicht auch zwanzig oder erst fünfzehn. Bei Mädchen weiß man das ja nie so genau. Ihre Jeans hören knapp unterhalb ihres Hinterns auf. Dort, wo die Hosentaschen sitzen, ist der Stoff zum Teil ganz dünn und zieht weiße Fäden. Sie nimmt mir das Wasserglas aus der Hand und stellt es neben der alten Schedel ab.

»Spielst du mit mir eine Runde Tischtennis?«, fragt Tina und dreht sich sofort um, als hätte ich ihr schon geantwortet. Sie springt über den kleinen Kräutergarten und geht auf die Tischtennisplatte zu, die neben einem großen Baum im

Schatten steht. Ich folge ihr, begleitet von aufmunterndem Zwinkern der alten Schedel. So richtig schlau werde ich aus der alten Dame nicht. Bis ich sie gewaschen und in den Garten hinuntergetragen habe, spricht sie kaum ein Wort mit mir. Später, wenn ich sie wieder hinauftrage, wird sie mir das Ohr abquatschen. Es ist fast so, als sei ihr Sprachzentrum für eine gewisse Zeit auf Stand-by. Was die Stand-by-Taste löst, habe ich bislang nicht herausgefunden.

Tina bleibt vor der Tischtennisplatte stehen und bückt sich, um den kleinen gelben Ball aufzuheben, der im Gras liegt. Ich kann sehen, dass sie eine weiße Unterhose trägt. Mit schwarzen Punkten drauf. Ich bin aufgeregt und nehme mir vor, die Bälle übers Netz zu schlagen wie ein Profi. Nicht zu fest, aber doch so, dass sie bemerkt, dass ich ein Könner bin. Bälle, die mal links, mal rechts aufkommen, mal knapp vor dem Netz, mal nah am Rand der Platte. Aber je mehr ich mich anstrenge, desto mehr Fehler mache ich, während Tina einen Punkt nach dem anderen landet und dabei mit ihrer merkwürdig tiefen Stimme, die gar nicht zu ihrer zierlichen Figur passt, lacht. Bei elf zu drei legt sie die Hand auf die Tischplatte, knickt ihre Hüfte ab, beugt sich leicht nach vorne und sagt: »Na, Tischtennis ist wohl nicht so dein Ding.« Ich bin froh, dass sie mich nur deswegen aufzieht und nicht, weil sie mich beinahe beim Pickelquetschen erwischt hat. Doch dann grinst sie, und in der Art, wie sie die Mundwinkel nach oben zieht, kann ich sehen, dass sie genau daran denkt und noch dazu Freude hat, es mir mit ihrem blöden Grinsen zu zeigen. Für einen Moment will ich glauben, dass sie gar nicht so hübsch ist. Dass sie mit den kurzen Haaren aussieht wie ein Junge. Dass ihre Nase viel zu groß ist und die blonden Wimpern ziemlich komisch aussehen. Aber es gelingt mir nicht. Weil mir alles an ihr gefällt, und weil sie sich nach dem Ball in der Wiese bückt und mir bei der Gelegenheit noch einmal ihre gepunktete Unterhose zeigt, die mich rot werden lässt. Als sie sich wieder aufrichtet, sieht sie mich herausfordernd an, während ich stumm bleibe und mich nicht von der Stelle rühre. In ausweglosen Situationen nichts zu machen und traurig zu schauen, ist zumindest Toms Theorie. Also zucke ich nur mit den Schultern, senke den Kopf ganz leicht, konzentriere mich einige Sekunden auf das Netz der Tischtennisplatte, als würde ich nachdenken, hebe dann wieder langsam den Kopf in ihre Richtung und sage leiser, als ich sonst sprechen würde, dass ich jetzt dringend losmüsse, dass ihre Uroma schon lange genug auf der Terrasse auf mich gewartet hätte und bestimmt gleich einen Sonnenstich bekäme, wenn ich mich nicht um sie kümmerte. Ich lege den Tischtennisschläger auf die Platte, entferne gespielt gedankenversunken ein paar Blätter, die vom großen Baum heruntergesegelt sind, stecke die andere Hand in die Hosentasche und schlendere, das Kinn wieder leicht gesenkt, in Richtung Terrasse. Dabei zähle ich leise von zehn rückwärts und hoffe, dass Tina mir bei drei etwas hinterherruft. Irgendetwas. Bei fünf angekommen, stolpere ich über die Stufe zur Terrasse und falle auf die Knie. Es tut höllisch weh. Ausgerechnet der einzige spitze Stein weit und breit musste sich in meine Kniescheibe bohren. Als der Schmerz einigermaßen verflogen ist, blicke ich mich verstohlen um. Tina liegt im Liegestuhl, die Beine übereinandergeschlagen, und hält ein Buch in der Hand. Ich sehe nur ihren Rücken, der den rot-weiß gestreiften Stoff des

Liegestuhls wölbt, ihre kurzen, fast weißen Haare, die über den Holzrand des Stuhls hervorschauen, und ihren Arm mit dem Buch, den sie weit von sich nach rechts ausgestreckt hält, als könnte sie die Buchstaben nur aus der Ferne lesen.

5

Mitte Dezember, als meine Tante starb, stand der Schnee dreißig Zentimeter hoch in der Einfahrt, und mein Vater war wie so oft auf Dienstreise. Hongkong, Budapest, Helsinki, Madagaskar. Meine Mutter und ich wechselten uns mit Schneeschippen ab. Es schneite in einem fort. Riesige Flocken, die ihre Form behielten, bis sie sanft auf der Schneedecke am Boden landeten und mit ihr verschmolzen.

Ich stand in der Küche und sah meiner Mutter durchs Küchenfenster dabei zu, wie sie mit der Schaufel Bahnen durch den Schnee zog. Sie wirkte sportlich in ihrer knallroten Daunenjacke und der Mütze mit dem dicken Bommel auf dem Kopf. Ich fragte mich gerade, wie alt ich meine Mutter schätzen würde, würde ich sie nicht kennen, als sie im Schippen innehielt, die Schneeschaufel an ihre Schulter lehnte, einen Handschuh auszog und die Hand öffnete. Eine große Schneeflocke nahm darauf Platz, und meine Mutter betrachtete sie wie ein Insekt, das sie noch nie gesehen hatte. Sie stand lange so da, mit ausgestreckter Hand, den Kopf in Richtung Fingerspitzen geneigt, selbst als die Schneeflocke schon geschmolzen war. Ich sah ihren Atem, wie er gleichmäßig vor ihrem Mund kondensierte, und genoss die Ruhe, die sie ausstrahlte. Da klingelte das Telefon, ich nahm ab, und bevor ich meinen Namen sagen konnte, hauchte mein Onkel Nicolas am anderen Ende der Leitung mit dünner Stimme in den Hörer, dass meine Tante unerwartet und über Nacht für immer eingeschlafen war.

Ich rief meine Mutter, die immer noch in der Einfahrt stand und auf ihre geöffnete leere Hand starrte. Ich rief sie ein weiteres Mal, lauter nun. Erst jetzt löste sich der knallrote Farbklecks vor der weißen Welt aus seiner Starre und kam auf mich zu – die Hand, auf der die Schneeflocke gelandet war, in Richtung des Telefons ausgestreckt, das ich ihr entgegenhielt. Als wüsste sie, dass etwas geschehen sei.

Einen Moment lang war alles still. Weiß, kalt und still. Dann brach meine Mutter vor mir zusammen. Kauerte am Boden. Jaulte wie eine verletzte Katze. Ich half ihr auf, erschöpft, weil ihr Schmerz mich lähmte und mir die Kraft nahm, brachte sie ins Wohnzimmer, wo sie sich sofort auf dem Sofa einrollte, das Gesicht in den Armen vergraben, und bis in den späten Abend hinein weinte. Schluchzte und weinte. Alle halbe Stunde versuchte ich, meinen Vater zu erreichen, ohne Erfolg. Immer wieder ließ ich sein Handy klingeln, legte auf, bevor die Mailbox ranging, auf die ich schon mehrmals gesprochen hatte, und versuchte es erneut. Ich wusste nicht, was ich tun sollte. Wie ich meiner Mutter helfen konnte. Und warum mein Vater verdammt nochmal nicht ranging und auch nicht zurückrief. Irgendwann gab ich auf, legte das Handy weg und setzte mich zu meiner Mutter aufs Sofa. Ich strich ihr übers Haar, das von Tränen und Rotz ganz verklebt war, und reichte ihr ein Taschentuch nach dem anderen. Später, als ich beschloss, dass es Zeit sei, ins Bett zu gehen, auch für meine Mutter, sammelte ich die gebrauchten Knäuel auf, die überall verteilt vor dem Sofa lagen. Ich brachte sie hinaus zum Komposthaufen, auf dem eine unschuldige Haube Schnee lag, und deckte meine Mutter, die ihren Kopf nicht mehr unter den Armen hervorgehoben hatte, seit sie auf dem Sofa lag, mit einer wollenen Decke zu.

Die Weihnachtsferien verbrachten wir in Paris. Bei meinem Onkel. Es war das erste Mal, dass wir Heiligabend nicht zu Hause feierten. Und es war das erste Mal, dass wir ohne meinen Vater verreisten. Wir waren es gewohnt, dass er oft weg war. Dass er manchmal wochenlang nicht nach Hause kam. Dass wir zu zweit waren und uns die Abende mit Filmen und mit Spielen um die Ohren schlugen. Und doch war es nie vorgekommen, dass mein Vater weggeblieben war, als meine Mutter ihn brauchte.

Wir packten das Auto voll mit Bier. Alle möglichen Sorten, vor allem Weißbier. Obendrauf kamen unsere Reisetaschen und andere mit süßem Senf, Meerrettich und pfundweise Würsten. Meine Mutter kaufte alles, was meine Tante sich immer gewünscht hatte, wenn wir sie besuchten, und was es in Paris schwer zu kaufen gab. Obwohl es sie nicht mehr gab.

Die Fahrt nach Paris verlief stumm. So stumm, wie die Tage seit der Nachricht verlaufen waren. Meine Mutter hatte bloß das Nötigste mit mir gesprochen, hatte sich in ihrem Atelier verkrochen und so viel geheult, dass ich mich fragte, wie viel Tränen ein Mensch weinen konnte, bevor die Tränenflüssigkeit versiegt. Nur wenn sie mit meinem Vater sprach, am Telefon, weinte sie nicht. Dann war sie gefasst, ließ ihn reden, hörte zu, nickte, statt zu sprechen. Wie immer schaffte es mein Vater, sie zu beruhigen, sie zu trösten, und ich hoffte, er würde bald nach Hause kommen.

Als wir losfuhren, drückte der Himmel grau gegen die matschige Straße. Meine Mutter saß steif und aufrecht da, die Hände um das Lenkrad geklammert. Den Sitz hatte sie so weit nach vorne gerückt, dass es seltsam aussah. Zwischen ihrem Gesicht und der Windschutzscheibe war nicht mehr viel Platz. Ich schämte mich ein bisschen für sie, für die Blicke, die uns aus überholenden Fahrzeugen zugeworfen wurden. Und ich ärgerte mich, dass mein Vater nicht da war, dass er nicht an ihrer Stelle saß und uns nach Frankreich fuhr.

Außerhalb von Colmar machten wir in einem kleinen Restaurant halt, in dem ausschließlich alte Menschen saßen. Ich hatte das Gefühl, ein Seniorenheim zu betreten. Doch meiner Mutter schien das nicht aufzufallen. Wir wurden zu einem Tisch in der Mitte des Raums geführt, der aufwendig gedeckt war. Weißweingläser, Rotweingläser, Wassergläser, zu Schwänen gefaltete Servietten und Silberbesteck links und rechts vom Teller, auf den, kaum hatten wir Platz genommen, ein Gruß aus der Küche aufgetragen wurde.

Meine Mutter rückte das Besteck gerade, obwohl es nichts geradezurücken gab, strich sich mit Zeigefinger und Daumen über die Augenbrauen und sah mich freundlich an. Es war merkwürdig, mittags und allein mit ihr in einem Restaurant zu sitzen, in dem wir irgendwie nichts verloren hatten. Doch der Ansatz des Lächelns auf ihrem Gesicht machte mich froh. Sie hatte lange nicht mehr gelächelt. Ich faltete den Schwan auf, breitete ihn über die Knie.

»Ob wir hier wohl etwas Bissfestes zu essen kriegen?«

Meine Mutter lachte laut auf, viel zu laut für den Seniorenclub, und warf dabei ihr Haar zurück. Ich stimmte in das Lachen ein, erleichtert, dass die Stille, die mich die gesamte Fahrt über angestrengt hatte, gebrochen war. Meine Mutter legte ihre Hand auf meine, streichelte über meine Finger.

»Es ist schön, Weihnachten mal wieder in Frankreich zu verbringen, findest du nicht?«

»Ich weiß nicht.«

»Freust du dich gar nicht?«

»Ich kann Beerdigungen nicht ausstehen.«

Sie zog die Hand zurück und setzte sich aufrecht hin. Sie sah blass aus. Und müde. Es tat mir leid, was ich gesagt hatte. Ich wollte sie nicht wieder traurig sehen.

»Wann kommt Papa denn nach?«, versuchte ich das Thema zu wechseln.

»Bald, bestimmt. Weihnachten feiern wir sicher zusammen. Dafür kann er Silvester nicht bei uns sein. Er hat zurzeit einfach sehr viel zu tun, Adam.«

»Kriegt man denn nicht frei, wenn jemand aus der Familie gestorben ist? Kommt er gar nicht zur Beerdigung?«

»Vielleicht. Er wird es versuchen. Er wird es versuchen.«

Ihre Stimme war leiser geworden. Sie spitzte den Mund, blickte ins Leere, saugte ihre rechte Backe ein und kaute von innen darauf herum. Ich dachte daran, was mein Vater mir einmal gesagt hatte: Es gibt drei Dinge, die du über deine Mutter wissen solltest. Erstens, lass sie in Ruhe, sobald sie anfängt, an ihrer Backe herumzuknabbern. Zweitens, deine Mutter gehört zu der Sorte Frauen, die erwarten, dass man ihnen an den Augen abliest, was sie wollen. Drittens, deine Mutter glaubt das, was sie glauben will. Versuche erst gar nicht, sie davon abzubringen.

Meine Mutter hob die Hand, winkte die Bedienung herbei.

Dann bestellte sie, ohne mich danach zu fragen, was ich wollte, zwei Rinderfilets, eine Flasche Wasser und für sich ein Glas Wein. Ich sagte nichts. Es war eine gute Wahl.

6

Ich trage die alte Schedel die drei Stockwerke hoch ins Dachgeschoss. Sie hält sich mit ihren Ärmchen an meinem Hals fest und bläst mir bei jeder Stufe angestrengt ihren Ammoniakatem ins Gesicht, als würde sie die Treppe selbst hochsteigen. Oben angekommen, ist mein T-Shirt vollkommen durchgeschwitzt, zum dritten Mal an diesem Tag. Ich rieche mein Deo, wische mir mit dem Handrücken den Schweiß von der Stirn. Behutsam setze ich die alte Schedel auf dem Sofa ab und hole ihr ein Glas frisches Wasser. Als ich eines der beiden Dachfenster kippe und die Tür zum Treppenhaus öffne, um die stehende Luft in dem Raum rauszulassen, sagt sie: »Adam, du bist ein guter Junge. Egal, was du gemacht hast, du bist ein guter Junge. Du bist nur zu schüchtern für dein Alter. Ganz anders als mein Walter damals. Walter wusste genau, was er wollte. Und mich wollte er, das kannst du mir glauben.« Sie faltet die Hände zwischen den Beinen und drückt ihre Brust raus. So wie sie dasitzt, mit diesem Grinsen im Gesicht, der lilafarbenen Hose, der Bluse und der Strickjacke darüber, wirkt sie wie ein Mädchen kurz vor der Kommunion.

»Ihr Walter hatte einen guten Geschmack, Frau Schedel. Sie sehen ja heute noch aus wie Mitte vierzig.«

»Was sagst du?« Sie hebt die rechte Hand ans Ohr, reckt ihren Hals nach vorne.

»Ihr Walter hatte einen guten Geschmack. Sie sehen heute noch aus wie Mitte vierzig«, brülle ich quer durchs Zimmer.

»Charmeur!« Verschämt sieht sie mich an.

»Ich sage nur die Wahrheit«, sage ich so laut, dass sie mich hört.

Jetzt kichert sie, hebt dabei beide Hände vor Mund und Nase. Gibt sich kokett. Ich gehe auf sie zu, setze mich neben sie. Ihre Augen stehen eng beieinander und haben die Farbe von dunklem Bier. Ich stelle mir vor, wie die alte Schedel ausgesehen haben muss, als sie jung war.

»Flirten Sie gerade mit mir?«, sage ich ungläubig, weil mich die alte Schedel irgendwie verliebt anblinzelt.

»Ach, Junge, wohin denkst du? Ich bin doch viel zu alt für dich. Aber meine Urenkelin, die gefällt dir, nicht wahr?«

»Ja, schon.«

»Sie ist ein liebes Mädchen.«

Ich nicke.

»Und sehr hübsch.«

»Ja.«

»Hast du sie schon gefragt, ob sie mit dir ein Eis essen geht?«

»Nein.«

»Worauf wartest du?«

»Keine Ahnung.«

Sie greift nach meiner Hand und umfasst sie mit ihren knochigen, von braunen Flecken übersäten Fingern.

»Genieß den Sommer, Junge. Er geht so schnell rum. Alles geht so schnell rum. Lass dir das von einer alten Frau sagen.«

Als ich unten im Flur ankomme, nehme ich meine Tasche und will gerade zur Haustür rauslaufen, als mir Tina barfuß und mit einem riesigen kelchförmigen Glas nachkommt und es mir direkt vor die Nase hält. »Möchtest du? Ist ein Milchshake. Erdbeere. Ich habe mir gerade einen ganzen Mixer davon gemacht. Ich liebe Erdbeeren. Es gibt aber viele, die eine Allergie auf Erdbeeren haben. Weil Erdbeeren Nüsse sind. Hast du eine Erdbeer-Allergie?«

»Nicht dass ich wüsste.« Ich stehe vor ihr und presse die Arme fest an meinen Körper, damit sie die Schweißflecken nicht sieht, die sich um meine Achseln gebildet haben.

»Gut für dich«, fährt sie fort. »Sonst würdest du eine ganz taube Zunge kriegen. Fühlt sich wirklich eklig an. Hattest du schon mal eine taube Zunge?«

»Nicht dass ich wüsste«, wiederhole ich mich und merke, wie ich mit der Zunge im Mund herumfahre.

»Also, keine Allergie, keine taube Zunge. Du scheinst voll in Ordnung zu sein. Hier!« Sie hält mir das Glas direkt vors Gesicht. Ich greife danach und nehme einen großen Schluck. So spät, wie es schon ist, wird das wohl das Einzige sein, das ich zu Mittag kriege. Ich fahre mir mit dem Handrücken über den Mund, als ich ihr das Glas reiche. Sie nimmt es und lächelt. In der Art, wie sich ihre Augen dabei zu kleinen Sicheln formen, erkenne ich die alte Schedel.

»Jetzt siehst du gerade aus wie deine Uroma«, platzt es aus mir raus.

»Oh, wie charmant.«

»Und jetzt sprichst du auch wie deine Uroma.«

»Na, wenn du das sagst.«

Einige Sekunden lang, die mir wie eine Ewigkeit vorkommen, stehen wir so da, ich mit meiner Tasche, sie mit ihrem Kelch, und sagen nichts. Erst als eine rotbraune Katze, so groß wie ein Hund und so fett wie ein Schwein, das Treppenhaus herunterkommt und zwischen ihren Beinen hindurch ins Wohnzimmer trabt, rühren wir uns wieder.

»Was war das denn?«, frage ich.

»Das war Pecorino. Mein Kater. Ich habe ihn mitgebracht. Mein Vater würde ihn nur vergiften, während ich nicht zu Hause bin.«

»Warum bist du denn nicht zu Hause?«

»Er hat mal wieder eine neue Freundin. Das muss ich mir nicht jeden Tag geben, auch wenn sie voll okay ist.«

»Verstehe.« Ich schiele durchs Wohnzimmer hinaus auf die Terrasse, auf der das Riesenviech auf seinem Hintern sitzt, ein Hinterbein schräg am Kopf vorbei ausstreckt und sich das Arschloch putzt. Wahrscheinlich würde ich es auch vergiften wollen, wäre ich allein mit ihm.

»Willst du noch eine Runde Tischtennis spielen? Deine Chance auf eine Revanche.«

Ich löse meinen Blick vom Kater und sehe sie an, die Erdbeerschaumkruste um ihren Mund herum. »Nächstes Mal«, antworte ich, »ich muss noch zu den Hoffmanns.« Ich will mich schon umdrehen und zur Haustür gehen, als mir die alte Schedel einfällt, wie sie mich schimpfen wird, wenn ich den Sommer an mir vorbeiziehen lasse. »Aber willst du vielleicht heute Abend mit zu den Steinstufen bei der Wittelsbacherbrücke kommen? Ich treffe mich dort mit meinem besten Freund. Wir wollen ein paar Biere zischen und später noch zu mir.« Ich warte darauf, dass sie etwas sagt. Doch sie steht nur da und macht große Augen. »Manchmal essen wir auch ein Eis«, sage ich schnell hinterher und denke wieder an die alte Schedel.

»Es ist das beste Eis der Stadt. Es gibt abgefahrene Sorten dort. Joghurt-Gurke-Dill.«

Gemächlich schlendert die Katze zu uns zurück und umkreist mit zitterndem Schwanz Tinas Beine.

»Okay«, antwortet sie. »Um acht bei den Steinstufen.«

»Okay«, sage ich. Und zum ersten Mal bemerke ich die Sommersprossen auf Tinas Nase, die so lecker aussehen, dass mein Magen zu knurren beginnt und ich mich zusammenreißen muss, sie ihr nicht vom Gesicht zu schlecken.

7

Nicolas, der Mann meiner Tante, stand vor der hölzernen Eingangstür in der Rue de l'Armorique, als wir einen Parkplatz suchten. Er war groß gewachsen, schlank und hatte graubraunes Haar, das ihm in Locken in die Stirn hing. Meinen Onkel hatte ich immer gemocht. Vor allem mochte ich, was er tat. Er hatte einen kleinen Laden im 6. Arrondissement, in dem er Lampen, Spiegel, Gläser, Tabletts, Schmuck und diverse andere Dinge aus unterschiedlichen Epochen verkaufte. Der Laden war bis zur Decke vollgestopft mit Sachen, deren Besonderheit man auch dann erahnen konnte, wenn man sich mit ihnen nicht auskannte. Und mittendrin, hinter einer Theke aus dunklem Furnier, stand Nicolas, hörte Musik aus einer alten Jukebox und trank aus einer zierlichen Porzellantasse Tee.

Meine Mutter parkte das Auto, wie man es von einer Französin erwartete. Sie stieß mit der Stoßstange erst vorne, dann hinten an, machte sich zwischen zwei Citroën Platz. Dann ließ sie die Hände vom Lenkrad in ihren Schoß fallen und fixierte einen Punkt außerhalb der Windschutzscheibe. Kaum hatte sie den Motor ausgeschaltet, wurde es kalt im Wagen. Das Tief aus Skandinavien hatte auch Paris erreicht. Vor allem dieser fiese Wind, der einen peitschte, wenn man sich ihm auslieferte.

Nicolas überquerte die Straße, öffnete die Autotür und reichte meiner Mutter die Hand. Kaum war sie ausgestiegen, fielen sie sich in die Arme und fingen wie auf Kommando an zu weinen. Ich blieb fröstelnd im Auto sitzen und beobachtete sie. Ich sah weder den Kopf meiner Mutter noch den meines Onkels, ich sah nur seine großen Hände tröstend über ihren Rücken fahren und hörte das tiefe Luftholen und Schluchzen der beiden. Irgendwann stieg ich aus und marschierte auf sie zu. Dafür musste ich zwei Autolängen die Straße hinuntergehen, da es keine Lücke zwischen den Wagen gab, durch die ich mich hätte zwängen können.

Nicolas löste sich von meiner Mutter, als er mich kommen sah, und legte mir die Hand auf die Schulter. Ein fester Griff, für den ich dankbar war. Eine schwache Berührung hätte ich in diesem Moment nicht ertragen.

Wir leerten das Auto, so gut es ging, und liefen schwer bepackt zur Eingangstür. Dahinter öffnete sich ein kleiner Innenhof mit Pflastersteinen. Auf der linken Seite war der eigentliche Eingang zum zweistöckigen Gebäude. Das Erdgeschoss bestand aus drei Räumen, die alle nicht bewohnt waren. Im kleinsten stand ein Klavier, die anderen beiden dienten Nicolas als Lager für seinen Laden. Meistens waren die Türen verschlossen, nur wenn mein Onkel etwas daraus brauchte, konnte man einen Blick auf die herumliegenden Gegenstände erhaschen, die in seinem Laden ihre ganze Schönheit entfalten würden. Im ersten Stock wohnte ein älteres Ehepaar, das mich jedes Mal, wenn wir zu Besuch waren, zu sich einlud, damit ich ihnen Gesellschaft leistete. Sie hatten selbst keine Enkel und beschenkten mich gerne. Einmal bekam ich eine Schreibtischunterlage aus schwarzem Leder, die sich aufklappen ließ. Im linken Flügel steckte Briefpapier, im rechten die dafür passenden Umschläge. Nicolas meinte, dass sie richtig was wert sei. Ich wusste nicht, was ich damit anfangen sollte, und überließ sie ihm für seinen Laden. Ein anderes Mal bekam ich eine alte Dose mit Krawattennadeln, die ich ebenfalls meinem Onkel vermachte. Als wir an der Tür des Ehepaars vorbeigingen, schlug uns ein muffiger Geruch entgegen. Ich rümpfte die Nase und hoffte, dass die beiden mich dieses Jahr in Ruhe lassen würden.

Vor der Haustür im zweiten Stock blieb ich stehen und wartete, bis mein Onkel an mir und meiner Mutter vorbeigegangen war, um sie aufzusperren. Er sah müde aus, abgekämpft, das Haar fettig, die Hand fummelte ungeduldig am Schlüsselbund herum.

Die Wohnung unterm Dach war das genaue Gegenteil von Nicolas' Laden. Sparsam eingerichtet, und so gut wie alles war in Weiß gehalten. Der Flur mit seinen weißen Dielen führte direkt ins Wohnzimmer, das in die offene weiße Küche und die geräumige Essnische überging. Auch die Dachbalken waren weiß gestrichen. Das Ledersofa war weiß, der Couchtisch davor, der Teppich, auf dem Sofa und Couchtisch standen, die Lampe, die von den Dachbalken herunterhing, die Stehlampe mit dem riesigen Schirm neben dem Sofa. Ebenso der Esstisch samt den Stühlen, die Küche, die Blumentöpfe, die Stereoanlage, sogar ein cremeweißes Gemälde hing an der Wand. Die Teller waren weiß, die Tassen, die zwei Kerzen auf dem Tisch, die Vase auf dem Regal, das natürlich auch weiß war. Nur die Bücher und ein paar Zimmerpalmen gaben der Wohnung Farbe. Meine Tante hatte einen Weiß-Tick gehabt.

Das Abendessen verlief ruhig, fast ohne Tränen. Mein Onkel erzählte uns, wie meine Tante gestorben war. Wir wussten wie, er hatte es uns mehrmals am Telefon gesagt. Aber wir ließen ihn sprechen. Worüber sollten wir auch sonst reden.

Nicolas hatte seinen Laden extra früh abgesperrt an jenem Tag, weil er mit ihr verabredet war. Sie wollten ins Kino gehen, davor gemeinsam etwas essen. Gleich um die Ecke oder in einem kleinen Restaurant in der Nähe von Sacré Cœur. Sie hatten das schon lange nicht mehr gemacht. Meine Tante arbeitete viel, war als Opernsängerin oft nicht da, kämpfte um jede freie Minute, die sie mit meinem Onkel verbringen konnte. Er hatte noch im Blumenladen am Boulevard Raspail haltgemacht und einen Winterstrauß zusammenstellen lassen. Dann war er beim Postamt vorbeigelaufen, hatte Geld am Automaten abgehoben und war nach Hause gegangen. Den Blumenstrauß stellte er auf den Couchtisch, damit sie ihn vom Eingang aus gleich sehen konnte. Anschließend ging er ins Bad, stellte das Radio an und duschte ausgiebig. Er wunderte sich, warum sie noch nicht zu Hause war, warf immer wieder einen Blick auf das Handy. Wollte ihr schon eine Nachricht schicken, ließ es dann aber sein. Sie würde bestimmt bald auftauchen. Erst im Schlafzimmer merkte er, dass etwas nicht stimmte. Er war gerade dabei, sich anzuziehen, als er sie unter der Bettdecke liegen sah. Ihr Haar schaute heraus und ein Stück von ihrem Ellenbogen. »Du bist schon da, chérie«, sagte er überrascht. »Bist du etwa krank?« Er beugte sich über sie und zog die Bettdecke leicht zurück. Sie rührte sich nicht. Er rüttelte sie behutsam an der Schulter. Keine Reaktion. Er setzte sich an die Bettkante und strich mit der Hand durch ihr Haar. Flüsterte ihren Namen. Einmal, dann ein weiteres Mal. Nichts. Er wusste schon, was los war. Aber er wollte es nicht wahrhaben. Unruhig rief er jetzt ihren Namen, während er sich ganz nah zu ihr hinbeugte. Marlène. Marlène! Er drehte sie auf den Rücken, hielt sein Ohr vor ihre Nase, fühlte ihren Puls. Riss ihr die Decke weg. Verpasste ihr eine Ohrfeige. Dann eine weitere. Schrie ihren Namen. Marlène!! Marlène!!! Stürzte zum Telefon. Wählte die Nummer des Notarztes. Sah zu, wie sich der Notarzt und sein Team, die erst nach neun Minuten eintrafen, um sie scharten und gar nicht erst versuchten, sie wiederzubeleben. Sie war tot. Seit Stunden. Sie war bereits am Vormittag verstorben. Wohl kurz bevor er aus dem Haus gegangen war. Sie hatte ausschlafen können, was selten war. Er hatte ihr einen Kuss zum Abschied auf die Stirn gegeben. Vielleicht war sie da schon nicht mehr am Leben gewesen, er wusste es nicht. Der Arzt wollte so genau nicht werden mit einer Auskunft über den Todeszeitpunkt. Sie war gestorben, weil ihr eine Ader im Gehirn geplatzt war. Das hatte die Obduktion ergeben.

Ich traute mich kaum zu kauen, als er geendet hatte, so drückend still war es im Zimmer geworden. Nicolas senkte den Kopf, die Augen starr auf die dampfenden Gnocchi vor ihm gerichtet. Die Hände lagen links und rechts neben dem Besteck. Sie zitterten, während sich sein Brustkorb unter den wimmernden Lauten, die er von sich gab, hob und senkte. Meine Mutter rückte ihren Stuhl nach hinten und stand auf. Das Geräusch, das der Stuhl machte, als er über den Boden fuhr, kam mir unendlich laut vor. Erst da konnte ich wieder anfangen zu kauen und den Brei in meinem Mund hinunterschlucken. Meine Mutter lief um den Tisch herum und umarmte meinen Onkel von hinten. Ihre Arme fielen an seiner Brust herab wie Ärmel eines Pullovers. Sie legte das Kinn auf seine Schulter, lehnte das Gesicht an seines. In dieser Position blieben sie mindestens zehn Minuten, bis das Zittern von Nicolas' Händen nachließ. Dann erhob er sein Glas, langsam, beinahe feierlich, sah mir in die Augen und sagte: »Ich danke euch, dass ihr gekommen seid.«

Später lag ich im Bett und lauschte ihren Gesprächen. Meine Mutter erzählte, wie sie sich mit ihrer Schwester zum ersten Mal heimlich eine Packung Marlboro besorgt und auf einem Spielplatz in Plomeur, dem Kaff, in dem sie aufgewachsen waren, geraucht hatte. Dass ihr Vater sie dabei erwischt hatte, weil es fast unmöglich war, in Plomeur nicht dabei erwischt zu werden. Sie hatten Hausarrest bekommen, ganze zwei Wochen, und sich die erste Woche fast zu Tode gelangweilt. Irgendwann sei Marlène auf die Idee gekommen, nachts durch das Fenster abzuhauen, um die legendären Partys am Strand nicht zu verpassen, die den Sommer über dort stattfanden. Fünf Kilometer mussten sie zu Fuß die Hauptstraße entlanglaufen, bis sie zum Strand kamen. Und doch hatte es sich jedes Mal gelohnt. Marlène lernte in jener Woche, in der sie ihre Klamotten zur Tarnung unter die Bettdecken stopften, ihren ersten Freund kennen. Frédéric, ein kleiner Karibe aus der Martinique, den man nie ohne Gitarre antraf. Er blieb an ihrer Seite, bis sie zum Studieren nach Paris ging.

Ich hörte Nicolas tief Luft holen. »Meinst du, wir hätten ihn einladen sollen? Zur Beerdigung?«

»Nein«, sagte meine Mutter. »Das ist alles viele Jahre her. Sie hatten doch gar keinen Kontakt mehr. Ich bin mir sicher, Marlène wäre es nicht wichtig.«

»Ich bin froh, wenn die Beerdigung morgen vorbei ist.«

»Ich weiß.«

Eine Pause entstand. Ich stellte mir vor, dass meine Mutter ihm die Hand hielt, dass sie ihm über die Backe strich und die Tränen wegwischte, die ihm herunterrannen. Ich starrte zur Decke, zählte die Astlöcher im Holz. Als ich bei neunzehn angelangt war, fuhr mein Onkel fort.

»Ich fühle mich schrecklich einsam. Unnütz. So viele Jahre haben wir versucht, schwanger zu werden. Marlène hat so sehr darunter gelitten, als sie das Kind verlor. Sie wollte nie kinderlos sein. Die Vorstellung, keine eigene Familie zu haben ... sie fand das schrecklich. Als sie dann ein Kind adoptieren wollte, war ich skeptisch. Es fiel mir leichter zu akzeptieren, kinderlos zu sein, als mir vorzustellen, ein Kind zu lieben, das nicht von mir ist. Für mich war ein Leben ohne Kinder möglich, ohne unglücklich zu sein. Ich habe ihr das so nie gesagt, weil ich wusste, dass ich sie damit in eine noch größere Verzweiflung stürzen würde. Und ich war ja bereit, für Marlène ein Kind zu adoptieren und großzuziehen, obwohl es mir lieber gewesen wäre, nach vorne zu schauen und nicht einer Sache nachzutrauern, die uns nicht vergönnt war. Und jetzt? Jetzt bereue ich, nicht früher gehandelt zu haben, Eva. Vielleicht ist es falsch, das zu denken. Vielleicht ist es egoistisch, aber ich wünschte, ich hätte eine Familie, um nicht allein zu sein. Um nicht allein alt zu werden. Um nicht allein trauern zu müssen. Um abends die Stille in der Wohnung nicht mehr ertragen zu müssen. Ich wäre gerne nicht allein.«

»Du bist nicht allein, Nicolas! Du hast uns. Vergiss das nicht. Wir sind für dich da.«

»Ja, sicherlich. Ich weiß es sehr zu schätzen, dass ihr gekommen seid, dass ihr auch noch ein paar Tage nach der Beerdigung bei mir bleibt. Aber ihr werdet wieder heimfahren.«

»Ich wünschte, ich könnte mehr für dich tun.«

Ich hörte, wie Wein nachgeschenkt wurde, sah die beiden vor mir, wie sie auf dem weißen Ledersofa saßen und im Gleichtakt die Gläser schwenkten. Dann zündete sich mein Onkel eine Zigarette an, bot meiner Mutter eine an, die dankend ablehnte, und blies mit einem Zischen den Rauch aus.

»Wie geht es Wiktor eigentlich?«, fragte er.

Irgendwer stand auf. Ging ein paar Schritte. Blieb stehen. Ging wieder ein paar Schritte. Kurz darauf das Geräusch des Lederpolsters, das nachgab.

»Ich habe keine Ahnung, wie es ihm geht. Er ist andauernd unterwegs. Er spricht kaum mit mir. Er wendet sich von mir ab, als wäre es seine Pflicht, das zu tun. Als hätte er keine andere Wahl.«

»Das tut mir leid.«

»Ja.« Meine Mutter seufzte. Ich stellte mir vor, wie sie dazu langsam die Achseln zuckte, während Nicolas zwei Züge hintereinander von der Zigarette nahm. Dann räusperte sich mein Onkel.

»Aber trotz allem, dass er nicht zur Beerdigung kommt … da fehlen mir die Worte.«

Meine Mutter seufzte ein weiteres Mal und erwiderte etwas, das ich nicht verstand. Ich setzte mich im Bett auf, um besser zu hören, was sie sagten. In meinem Bauch brannte es. Wieder erhob sich jemand vom Sofa. Diesmal kam es mir vor, als näherten sich die Schritte meinem Zimmer. Schnell legte ich mich hin und tat so, als schliefe ich. Doch die Schritte blieben im Wohnzimmer. Der Dielenboden knarzte, etwas wurde aus dem Regal genommen. Dann drangen die Töne eines Klavierkonzerts zu mir herüber und ließen mich, auch wenn ich mich lange dagegen wehrte, weil ich noch mehr erfahren wollte, allmählich einschlafen.

8

Es ist immer noch achtundzwanzig Grad heiß, als ich an der Isar entlang zur Wittelsbacherbrücke fahre. Es geht kein Wind, und die Sonne sticht unangenehm auf der Haut. Tom sitzt schon dort, den langen dürren Rücken über die Knie gebeugt, und pult mit einem Stock Kiesel und Zigarettenstummel aus den Steinritzen der Stufen. Einige fliegen auf das Pärchen, das vor ihm knutscht und ab und zu Bier aus Flaschen trinkt. Ich sehe, wie beide sich zu ihm umdrehen und ihn genervt bitten, damit aufzuhören. Doch Tom lässt sich nicht beirren. Tom lässt sich nie beirren. Er zieht immer sein Ding durch, ob es gut ist oder schlecht. Tom ist eben Tom. Tom ist eigen. Tom ist sogar sehr eigen. Er sagt, es läge daran, dass er seinen Zwillingsbruder im Bauch seiner Mutter getötet habe. Er habe ihm einfach die Nabelschnur herausgezogen, weil ihm sein Bruder alles weggenommen habe. Er sagt, es habe ihn gestört, wenn sein Bruder das Fruchtwasser trank, sobald seine Mutter mal was Süßes zu sich nahm. Deswegen esse er keinen Zucker mehr, als selbstauferlegte Strafe, um den Brudermord zu sühnen. Er sei ein Mono-Mono-Zwilling, ohne Zwilling, was so selten vorkomme, dass er per se schon etwas Besonderes sei. Eine Art Auserkorener. Schließlich habe er monatelang mit dem leblosen Körper seines Bruders eine Fruchthöhle geteilt, bis dieser endlich zur Welt gebracht wurde, bevor er dann ein paar Minuten später nachrückte und von den Hebammen in die Arme seiner traumatisierten Mutter gelegt wurde. Deswegen sei das Verhältnis zu seinen Eltern stark belastet – quasi von Anfang an. Und deswegen sei auch deren Verhältnis untereinander nicht gut. Sie müssten sich streiten, um sich gut zu fühlen, um überhaupt noch irgendetwas zu fühlen, aber vor allem, um ihren einzigen Sohn zu bestrafen, für das, was er ihnen genommen hatte.

Ich hole den lauwarmen Sixpack aus meinem Rucksack und reiche Tom ein Bier. Gekonnt haut er den Kronkorken am Rand einer Steinstufe weg und hebt die Flasche zum Prosten an. Dann sitzen wir stumm nebeneinander und beobachten einen schwarzen Hund, so groß wie ein Kalb, der einen anderen Hund, so klein und grau wie eine Ratte, anbellt und dafür von der Hunderatte attackiert wird. Das sieht aus, als hätte man das Tier aufgezogen und auf eine Eisfläche gestellt, wo es nun kläffend umherrutscht. Wir müssen lachen und setzen die Flaschen an. Der Himmel auf der anderen Flussseite gibt sein Bestes und leuchtet mit den Lichtern der Stadt um die Wette. Es riecht nach Sonnencreme und Zigarettenrauch. Und irgendwie grün, nach Isar.

»Ich habe heute eine Katze gesehen, die groß wie ein Hund ist und heißt wie ein Käse«, sage ich und lege beschwichtigend meine Hand auf den Stock, mit dem Tom wieder begonnen hat, Sand aus den Ritzen zu kratzen und auf das Paar vor uns zu verteilen.

»Alle genmanipuliert«, antwortet Tom.

»Kann sein, aber das Beste war, dass die Katze zu einem richtig süßen Mädchen gehörte. Ich habe sie zwar erst heute kennengelernt, aber ich glaube, ich bin verliebt. Sie kommt nachher auch noch. Hoffe ich.«

»Die Katze oder das Mädchen?«, fragt Tom und stochert unbeirrt in der nächsten Ritze.

Eineinhalb Stunden und vier Bier später kommt Tina tatsächlich vorbei. Ich sehe sie schon von weitem. Erkenne sie an ihrem leicht wippenden Gang und den kurzen Jeans. Und weil sie Pecorino an einer Leine mit sich führt. Ich traue meinen Augen nicht, als sie auf uns zusteuert und der Kater sich wie ein wohlerzogener Hund vor ihren Füßen auf den Hintern setzt und anfängt, seine Pfoten abzuschlecken. Auch Tom ist beeindruckt. Er springt auf und reicht Tina übertrieben förmlich die Hand. Stellt sich ihr vor, noch bevor ich sie begrüßen kann.

»Hallo. Du bist also die mit der fetten Katze. Hab schon viel von dir gehört.«

»Ich habe nicht gesagt, dass sie fett ist«, werfe ich schnell ein, fühle mich sofort unwohl und möchte Tom am liebsten den Ellenbogen in seinen dürren Brustkorb rammen.

»Sie ist ein Kater«, antwortet Tina nur und lächelt Tom an. »Er heißt Pecorino, sein Körperfettanteil liegt bei einunddreißig Prozent.«

Tom, der von sich behauptet, er lächle nie, weil lächeln nicht mit seiner Biographie übereinstimme, lächelt zurück. Vielmehr grinst er. Wie ein Idiot und doch irgendwie liebenswürdig. Ein Gesichtsausdruck, den ich noch nie bei ihm gesehen habe.

»Dort drüben gibt es das Eis, von dem ich dir erzählt habe. Joghurt-Gurke-Dill«, sage ich etwas zu laut und zeige mit der Hand auf die andere Isarseite. Zum ersten Mal möchte ich Tom bei einer Sache nicht dabeihaben, und ein Eis essen zu gehen ist die eleganteste Möglichkeit, den Zuckerverweigerer loszuwerden. Tina schenkt nun auch mir ein Lächeln, was mich beruhigt.

Den Abend verbringen wir zu dritt. Tom bleibt die ganze Zeit an unserer Seite. Oder besser gesagt: an ihrer Seite. Er redet viel. Mehr als sonst. Das letzte Mal, dass er so aufgeregt war, ist Jahre her. Als sein Vater ihm eine Ohrfeige verpasst hat, nachdem er ernsthaft versucht hatte, mit Hammer und Meißel im Treppenhaus ihres Reihenhauses ein Loch in die Wand zu schlagen, um der Nachbarin beim Pinkeln zusehen zu können.

Tom spricht nicht nur viel, er schleckt auch Eis. Er schleckt an *ihrem* Eis! Ich kann es kaum glauben, dass er, der sonst immer streng ist mit sich, ganz plötzlich den Brudermord nicht mehr sühnen möchte. Ich ziehe ihn deswegen auf, mache ihn schlecht vor ihr, verrate ihr, was sich vor seiner Geburt zugetragen hat. Ich muss einfach etwas tun, weil mein bester Freund ganz offensichtlich das Mädchen anbaggert, in das ich mich verliebt habe. Aber Tom wäre nicht Tom, wenn er nicht zurückschlagen würde. Damit kennt er sich aus. Das hat er früh gelernt.

»Weißt du eigentlich, warum Adam sich um deine Uroma kümmert?«

»Keine Ahnung. Weil sie pflegebedürftig und er so was wie ein Altenpfleger ist?«

»Nicht ganz. Weil er jemanden auf dem Gewissen hat. Das verbindet uns. Aber im Gegensatz zu mir – immerhin war ich schuldunfähig und kann von nichts und niemandem außer von mir selbst für meine Tat zur Verantwortung gezogen werden – war Adam bei klarem Verstand, als er –«

Mit voller Wucht verpasse ich ihm einen Bodycheck. Tom ist so schmal, dass er gegen das Eisengeländer kracht, das den kleinen Platz mit der grünen Bank, vor der wir stehen, von der Böschung zur Isar trennt. Ich sehe, dass er sich wehgetan hat. Er hält sich die rechte Schulter und verzieht das Gesicht, sagt aber keinen Ton. Tina wirft mir einen Blick zu, den ich nicht deuten kann, und geht auf Tom zu, Pecorino an der roten Leine ihr hinterher. Da stehen sie nun wie gegen mich vereint und sehen mich an. Bis Pecorino seine linke hintere Pfote pfeilgerade nach oben streckt und sich das Hinterteil zu putzen beginnt. Mein Magen krampft sich zusammen. Und ich möchte mich nur noch auflösen oder die Zeit zurückspulen. Wie an dem Tag, an dem ich das Feuer legte.

9

Am 23. Dezember wurde meine Tante auf dem Cimetière de Montparnasse beerdigt. Es schneite große Flocken, wie an dem Tag, an dem wir den Anruf erhielten. Die Flocken wirbelten umher, manche trieben von unten nach oben, als wollten sie noch einmal Anlauf in Richtung Himmel nehmen, bevor sie zur Erde fielen und schmolzen. Es war, als wären wir in einer Schneekugel gefangen, die jemand kräftig geschüttelt hatte und die eine Beerdigungszeremonie zeigte: ein Mann, der bedächtig mit einer Urne eine von hohen Bäumen gesäumte Allee entlangschreitet; dahinter, die Köpfe gesenkt, die Gruppe der Trauernden. Alle, die Marlène gut gekannt hatten, waren in Weiß erschienen. Nur vereinzelt trug jemand etwas Dunkles, und einer der Abweichler war ich. Es war mir einfach zu peinlich gewesen, ganz in Weiß auf die Straße zu gehen. Ich wollte nicht aussehen wie ein Irrer oder ein Sektenguru. Ich konnte es auch nicht meiner Tante zuliebe tun, wie meine Mutter es sich von mir wünschte. Meine Tante lag nämlich bereits als Pulver in einer Dose. Ihr war es nun wirklich egal, ob ich einen weißen Anzug trug oder gar keinen.

Dass sie gestorben war, tat mir leid. Sogar sehr leid. Für meinen Onkel. Für meine Mutter. Und für alle, die sie vermissen würden. Ich selbst vermisste sie nicht. Im Gegensatz zu meinem Onkel hatte sich meine Tante nie groß für mich interessiert. Wenn wir sie besuchten, fuhr sie mir bei der Ankunft kurz durchs Haar, drückte mir links und rechts ein Küsschen auf die Wange, überreichte mir ein Geschenk, ein Auto, ein Buch, als ich älter wurde einen Umschlag mit einem Fünfzig-Euro-Schein, aber das war es auch schon. Oft hatte ich den Eindruck, sie würde mir aus dem Weg gehen, mich nur mit Abstand und meistens mit einem maßregelnden Blick beobachten. Ich hasste es, von ihr beobachtet zu werden. Sie gab mir das Gefühl, etwas falsch zu machen. Und das verunsicherte mich. Mein Onkel hingegen hatte sich stets um mich bemüht. Er ging mit mir zu Fußballspielen, einmal sogar ins Stade de France, zeigte mir die Schätze in seinem Laden, las mir Bücher vor und tobte mit mir durch die Wohnung, bis mir vor Freude schlecht wurde. Ich war froh, dass es Marlène war, die da in dieser Dose lag, und nicht Nicolas.

Der Trauerzug hielt vor einer Säule an, die so hoch und so breit war wie ein Meilenstein. Nur mit einem Loch oben drin. Die Vorstellung, das könnte der Ort sein, wo ich hinkäme, wenn ich sterbe, war einfach nur erbärmlich. Da würde ich lieber in einem Sarg unter der Erde verfaulen. Immerhin konnten sich die, die einen besuchen kamen und eine Kerze anzündeten, noch ausmalen, dass dort jemand lag. Diese Dose in dem Loch da vor mir – das hatte nun wirklich nichts mehr damit zu tun, wer man gewesen war. Warum verstreuten wir meine Tante nicht im Parc de la Villette, in den sie so oft gegangen war? Ich konnte es nicht nachvollziehen.

Bis zur Beerdigung von Marlène hatte ich noch nie richtig über den Tod nachgedacht. Es war zwar schon meine zweite Beerdigung, aber die erste, die ich so richtig mitbekam. Beim Tod der Eltern meiner Mutter war ich drei. Sie starben gemeinsam. In einem Renault. Ein Ahornbaum hatte ihr Leben beendet. Oder vielmehr meine Großmutter, die den Wagen mit mehr als zwei Promille dagegen fuhr.

Ich hatte keine Ahnung, was ich mir von Marlènes Beerdigung erwartet hatte. Dass ich doch noch trauern könnte vielleicht. Dass ich ein wenig weinen würde. Aber nichts davon trat ein.

Ich verfolgte mit den Augen zwei Krähen, die mit lautem Flügelschlag in das kahle Geäst einer Platane flogen. Lieber sah ich den Vögeln nach, als meinem Onkel dabei zuzusehen, wie er tränenüberströmt die Dose mit meiner pulverisierten Tante in ein Netz steckte, das links und rechts von einer Lasche gehalten wurde. Erst als Marlènes Musikerfreunde plötzlich anfingen zu singen, nahm ich meinen Blick von den Krähen im Geäst und sah mir die Trauergesellschaft genauer an. Ich konnte nicht sagen, was sie sangen und ob sie es vorher einstudiert hatten. Aber ihre Stimmen trafen einen dort, wo es wehtat. Ich spürte, wie meine Augen feucht wurden. Ich weinte nicht um meine Tante. Ich weinte aus einem Grund, den ich nicht kannte.

Aus den Augenwinkeln bemerkte ich, wie sich Friedhofsbesucher, die die Gräber ihrer Angehörigen pflegten, nach uns umdrehten und innehielten. Auch Spaziergänger und Touristen auf der Suche nach den Ruhestätten von Brassaï, Maupassant, Gainsbourg, Beckett oder anderer Prominenter blieben stehen und gafften. Am liebsten hätte ich sie verjagt. Es störte mich, dass sie an etwas teilnahmen, was sie nichts anging. Es störte mich, dass sie meine Tränen sahen.

Um mich herum nahmen sich alle in den Arm, hielten sich aneinander fest, trösteten sich gegenseitig. Nur meine Mutter stand für sich, der Rücken gerade, das Kinn nach oben gereckt. Sie sah wütend aus. Als hätte sie keine Lust auf das alles. Als fände sie es ebenso beschissen wie ich. Sie schien mit ihren Gedanken woanders zu sein, und ich glaubte zu wissen, wo.

Wir sprachen nicht viel an diesem Tag, an dem es nicht aufhören wollte zu schneien. Der Schnee blieb nicht liegen, er machte nur den Asphalt feucht und eisig. Das Knirschen der Kieselsteine, auf die ich trat, als wir das Grab verließen, kam mir lauter vor denn je. Ich versuchte, so zu gehen, dass meine Schritte nicht zu hören waren, doch es half nichts. Die Kiesel knirschten in meinem Kopf, und der wütende Gesichtsausdruck meiner Mutter vor dem Grab ihrer Schwester knirschte mit. Ich dachte daran, was sie am Abend zuvor zu meinem Onkel gesagt hatte. Dass mein Vater nicht mehr mit ihr spreche. Dass sie glaubte, sie würden nicht mehr zueinanderfinden. Dass er sich von ihr abwende, weil er dachte, es sei seine Pflicht. Ich fragte mich, was sie damit meinte. Und was hatte mein Vater niemals so erfahren dürfen? Ich dachte an die letzten Monate. Daran, dass mein Vater kaum mehr zu Hause gewesen war. Und wenn, dann war er irgendwie doch nicht da. Machte keine schlechten Witze mehr, wie sonst. Kam nicht zu mir aufs Zimmer, wie sonst. Ging früh zu Bett, ganz anders als sonst. Ich hatte angenommen, es läge am Stress, an den Streitigkeiten mit seinem Chef. Doch jetzt ergab das ungute Gefühl, das ich seit dem Tag, an dem mein Vater mir keine Schallplatte, sondern eine Tasse mitgebracht hatte, plötzlich Sinn. Ich musste mit meiner Mutter reden. In Ruhe. Ich musste herausfinden, was los war. Aber ich wollte sie unter keinen Umständen mit etwas konfrontieren, das ihr noch mehr Kummer bereiten würde.

Während ich vor mich hin grübelte, ließ sich mein Onkel aus der Gruppe der Musikerfreunde auf meine Höhe zurückfallen. Er legte seinen Arm um meine Schultern, zog mich fest zu sich heran. Trotz seines dicken Mantels konnte ich seinen Schweiß riechen. Zum Schwitzen war es eigentlich zu kalt. Ich fragte mich, ob es Angstschweiß war. Ob ihn die Angst davor, allein zu sein, zum Schwitzen gebracht hatte. Vielleicht hatte er sich seit Marlènes Tod aber auch nur nicht mehr geduscht. Ich hielt den Atem an und wartete, bis sein Griff sich lockerte. Als er mich losließ, sah er mir dankbar in die Augen, und ich wünschte, ich könnte ehrlich um meine Tante weinen, nur um ihn meine Anteilnahme spüren zu lassen.

Stumm marschierten wir nebeneinander her, bis wir den Ausgang des Friedhofs erreichten, vor dem sich die Trauergemeinschaft allmählich auflöste. Wo man hinsah, wurden Küsse und Zigaretten verteilt, wurde sich umarmt. Meine Mutter stand einige Meter von mir und meinem Onkel entfernt, abseits der anderen, die sich verabschiedeten oder gemeinsam rauchten. Sie hielt das Handy in der Hand und tippte darauf herum. Schnell und mit Druck im Daumen. Ich sah ihr dabei zu. Sie schien es zu bemerken und drehte sich zu mir um, ein Lächeln auf den Lippen, das nicht echt war. Als sei sie gerade bei etwas erwischt worden. Sie steckte das Handy in die Tasche und kam auf uns zu. Mein Onkel nahm ihre Hand in seine und strich ihr mit der anderen zärtlich über die Wange.

»Wann kommt Wiktor an?«

Wieder lächelte meine Mutter ein Lächeln, das keines war. Sie sah nicht meinen Onkel, sondern mich an, und antwortete: »Gar nicht. Dein Vater kommt gar nicht nach Paris. Er hat zu viel zu tun.«

»Was muss er denn über Weihnachten tun?«, fragte ich.

Meine Mutter hob die Hand, drehte langsam die Handfläche nach oben. Ich folgte mit den Augen ihrem Arm und sah zum zweiten Mal an diesem Tag in den blassgrauen Himmel, auf die Krähen im Geäst. Eine Weile machte meine Mutter keine Anstalten, auf meine Frage zu antworten. Sie stand nur da wie eine Statue, die Hand nach oben ausgestreckt, als erwarte sie, dass sich einer der schwarzen Vögel, eine Schneeflocke oder die Seele meiner Tante darauf niederließ. Dann wendete sie den Kopf wieder in meine Richtung und sagte: »Dein Vater muss eine andere Frau vögeln. Das hat er zu tun.«

10

Ich liege im Bett und denke an Tina. An Tina und an Tom. Wie sie sich küssen und er ihr die Hand unters T-Shirt schiebt. Wie sich seine dünnen Finger hoch zu ihren Brüsten tasten. Der Gedanke an ihre Brustwarzen, die ich mir fest wie Kirschkerne vorstelle, lässt meinen Ständer so hart werden, dass ich kurz davor bin zu kommen. Der Gedanke an Toms Hand an ihrem Busen lässt ihn sofort wieder erschlaffen. Es geht einfach nicht. Ich kann mir keinen runterholen, wenn ich an Tina denke. Weil ich dann immer auch an Tom denken muss. Ich habe sowieso keine Zeit dafür. In zwanzig Minuten muss ich bei Frau Dr. Dr. Daniela Klausner-Wittmann sein. Meiner Therapeutin.

Eigentlich gehe ich ganz gerne zu ihr. So muss ich wenigstens nicht den ganzen Tag vollgeschissene Windeln wechseln oder Gebisse einsetzen. Eine willkommene Abwechslung. Ich könnte nie Krankenpfleger werden. Den ganzen Tag dieses Elend. Richtig alt zu sein ist nicht schön. Gefüttert und gewickelt zu werden wie ein Baby, das kann doch nicht der Sinn der Sache sein. Eines weiß ich: Bevor ich mich selbst nicht mehr waschen oder den Löffel zum Mund führen kann, bringe ich mich lieber um. Mit Schlaftabletten. Tut nicht weh. Geht schnell. Oder mit einer Überdosis Heroin. Noch besser. Dann könnte ich das auch noch mitnehmen im Leben. Und Schlagzeilen machen: Dreiundachtzigjähriger an Überdosis Heroin gestorben. Würde mich schon mal interessieren, wie das ist auf Heroin. Ich müsste es mir ja nicht unbedingt spritzen. In dem Alter würde ich vermutlich sowieso keine

Vene mehr treffen. Wenn ich mir vorstelle, der alte Ostermann müsste sich selbst eine Spritze setzen. Keine Chance. Man darf den richtigen Zeitpunkt nicht verpassen. Wartet man zu lange, kann man sein Leben selbst nicht mehr beenden. Und jemanden darum bitten, es zu tun, ist schon wieder zu kompliziert. Wer sollte das denn machen? Auf jedem Fall weiß ich, dass ich niemanden bei mir zu Hause haben wollte, der dazu verdonnert wurde, für ein paar Monate fremde Ärsche zu putzen. Egal, wie alt ich wäre.

Zur Frau Dr. Dr. gehe ich auch deshalb gerne hin, weil ich mich bei ihr wohlfühle. Ihre Praxis ist groß und hell und befindet sich in einem dieser alten Schwabinger Häuser mit ultrahohen Decken. Auf der linken Seite des Raums hat sie von einem Sprayer ein Bild anbringen lassen. Wahrscheinlich um zu zeigen, wie cool sie ist. Um von Anfang an einen besseren Zugang zu den Jugendlichen zu kriegen. Das Graffito zeigt eine Meerjungfrau, die mit einem Dreizack auf einen Schwarm Mini-Löwen mit Flügeln losgeht. Hinter der Meerjungfrau, am Ende der Flosse, lodern Flammen, die bis zur Decke reichen. Vor den fliegenden Löwen sitzt ein Junge auf einem Korallenriff und fotografiert mit seinem Smartphone die Szene. Das Bild ist ziemlich gut gemacht, ich kann zwar nicht sagen, ob es mir gefällt, aber ich muss immer wieder hinsehen. Und jedes Mal entdecke ich etwas, das mir zuvor noch nicht aufgefallen war.

Das Beste an meinen Therapiestunden aber ist Frau Dr. Dr. selbst. Ich habe keine Ahnung, wie alt sie ist. Jünger als meine Mutter, doch um einiges älter als ich. Was nichts daran ändert, dass sie phantastisch aussieht. Sie ist mehr so der Öko-Typ, auf den ich sonst nicht stehe. Trägt Leinenanzüge und Ketten aus bunten Steinen. Ihr blondes Haar sieht aus wie das Fell von einem Pudel. Und ihr Gesicht ist so rund und rosig, dass man hineinbeißen und es ablecken möchte. Vor allem aber strahlt sie Wärme aus. Wärme und Geborgenheit. Es gab Situationen, da wäre ich ihr am liebsten auf den Schoß gesprungen, um meinen Kopf zwischen ihren großen, großen Busen zu drücken.

Mein Schwanz wird wieder hart, als ich an Frau Dr. Dr. denke. Ihre Brustwarzen sind bestimmt nicht so fest wie Kirschkerne, dafür mit einem schokoladenbraunen, extragroßen Hof drum herum. Höchste Zeit zu gehen.

»Ich habe mich verliebt.«

»Das freut mich für Sie. Und ist sie auch in Sie verliebt?«

»Woher soll ich das wissen?«

»Meistens spürt man das.«

»Dann ist sie nicht in mich verliebt.«

»Woher wissen Sie das?«

»Sie sagten doch, das spürt man.«

»Und wie spüren Sie, dass sie nicht in Sie verliebt ist?«

»Ich habe Tom gestern eine verpasst. Deswegen. Das fand sie nicht so lustig. Jedenfalls hat sie danach kein Wort mehr mit mir geredet. Und Tom hat an ihrem Eis geschleckt und mich dabei fies angegrinst. Am liebsten hätte ich ihren fetten Kater in die Isar geschmissen.«

»Wie meinen Sie das?«

»Keine Sorge. Ich bin gegangen, bevor es mit mir durchgegangen ist.«

»Das ist gut. Das ist sogar sehr gut. Aber ich verstehe immer noch nicht, was Sie mit ›fetten Kater‹ meinen?«

»Tinas Kater. Sie läuft mit einem megafetten Kater an der Leine rum, weil ihr Vater den sonst umbringen würde. Der macht alles mit, was sie will. Trottet ihr hinterher, macht Platz, wenn sie stehenbleibt. Wie ein Hund. Und die ganze Zeit putzt er sich das Arschloch. Es ist echt widerlich.«

»Sie mögen das Tier also nicht?«

»Nein. Also, ja, genau, ich mag es nicht.«

»Warum nicht?«

»Ich mag es halt nicht.«

»Mögen Sie allgemein keine Tiere?«

»Ich weiß, worauf Sie hinauswollen.«

»Worauf will ich denn hinaus?«

»Das wissen Sie ganz genau.«

»Weiß ich das?«

»Ja.«

»Sagen Sie es mir trotzdem?«

Ich möchte ihr darauf nicht antworten, suche auf meinem Stuhl eine neue Position und sehe sie an. Sie sitzt vor mir und dreht einen Kugelschreiber in den Händen. Fast könnte man meinen, sie sei nervös, so schnell dreht sie ihn zwischen Zeige- und Mittelfinger. Dann legt sie ihn mit einem Klack vor sich auf den kleinen Tisch, als hätte sie meine Gedanken erraten. Es würde mir gefallen, sie verlegen zu machen. Wenn sie so gut darin ist, meine Gedanken zu lesen, dann müsste ich nur an ihre Riesenhöfe denken, damit sie rot anläuft. Also denke ich an ihre Riesenhöfe. Weiter komme ich nicht, da rührt sich schon mein Schwanz in der Hose. Ich lege meine Hände darauf ab und laufe selbst rot an. Tom würde so etwas nicht passieren. Er würde sich noch ganz andere Dinge vorstellen, ohne rot zu werden.

»Als Sie das Feuer legten, wussten Sie da, dass sich die Hunde noch im Haus befanden?« Sie sieht mir direkt in die Augen, dann auf meine Hände. Ich kann nichts dagegen tun, dass mir noch mehr Blut in den Kopf steigt. Ich glühe.

»Nein, das wusste ich nicht. Sonst hätte ich das Feuer nicht gelegt«, antworte ich so souverän, wie es möglich ist, wenn einem eine ungebetene Erektion gegen die Knöpfe der Jeans drückt.

»Mögen Sie Hunde?«

»Wieso?«

»Sie mögen keine Katzen. Viele, die Katzen nicht mögen, mögen dafür Hunde. Und umgekehrt.«

Mein Schwanz schwillt so stark an, dass es wehtut.

»Ich mag Beagles«, stöhne ich.

»Beagles?«

»Ja, sage ich doch. Beagles!«

Sie reicht mir ein Glas Wasser, beugt sich dabei leicht nach vorne. Ich kann die Ritze zwischen ihren Brüsten sehen. Eine unheimliche Ritze. Ich kann schmecken, wie es dazwischen riecht. Nach Heu und nach frisch gemolkener Milch. Ich kann den Duft regelrecht aufsteigen sehen.

»Nehmen Sie einen Schluck Wasser, bitte.« Sie hält mir das Glas direkt vor meine Nase. Grinst. Warum grinst sie mich so an? Herrje, warum grinst sie mich denn so an? *Schwill ab. Schwill ab, du Sau!* Ich schüttele energisch den Kopf, konzentriere mich aufs Kopfschütteln.

»Ist alles in Ordnung mit Ihnen?« Langsam erhebt sie sich aus ihrem Sessel. *Bitte geh weg! Komm bloß nicht auf mich zu!* Kurz bleibt sie vor dem Sessel stehen. Dann dreht sie sich um und geht auf das Fenster zu, das von einer Jalousie verdunkelt wird. Nur vereinzelt blitzt die Sonne durch die Lamellen und malt ein paar Strahlen aufs Parkett. Sie greift nach dem Regulierstab der Jalousie und dreht daran, bis die Lamellen einen Winkel erreicht haben, der die Sonne direkt in mein Gesicht scheinen lässt. Das ist der Moment, in dem mein Schwanz sich entspannt. Und ich mich mit ihm.

»Ich denke, wir sollten über Ihre Beziehung zu Tieren reden.«

»Warum?«

»Ich frage mich, wieso Sie Tieren gegenüber so aggressiv sind.«

»Ich bin Tieren gegenüber nicht aggressiv. Wie kommen Sie darauf? Nur weil ich Tinas fetten Kater eklig finde? Und dass die Welpen im Haus meines Vaters waren, wusste ich wirklich nicht. Das habe ich Ihnen gesagt. Das war Zufall. Das war Pech. Warum sollte ich denn Hundebabys anzünden wollen? Die können doch am wenigsten was dafür, dass mein Vater alles kaputtgemacht hat.«

»Wem wollten Sie wehtun, als Sie Ihr Elternhaus anzündeten? Ihrem Vater? Ihrer Mutter? Der neuen Freundin Ihres Vaters?«

Die Sonne blendet mich. Nur den Staub, der durch die Luft wirbelt, kann ich ganz genau erkennen. Unfassbar viel Staub. Kleine weiße Partikel, die auf ihren Pudellocken landen. Ich frage mich, ob sich der Staub auch in unseren Lungen festsetzt. Oder ob er runtergeschluckt und verdaut wird. Ob ein gewisser Prozentsatz unserer Scheiße aus Staub besteht.

»Mir«, antworte ich. »Ich wollte *mir* wehtun.«

11

Mein Vater vögelte also eine andere Frau über Weihnachten. Ich fragte mich, wer sie war. Wo er sie kennengelernt hatte. Seit wann er sie kannte. Ob sie meiner Mutter ähnlich sah. Ob er meine Mutter noch liebte. Wie alt seine Geliebte war. Ob meine Eltern sich scheiden lassen würden. Ich fragte mich, was mit mir war. Und warum er nicht einmal über Weihnachten bei uns sein konnte, egal was war. Aber ich war unfähig, meiner Mutter diese Fragen zu stellen, die zum ersten Mal seit langem fröhlich aussah. Am Morgen stand sie in der Küche und pfiff vor sich hin, während die Espressokanne röchelte. Sie leerte pfeifend die Spülmaschine, wischte pfeifend den Tisch ab, bereitete pfeifend das Weihnachtsfrühstück mit extra vielen Madeleines und Fougasse vor. Was sie auch tat, sie pfiff die immer gleiche Melodie: *When I was just a little girl, I asked my mother what will I be. Will I be pretty, will I be rich, here's what she said to me …* Ich ertrug ihr Gepfeife nicht. Ich fand es auch meinem Onkel gegenüber ziemlich daneben. Ich wünschte, er würde endlich aufstehen, damit meine Mutter aufhörte mit ihrer übertriebenen guten Laune. Ihre Schwester war gerade in ein Urnengrab versenkt worden, und ihr Mann vögelte über Weihnachten eine andere Frau. Wie konnte sie da fröhlich sein?

Meinen Onkel sah ich an diesem Weihnachtsmorgen nicht. Ich hörte ihn nur. Wie er Möbel verrückte oder so was in der Art. Er war nach der Beerdigung in sein Arbeitszimmer gegangen, das er seit Marlènes Tod zum Schlafzimmer umfunktioniert hatte. Seitdem war er nicht mehr aufgetaucht. Was ungewöhnlich war. Denn er war ein Läufer. Wie mein Vater. Sie teilten diese Leidenschaft. Stundenlang konnten sie sich über neue Laufschuhmodelle unterhalten und über GPS-Uhren, über Trainingsmethoden, Energieriegel und Laufstrecken. Mein Onkel hatte immer schon ganz in der Früh, wenn es noch dunkel war und Paris schlief, seine Runden durch die Stadt gedreht. Vorbei an den Reinigungsfahrzeugen auf dem Boulevard de Vaugirard und den Männern mit ihren giftgrünen Plastikbesen. Weiter entlang der Rinnsteine, durch die das Wasser aus der Seine gespült wird, um den Dreck der Stadt mit sich in die Kanalisation zu nehmen. Vorbei am Tour Montparnasse, durch die Rue de l'Arrivée bis zur Rue de Rennes, die irgendwann zur Rue Bonaparte wird und geradewegs zur Seine führt. Und immer weiter, quer durch die Stadt. Und später den Weg zurück durch den Jardin du Luxembourg, in dem meine Tante Tennis gespielt hatte, immer sonntags, wenn sie Zeit hatte.

Ich hatte meinen Onkel und meinen Vater ein paarmal bei ihren morgendlichen Laufrunden begleitet. Wenn ich dabei war, liefen wir langsamer und weniger weit. Einmal erzählte uns Nicolas alles über die Pariser Stadtreinigung. Dass Paris morgens immer nass sei, als hätte es in der Nacht zuvor geregnet. Dass man Staulumpen verwende, um das Wasser aus der Seine richtig zu leiten. Dass er es liebte, durch die frisch gewaschenen Straßen zu laufen, gerade im Sommer. Dass er den milchig-süßen Geruch in sich aufsauge, der aus den Boulangerien kommt. Dass es sogar ein eigenes Parfum für Paris gäbe. Extra für die Metro. Zitrone, Lavendel und Orange. Dass dieser Duft Madeleine hieß, genauso wie das Gebäck, das er so mochte, weil es aus der Stadt stammte, in der er geboren wurde. Dass literweise von dem Parfum auf Bahnsteigen und Treppen verwischt würde, damit Paris gut rieche. Damit man sich immer an den Duft von Paris erinnere, der unaufdringlich sei und trotzdem einprägsam.

»Meinst du etwa diesen säuerlichen Duft von Pisse, Schweiß und Kotze, der einem entgegenweht, sobald man die Metro betritt?«, hatte mein Vater lachend erwidert und war mit einem Schwenker nach links einem Dackel ausgewichen, der von seiner Herrin, einer kleinen alten Frau in dunkelblauem Kostüm mit Perlen so groß wie Murmeln an den Ohren, an der langen Leine gehalten wurde. »Die Stadt ist so vollgeschissen, dass man die Augen nicht vom Boden heben kann, ohne in einen Hundehaufen zu treten. Da könnt ihr die Straßen waschen, wie ihr wollt, solange es die Köter gibt, wird alles Wasser der Seine und egal wie viel Parfum nicht ausreichen, damit Paris gut riecht.« Mein Vater lachte und schüttelte den Kopf, bis wir am Quais Malaquais angekommen waren. Mein Onkel lachte mit, aber ich sah, dass es ihn störte, wie mein Vater über die Stadt sprach, in der er lebte. Seine Augen zogen sich zusammen, das kannte ich von Tom. Der lachte genauso, wenn ihm gar nicht zum Lachen zumute war und er eigentlich seine Ruhe haben wollte. Übertrieben laut und mit zusammengekniffenen Augen.

Als ich gegen halb elf an der Tür zum Arbeitszimmer meines Onkels lauschte, hörte ich nichts. Keinen Laut. Ich traute mich nicht, die Tür zu öffnen. Vielleicht hatte er sich wieder schlafen gelegt. Ich wollte ihn auf gar keinen Fall wecken.

Meine Mutter hatte den Frühstückstisch gedeckt und saß nun lesend auf dem Sofa. Wenigstens pfiff sie nicht mehr ihre gute Laune durch die Wohnung. Sie hielt eine Zeitschrift ganz nah vor ihr Gesicht. Ein Bein hatte sie unter ihren Po geklemmt, das andere berührte den Boden. Ihr Rücken war gerundet, und sie hielt die Zeitschrift fest, als würde sie zwei Kilo wiegen. Ich warf einen Blick auf den Frühstückstisch, der in der Wintersonne lag, die durch das Dachfenster hereinschien. Der ganze Tisch leuchtete. Wo man hinsah, brannte ein Teelicht. Vor jedem Teller, zwischen Konfitüre, Butter, Tassen und Besteck, zwischen dem Körbchen mit Madeleines und dem Krug mit frisch gepresstem Orangensaft.

»Lass uns Nicolas holen«, sagte meine Mutter, ohne die Zeitschrift abzusetzen. Wahrscheinlich hatte sie meinen Magen knurren hören.

»Ich weiß nicht. Sollen wir ihn nicht besser schlafen lassen? Ich glaube, er hat sich hingelegt.«

»Es wird ihm guttun, etwas zu essen und mit uns zusammenzusitzen. Lass ihn uns holen.«

»Was liest du da eigentlich?«

»Einen Artikel über Kleinwuchs.« Sie legte die Zeitschrift weg und stand auf. Sie sah aus wie meine Mutter, bevor meine Tante gestorben war. Glücklich und schön und sportlich und jünger als die Mütter meiner Freunde. Seit der Beerdigung war meine Mutter aufgeblüht. Eigentlich hätte ich froh darüber sein sollen. Die Tage nach Marlènes Tod waren furchtbar gewesen, sie hatte kaum etwas von dem angerührt, was ich ihr zu essen und zu trinken gebracht hatte, nur immer weiter geweint. Wie sehr hatte ich mir gewünscht, mein Vater käme endlich von seiner Dienstreise zurück und würde das machen, was mir nicht gelang: sie trösten. Ich verstand ihn nicht, ich war sauer auf ihn, aber nie wäre mir in den Sinn gekommen, er könnte sich mit einer anderen Frau amüsieren. Er könnte das Interesse an seiner Familie verloren haben. Wie konnte ich so blöd sein? So blind? Mein Vater war immer da gewesen für meine Mutter. Niemals hätte er sie im Stich gelassen, wenn zwischen ihnen alles in Ordnung gewesen wäre. Sie musste die ganze Zeit etwas geahnt haben. Vielleicht hatte sie es sogar gewusst. Vielleicht hatte sie nicht nur wegen Marlène geweint, sondern auch wegen ihm. Aber das erklärte nicht, warum sie jetzt so strahlte, als wäre es das schönste Weihnachten seit langem.

Meine Mutter klopfte an das Arbeitszimmer meines Onkels. Nichts tat sich. Sie klopfte noch einmal. Wartete. Klopfte lauter. Drückte die Türklinke herunter. Öffnete die Tür einen Spalt weit. Und stieß einen spitzen Schrei aus. Ich ging zu ihr, auf alles gefasst, und konnte nicht glauben, was ich sah.

12

Es ist das erste Mal, dass ich Heuschnupfen habe. Ich habe mir in der Apotheke Tabletten besorgt. Seitdem kann ich besser atmen, die Augen jucken nicht mehr. Aber ich bin so müde, dass ich im Stehen einschlafen könnte. Ein Glück, dass Wochenende ist und ich nicht arbeiten muss. Es wäre die Hölle für mich.

Der Abend mit Tina und Tom geht mir nicht aus dem Kopf. Die ganze Zeit muss ich an sie denken. Ich will Tina dringend wiedersehen. Ich muss herausfinden, wie die Lage ist. Ob sie sauer auf mich ist. Und vor allem: Ob noch was lief zwischen ihr und Tom. Ob sie das getan haben, was mich vom Onanieren abhält, wenn ich an Tina denke. Tom rufe ich bestimmt nicht an. Dass er sich an sie herangemacht hat, geht gar nicht. Tina kann ich aber auch nicht anrufen. Ich habe ihre Nummer nicht. Also muss ich doch Tom anrufen, der hat sie bestimmt. Auch wenn ich nicht glaube, dass er sie mir geben wird, nach dem, was vorgefallen ist. Tom ist nachtragend. Er sagt, er habe ein Gedächtnis wie ein Elefant, und das läge daran, dass seine Mutter in der Schwangerschaft Nährstoffe für zwei aufgenommen habe, obwohl sein Bruder schon tot war. So habe er alles doppelt abbekommen. Daher sei er auch so schlau. Und so dünn. Er habe alles aus der Nabelschnur direkt in den Kopf gesogen. Nichts davon seinem Körper abgegeben. Körper seien ohnehin überbewertet. Ich glaube allerdings, Tom will nur davon ablenken, dass er einen Komplex wegen seines Körpers hat. Was ihm auch gut gelingt. Ich kenne niemanden, der ihn nicht für hochintelligent hält. Es ist das Erste, was alle über ihn sagen. *Tom ist superintelligent. Tom ist hochintelligent. Tom ist ganz ein Intelligenter.* Tom ist zweifellos intelligent. Er weiß viel, liest viel, interessiert sich für nahezu alles und vergisst nichts. Er lernt sogar Fremdwörter auswendig, um noch intelligenter zu wirken. Und er wendet sie ständig an. Besonders dann, wenn er jemanden neu kennenlernt. Wie jetzt Tina.

Mein Handy klingelt. Unterdrückte Nummer. Erst will ich nicht rangehen, weil ich fürchte, dass jemand von meinen Alten Hilfe braucht. Die kennen ja nichts. Manche rufen auch an, wenn ich gar keinen Dienst habe bei ihnen. Es ist nicht so, dass ich nicht gerne helfe. Gerade der alten Schedel. Aber heute geht es echt nicht. Ich möchte nur rumliegen und ein bisschen schlafen und auf keinen Fall rausgehen, sonst wird es schlimmer mit diesem bescheuerten Heuschnupfen. Andererseits, wenn die alte Schedel mich brauchen sollte, könnte ich Tina wiedersehen, ohne dass sie merkt, dass ich sie wiedersehen möchte. Ich müsste Tom nicht anrufen, um ihn nach ihrer Nummer zu fragen. Ich könnte es mir ersparen, mich bei ihm für den Bodycheck zu entschuldigen. Wenigstens heute. Das Handy klingelt immer noch. Genervt brummt es vor sich hin. Als ich es endlich ans Ohr hebe, ertönt ein tiefes »Hello-o-o-o«, das »o« extra in die Länge gezogen. Dann ist Ruhe.

»Hallo, wer ist dran?«, japse ich, obwohl ich Tinas Stimme sofort erkannt habe. Irgendetwas rinnt mir die Speiseröhre runter und bleibt schwer in meinem Magen liegen.

»Mein Vater ist mit seinem Schatzimausi auf einem Liebestrip nach Italien«, höre ich Tina sagen, wie von ganz weit weg.

»Sturmfrei. Die Sonne knallt. Was wollen wir mehr? Pack deine Sachen, wir fahren übers Wochenende aufs Land! Ich bin's übrigens. Tina, die Frau mit der fetten Katze.«

»Ui«, antworte ich und könnte mich verprügeln für diese Antwort. Ich bin so überrascht, dass ich nicht richtig denken kann. *Ui*, hallt es in meinem Kopf nach. *Ui.* Peinlicher kann man nicht sein. Aber, hey: Tina will mit mir übers Wochenende wegfahren! Aufs Land! Ich möchte *Ja* schreien. *Ja, ja, ja, jaaaaa!* Stattdessen frage ich: »Wo ist denn das Land?«

»Chiemgau. Simssee. Baierbach. Um 11:18 Uhr ist Abfahrt. Am Hauptbahnhof. Gleis 14. Also, bis gleich!« Sie legt auf.

Ich starre aufs Handy. 10:08. Ich springe auf, renne ins Bad, dusche, putze die Zähne, rolle Deo unter die Achseln, ziehe Jeans und T-Shirt an, nehme noch eine Heuschnupfentablette ein, trinke einen Energydrink drauf, den ich Sven, meinem schnöselprolligen Mitbewohner, aus dem Kühlschrank klaue, schiebe mir eine Scheibe Wurst, ein Stück Käse und eine Gewürzgurke in den Mund, packe Badehose, Handtuch, Zahnbürste und ein paar Klamotten in eine Tasche, lege die Tablettenschachtel obendrauf, checke, wie viel Geld im Portemonnaie ist, renne die Treppe hinunter, die Straße hoch bis zur Bank, ziehe fünfzig Euro aus dem Automaten, laufe weiter bis zur U-Bahn und bin um 11:13 Uhr am Hauptbahnhof.

Der Eurocity Richtung Klagenfurt steht schon da. Tina ist nirgends zu sehen. Ich drehe mich ein paarmal um, laufe den Zug entlang, röntge die Abteile. Bald muss ich einsteigen. Als ich bei der Hälfte der Waggons ankomme und die Schaffnerin schon mit der Kelle schräg am Zug hängend zum Abpfiff bereitsteht, sehe ich Tom. Er sitzt an einem Vierertisch im Großraumabteil, ein Buch aufgeschlagen, das Lesezeichen in der rechten Hand. Eine Sekunde überlege ich, nicht einzusteigen. Einfach wieder nach Hause zu gehen. Mich ins Bett zu legen. Dann schließt sich die Tür, und der Zug fährt ab. Mit mir, mit Tom und ohne Tina.

13

Mein Onkel stand nackt und von oben bis unten in orangene Farbe getaucht im Arbeitszimmer und wälzte sich, die Arme gegen die Decke gestreckt, die Wand entlang. Um den Kopf hatte er irgendein Kleidungsstück von Marlène gewickelt, ein Nachthemd oder so was. Eine Art Turban in Weiß mit Spitze, der halb die Kopfhörer auf seinen Ohren verdeckte, aus denen Musik drang. Ziemlich laute, ziemlich schnelle Musik. *Wumm wumm. Aggrraagrragra. Wumm wumm. Aggrraagrragra.* Auf dem Boden standen zwei Kisten mit Zeitschriften. Daneben türmte sich ein kniehoher heller Haufen mit Marlènes Kleidung. In dem Haufen steckte eine Flasche Wein, die zum Teil ausgelaufen war und die Klamotten rosa eingefärbt hatte. Wo ich hinsah, war Chaos. Geöffnete Schubladen, deren Inhalt im Raum verteilt. Ordner, Akten, Bücher, Bilderrahmen, ein paar Vasen, eine große Tiki-Figur – alles war aus dem großen Regal, das eine ganze Wand einnahm, auf den Boden geworfen worden. *Wumm wumm. Aggrraagrragra. Wumm wumm. Aggrraagrragra.* Die Schreibtischlampe hing kopfüber den Schreibtisch herunter, der Stuhl streckte seine Beine zur Decke. Mein Onkel hatte gewütet und sich aus irgendeinem Grund in Farbe gesuhlt. Er war offenbar durchgedreht. *Wumm wumm. Aggrraagrragra. Wumm wumm. Aggrraagrragra.* Der Farbeimer, von Büchern umringt, die Farbrolle steckte in einem Schuh. Zuvor musste mein Onkel sie mehrmals durchs Zimmer geschleudert haben, überall waren orangene Spritzer. *Wumm wumm. Aggrraagrragra. Wumm wumm. Aggrraagrragra.* Ich fragte mich, wieso mein Onkel einen Eimer mit Farbe im Arbeitszimmer stehen hatte, wo doch meine Tante einem Weiß-Tick verfallen war. Und wieso ihre Klamotten im Arbeitszimmer waren. Aber noch mehr fragte ich mich, was mein Onkel da eigentlich tat. Er schien uns nicht zu bemerken. Die Augen geschlossen, den Kopf schräg zur Seite gelegt, schmiegte er sich an die Wand, leckte mit der Zunge über die Farbe, die er mit seinem Körper auf die Raufasertapete gebracht hatte. Dabei wackelte er mit dem Po. *Wumm wumm. Aggrraagrragra. Wumm wumm.* Dann streckte er den Brustkorb heraus und trug mit seinem Brusthaar einen großen Fleck neben das Foto von Marlène und sich in unserem Garten vor dem Swimmingpool auf. Ich hatte nicht gewusst, dass mein Onkel derart behaart war. Meine Mutter stand neben mir, fassungslos und ebenso unfähig, etwas zu tun. Wir schauten ihm nur zu, ohne dass Nicolas uns wahrnahm. Das Sofa in der Ecke war zu einer Schlafstatt ausgezogen. Die Bettdecke lag als Knäuel darauf, daneben zwei Alben. Fotoalben. Sonst war nichts zu entdecken, was uns verraten hätte, in welchem Zustand sich mein Onkel befand. Der Raum roch nach Farbe und säuerlich, als wäre er mehrere Tage nicht gelüftet worden. Ich stapfte durch das Chaos zum Fenster hinter dem Schreibtisch und kippte es. Dann ging ich zu meiner Mutter, die inzwischen neben meinem Onkel stand und versuchte, ihm die Kopfhörer abzusetzen, wahrscheinlich in der Hoffnung, er würde uns so endlich bemerken. Sie legte ihm eine Hand auf die Schulter, die andere an die Muschel des Kopfhörers, zog an ihr und ließ die Musik oder was auch immer er da hörte ins Zimmer entweichen. *WUMM WUMM AGGRRAAGRRAGRA WUMM WUMM WUMM.* Mein Onkel drehte sich zu ihr um. Sein Blick durchbohrte sie, eine Sekunde, zwei, vielleicht auch etwas länger, *WUMM WUMM WUMM*, dann fing er hysterisch an zu lachen. Ging in die Knie, *AGGRRAAGRRAGRA*, klatschte auf ihnen herum, hüpfte in die Höhe, *WUMM WUMM WUMM*, ging wieder in die Knie, umarmte meine Mutter, *AGGRRAAGRRAGRA WUMM WUMM*, und brach schließlich vor ihr zusammen, lag zusammengekauert zu ihren Füßen, *AGGRRAAGRRAGRA WUMM WUMM WUMM*, und sie beugte sich hinunter und strich ihm über den Rücken, die Wirbel entlang, die herausstachen wie das Skelett einer Straßenkatze, die schon lange nichts mehr gefuttert hatte. *WUMM WUMM WUMM*, ich ging zur Stereoanlage und drehte ihr den Saft ab. *AGGRRAAGRR*.

Die plötzliche Stille ließ das Chaos um mich herum noch heftiger wirken als zuvor. Mein Blick fiel auf die große gläserne Schatulle mit den Manschettenknöpfen, die normalerweise in Reih und Glied auf einem dunkelblauen Samtband in extra für die Schatulle angefertigten Fächern ausgestellt und sein ganzer Stolz waren. Jetzt lag die Schatulle zwischen irgendwelchen Sachen am Boden, eine Ecke war angebrochen, der Deckel hatte einen Riss, die Sammlerstücke waren durcheinandergewirbelt. Seit fünf Jahren sammelte mein Onkel Manschettenknöpfe aus aller Welt. Überwiegend Art déco, aber auch aus dem 19. Jahrhundert. Einmal hatte er mir einen ganzen Nachmittag, als wir bei ihm im Laden standen und Dalida aus der Jukebox hörten, von seiner Leidenschaft erzählt. Dass es Manschettenknöpfe gab, in denen Haare unter Bergkristall eingefasst waren. Als Erinnerung an die Liebste, wenn sie verstorben war. Dass bei den Europäern der praktische Knebelverschluss, der irgendwann in den USA entwickelt wurde, verpönt war, weil er als unelegant galt. Dass die Amerikaner ein Talent für das Ordinäre hätten. Dass sie Künstler des Ordinären seien. Dass das Ordinäre sich letztendlich immer durchsetze. Auch in Europa. Ich hatte nicht verstanden, was er mir sagen wollte. Was das alles mit den Manschettenknöpfen zu tun hatte. Es war mir egal. Ich genoss es, mit ihm in seinem Laden zu sein zwischen all den alten Gegenständen, die eine Geschichte zu erzählen hatten, während Dalida davon sang, wie sie ihr Haar in Ordnung brachte.

Ich bückte mich, um die Schatulle aufzuheben und sie wieder in ihr Regal zurückzustellen. Bevor ich nach ihr greifen konnte, räusperte sich meine Mutter. So wie man sich räuspert, wenn man jemanden auf etwas aufmerksam machen will. Ich drehte mich zu ihr um. Sie sah mich an und nickte mit dem Kopf in Richtung Tür. Als ich nicht gleich reagierte, hob sie ihre Hand und winkte zur Tür hin. Ein zärtliches, rundes Winken, als würde sie einem Baby über den Kopf streicheln. Vom Fenster wehte kalte Luft herein. Ich atmete tief durch und richtete mich auf. Ich wollte das Zimmer nicht verlassen. Ich wollte nicht weg von meinem Onkel, der eingerollt am Boden lag. Nicht weg von meiner Mutter, die aus dem Kleiderhaufen meiner Tante ein Tuch mit Fransen zog und damit meinen Onkel bedeckte, der einfach dalag, sich nicht rührte, nur gelegentlich ein Gurren von sich gab, wenn meine Mutter ihm über die Wirbel strich. Doch das Winken meiner Mutter, so zart es auch war, ließ keine andere Möglichkeit zu. Also schlich ich mich raus ins Wohnzimmer, setzte mich an den Frühstückstisch und sah dabei zu, wie ein Teelicht nach dem anderen ausging.

14

Ich werfe meine Tasche in die Gepäckablage über Toms Kopf. Er blickt kurz auf und vertieft sich sofort wieder in sein Buch. Natürlich was Philosophisches. Hat er bestimmt extra eingesteckt, um Tina zu zeigen, wie gebildet er ist.

»Wo ist Tina?«, frage ich und ignoriere, dass er mich ignoriert. »Anscheinend fahren wir ja alle drei aufs Land.«

Tom reagiert nicht. Tut so, als würde er aufmerksam lesen.

»Hör zu. Tut mir leid, dass ich dir eine verpasst habe vorgestern. War nicht okay, obwohl du es verdient hast. Kannst du dir nicht eine andere aussuchen, der du imponieren willst? Muss das gerade die Frau sein, von der ich dir ein paar Minuten vorher erzählt habe, dass ich auf sie stehe?«

Tom legt das Buch weg. Tom legt das Buch nicht so weg, wie man normalerweise ein Buch weglegt. Lesezeichen rein, Buch zu, fertig. Nein. Bei Tom wird alles mit Bedacht gemacht, um den Dingen, die man tut, Bedeutung zu geben, wie er sagt. Es nervt mich, ihm dabei zusehen zu müssen: Erst streicht er langsam, beinahe liebevoll, die Seite glatt, die er gerade gelesen hat. Dann nimmt er das Lesezeichen zur Hand, dreht es hin und her und legt es akkurat in den Falz. Kurz betrachtet er alles, als hätte er ein Meisterwerk geschaffen. Erst danach klappt er das Buch zu, fährt sanft mit der flachen Hand über den Buchdeckel. Tom hat echt einen Knall. Ich mag ihn, seinen Knall. Normalerweise. Heute geht er mir auf den Geist. Heute wirken seine Eigenarten nicht wie etwas Besonderes, sondern eingeübt und peinlich. Durchschaubar.

Ich setze mich ihm gegenüber. Schaue ihn an und warte darauf, dass er etwas sagt. Er nestelt an seiner Brille herum. Lässt sich Zeit. Nimmt die Brille in die Hand, haucht sie demonstrativ an, wischt die Gläser mit dem Zipfel seines T-Shirts sauber, setzt die Brille wieder auf. Nimmt sie erneut ab. Das macht er dreimal. Erst dann ist er bereit, mit mir zu sprechen.

»Moralisch gesehen, bist du im Recht. Ich sollte dir den Vortritt lassen, was Tina betrifft. Du hast sie zuerst gesehen, du hast dich zuerst in sie verliebt. Es wäre ein Zeichen von Respekt dir und unserer Freundschaft gegenüber. Aber wem hilft Moral? Mir nicht. Dir nicht. Letztendlich liegt es doch an Tina. Daran, für wen *sie* sich interessiert. Für dich? Für mich? Für niemanden von uns beiden? Alles ist möglich. Also krieg dich wieder ein. Und vor allem: Bekomm endlich mal dein Aggressionsproblem in den Griff. Gehst du nicht mehr zu der Psychotante?«

Typisch Tom. Er schafft es immer, Situationen umzudrehen. Hinterher fühle ich mich schlecht, obwohl ich vorher fand, dass er sich schlecht fühlen sollte. Ich weiß nicht, wie er das macht, aber ich gebe mich geschlagen. Hebe die Hände vor die Brust, die Handflächen nach außen, als Zeichen, dass ich mich nicht mit ihm streiten möchte. Außerdem bin ich hundemüde. Es macht ja auch irgendwie Sinn, was er sagt. Wenn Tina sich nicht für mich interessiert, dann ist das so. Darauf hat Tom nun wirklich keinen Einfluss. Aber warum lädt sie mich dann aufs Land ein? Warum lädt sie uns beide ein? Und wo zum Henker ist sie eigentlich?

»Wo ist sie denn nun?«, frage ich erneut.

»Keine Ahnung. Sie hat mir nur gesagt, wann der Zug abfährt. Mehr nicht. Am Bahnhof habe ich sie nicht gesehen. Vielleicht verarscht sie uns.«

»Warum sollte sie das tun?«

»Weil sie crazy ist. Extrem crazy.«

Ich nicke. Tom lacht.

»Mann, ist ihr Kater fett.«

Jetzt lache auch ich.

»Ja, und irgendwie eklig. Der hat die Schnauze mehr am Arsch als anderswo.«

Wir lachen beide, dann sehen wir aus dem Fenster. Der Zug rauscht an Wiesen und Bauernhöfen vorbei. Die Luft ist schlierig, so stark flimmert die Hitze. Es sieht aus, als hätte jemand Spülmittel auf die Zugscheiben gestrichen. Mein T-Shirt klebt auf der Haut. Ich wische mir mit der Hand über die Achseln. Rieche daran. Eine Frau schräg gegenüber von mir beobachtet mich dabei. Grinst und rümpft amüsiert die Nase, streicht ihrem Kind das Haar aus der Stirn und macht es mit einer Klammer fest. Meine Achseln riechen nicht schlecht. Nach Deo und nach Schweiß. Aber nach Schweiß auf frisch geduschter Haut. Ich lehne mich zurück und sehe zu Tom. Er hat sein Buch wieder aufgeschlagen. Studiert es, die Stirn in Falten gelegt. Er wirkt älter, als er ist. Ich schaue ihm dabei zu, wie er liest. Wie er sich konzentriert und die Seiten langsam umblättert, als würden sie zu Boden segeln, wenn er sie nicht festhielte. Ich frage mich, ob Tina uns beide zum Zug geschickt hat, damit wir wieder miteinander sprechen. Ob es überhaupt ein gemeinsames Wochenende auf dem Land geben wird. Die Müdigkeit drückt mich in den Sitz. Ich reibe mir mit den Fingern über die Augen, bis ich bunte Flecken sehe.

»Hast du Tinas Nummer?«, frage ich, als ich die Augen wieder aufschlage. »Ruf sie doch mal an. Wir wissen gar nicht, wohin wir sollen, wenn wir ankommen.«

»Nö.«

»Wie *nö*?«

»Na *nö* eben.«

»*Nö*, du hast ihre Nummer nicht. Oder *nö*, ich rufe sie nicht an, obwohl ich ihre Nummer habe.«

»Nö.«

»Idiot.«

»Ich habe ihre Nummer nicht.« Endlich sieht Tom vom Buch auf. Zuckt mit den Schultern, ein Grinsen im Gesicht, das ich nicht deuten kann.

Gerade als ich Tom fragen möchte, warum er ihre Nummer nicht hat, wie es sein kann, dass wir beide ihre Nummer nicht haben, flitzt eine Maus auf der Höhe von Toms Ohren über die Kopfstützen der Sitze, an der Seite des Sitzes hinunter und quer über den Flur des Waggons in Richtung der Frau, die mir dabei zugesehen hat, wie ich an meinem Schweiß gerochen habe. Die Frau bemerkt die Maus nicht, aber das Mädchen. Es schreit, als würde man es schlachten wollen. Schrill und laut. Und nicht einmal, nicht zweimal, nein, das Mädchen kriegt sich nicht mehr ein, kreischt und gestikuliert wild mit den Armen, versucht sich der Mutter mitzuteilen, die außer sich ist vor Angst und nicht begreift, warum ihre Tochter so panisch ist. Sie springt auf, packt das Mädchen an den Armen, schreit es an, was los sei, während das Mädchen versucht, sich aus dem Griff der Mutter zu befreien, um auf die Maus zu zeigen, die weitergelaufen ist bis zur gläsernen Schiebetür am Ende des

Abteils und mit der kleinen Schnauze sichtlich verängstigt am Boden nach einer Fluchtmöglichkeit schnuppert. Das Geschrei der beiden hat mit einem Schlag meine Müdigkeit vertrieben. Ich stehe auf, gehe zur Tür, halte meine Hand an den Sensor, der sie automatisch öffnet, und sage ruhig, aber laut, um Mutter und Tochter zu übertönen, dass es nur eine Maus sei. Eine kleine graubraune Maus. Die sich nun aber, trotz geöffneter Tür, nicht rührt. Sie flüchtet nicht, sie bleibt einfach, wo sie ist.

»Das wäre ein gefundenes Fressen für Pecorino«, ruft Tom mir zu. Mutter und Kind haben aufgehört zu schreien, das Mädchen weint jetzt. Schluchzt in den Bauch der Mutter hinein, versteckt unter deren tröstenden Armen. Ich gehe wieder zu meinem Platz zurück. Die Sache ist für mich erledigt. Soll die Maus doch dort sitzen bleiben. Hauptsache, Mutter und Tochter geben Ruhe.

»Du hast also nicht nach ihrer Nummer gefragt?«

Ich mag nicht, dass die Maus da ist. Die Jammerstimme des Mädchens ist unerträglich.

»Habe ich.«

»Und?«

Du brauchst keine Angst zu haben. Sie macht dir nichts. Die Stimme der Mutter ist noch unerträglicher.

»Sie hat gesagt, ich soll ihr meine geben, sie ruft mich an.«

»Und?«

Komm, wir gehen schon mal zum Ausgang, dann kann dir die Maus nichts tun.

»Hat sie auch. Aber mit unterdrückter Nummer.«

»Wie bei mir.«

Die Frau und das Kind stehen auf. Die Mutter zieht einen Rucksack und eine kleine Tasche aus der Gepäckaufbewahrung über ihnen. Das Kind klammert sich am Bein der Mutter fest, nicht ohne zu der Maus zu lugen, die starr vor der mittlerweile wieder geschlossenen Tür sitzt.

»Warum macht sie das?«

»Keine Ahnung. Ich sag's ja. Total durchgeknallt, die Frau.«

Mutter und Kind gehen zum Ausgang am anderen Ende des Wagens. Ich würde gerne etwas schlafen. Nur kurz, um den Druck auf die Augen wegzubekommen, aber Rosenheim ist nicht mehr weit. Die Fahrt dauert nur eine Dreiviertelstunde. Mein Kiefer schmerzt. Meine Nebenhöhlen sind geschwollen. Ich stelle mir vor, wie es wäre, wenn ich ein Loch in die Schädeldecke schlagen würde. Dann könnte der Druck aus meinem Kopf entweichen. Es würde pfeifen wie bei einem Teekessel, in dem das Wasser kocht. Die Vorstellung tut mir gut. Der Druck auf die Augen geht tatsächlich zurück. Ich kann wieder etwas besser denken. Und ich denke, dass ich keine Ahnung habe, wie man von Rosenheim aus nach Baierbach kommt. Wo dieses Kaff überhaupt liegt, in dem Tina und ihr Vater wohnen. Ob wir da noch hinsollen. Ich schaue zu Tom, der sein Buch im Rucksack verstaut.

»Weiß auch nicht, was wir jetzt machen sollen«, sagt er, ohne mich anzusehen.

»Kannst du jetzt Gedanken lesen?«

»Klar, weißt du doch.«

Ich nicke.

15

Die Weihnachtsferien in Paris verliefen ohne weitere Zwischenfälle. Mein Onkel wurde, nachdem er bis in den frühen Abend hinein geschlafen und mindestens fünf Kopfschmerztabletten genommen hatte, wieder normal. Traurig zwar und still, aber normal. Die Laune meiner Mutter hingegen steigerte sich mit jedem Tag. Sie scherzte, tanzte, sang, wo auch immer sie war, kaufte ein, fegte das Treppenhaus, schmiss eine Waschmaschine nach der anderen an, bügelte, räumte das Arbeitszimmer meines Onkels auf, strich die Wände neu, ordnete die Manschettenknöpfe, machte uns Frühstück, kochte mittags und abends irgendetwas aus den Kochbüchern meiner Tante, half meinem Onkel, Marlènes Schrank zu leeren, ihre Sachen in Kisten zu verpacken, sie wegzugeben oder einzulagern. Sie war wie aufgedreht, gönnte sich keine Ruhe. Nur abends saß sie mit meinem Onkel auf dem Sofa zusammen und tat ausnahmsweise nichts, außer klassischer Musik zu hören und Wein zu trinken. Viel Wein. Je mehr Wein meine Mutter trank, desto mehr lachte sie. Je mehr Wein mein Onkel trank, desto mehr brach er in Tränen aus. Sie ergänzten sich gut und schlossen mich aus. Sie sprachen nicht mit mir. Nicht darüber, was mit meinem Onkel passiert war, als er sein Arbeitszimmer verwüstete. Nicht darüber, wo sich mein Vater aufhielt und was eigentlich los war zwischen ihm und meiner Mutter. Oder zwischen ihm und der Frau, die er angeblich vögelte. Sie fragten mich nicht, wie es mir ging. Sie sagten nicht, wie es ihnen ging. Ich war da, ohne dass sie mich wahrnahmen.

Ich unternahm nicht viel in diesen Tagen. Gelegentlich half ich meiner Mutter, die mir nicht vorkam wie meine Mutter, sondern eher wie eine entfernte Verwandte, die man ein paarmal im Jahr auf einem Familienfest traf. Ich blätterte in den Comicheften meines Onkels und dachte darüber nach, wie unschön gerade alles war. Und ich rief meinen Vater an, mehrmals täglich. Er nahm nicht ab. Seine Mailbox sagte mir, er sei *temporarily not available*. Wir hatten weder an Weihnachten noch an Silvester miteinander gesprochen. Er war drei Wochen zuvor auf eine Dienstreise gefahren und seitdem nicht mehr aufgetaucht. Er hatte nicht nur meine Mutter verlassen, sondern auch mich. Und meine Mutter jubelte in den Tag hinein, ohne mir zu sagen, was da vor sich ging. Beschissener konnte das Jahr nicht zu Ende gehen. Beschissener konnte es nicht beginnen.

Am 6. Januar, nachdem wir den Dreikönigskuchen verdrückt hatten, fuhren wir zurück nach München. Meine Mutter hatte auf die kleine eingebackene Figur gebissen und dabei einen Teil ihres Backenzahns auf dem Teller gelassen, was ihre gute Laune nicht minderte. Sie saß im Auto, aufrecht wie immer, die Dreikönigskrone auf dem Kopf, deren Zacken, weil sie so aufrecht saß, den Himmel des Wagens berührten, und sang bis kurz vor Straßburg pausenlos die Chansons mit, die mein Onkel ihr für die Rückreise auf den MP3-Player geladen hatte. Meine Mutter hatte eine schöne Stimme. Eine Telefonsexstimme, wie mein Vater sie nannte, mit einem gewissen Timbre. Ich mochte es, wenn sie sang. Vor allem mochte ich es, wenn sie glücklich war und sang. Doch dieses Mal hätte ich mir gewünscht, sie würde mit mir reden und nicht immerzu trällern, dass sie zurückkehre, wo sie geboren sei, im September, wenn der Strand sie wiedererkenne.

In der Nähe von Straßburg machten wir an einer Raststätte halt, kauften zwei Sandwiches, eine Cola, ein Wasser und eine Tafel Schokolade, die wir in die Mittelkonsole des Autos legten und bis Karlsruhe aufaßen. Ohne Musik. Und ohne zu sprechen. Wir waren beide müde. Da wir erst am Nachmittag aufgebrochen waren, fuhren wir die ganze Zeit im Dunkeln. Auf der Autobahn war nicht viel los. Es war ein angenehmes, ruhiges Fahren. Niemand schien es eilig zu haben, nach Hause zu kommen oder sonst wohin. Seit Silvester hatte es keinen Neuschnee mehr gegeben, aber es war kälter geworden. Ich lehnte meinen Kopf an die Autoscheibe, folgte mit den Augen der Fahrbahnmarkierung am Rand, bis mir die Lider zufielen. Gerade als ich wegdämmerte, fragte meine Mutter: »Hast du mit deinem Vater gesprochen?«

Ich öffnete die Augen, setzte mich gerade hin und sah meine Mutter an. Ihre Stimme hatte seltsam belegt geklungen. Belegt und zittrig. Als fürchtete sie meine Antwort.

»Nein«, sagte ich.

Sie setzte den Blinker und überholte einen alten VW-Bus, bei dem irgendetwas mit dem Auspuff nicht stimmte. Es stank nach Abgasen.

Meine Mutter öffnete das Fenster. Der eisige Fahrtwind schlug mir ins Gesicht.

»Seit wann hast du nicht mehr mit ihm gesprochen?«

»Seitdem er auf Dienstreise ist.«

Sie schloss das Fenster, setzte erneut den Blinker und überholte zwei Autos auf einmal. Dabei fing sie leise an zu fluchen.

Sie schlug mit der Hand aufs Lenkrad, doch ohne Kraft, als deutete sie das Schlagen aufs Lenkrad nur an. Dann fluchte sie wieder. Schlug ein weiteres Mal mit der Hand aufs Lenkrad. Das ging eine ganze Weile so, bis sie plötzlich, mitten im Fluchen, innehielt und sagte: »Es gibt Menschen, Adam, die können nicht anders, als Tabula rasa zu machen, wenn es eine Veränderung in ihrem Leben gibt. Dein Vater gehört zu diesen Menschen.«

»Was genau ist Tabula rasa eigentlich?«

Meine Mutter atmete durch und drehte die Heizung höher, bevor sie es mir erklärte.

Neue Frau.
Jung.
Zwei Kinder.
Noch klein.
Nicht mehr ganz klein.
Das eine zumindest.
Schon vier.
Vielleicht auch fünf.
Zwei Mädchen.
Arbeitskollegin.
War mal bei uns zu Hause.
Auf dem Mitarbeiterfest.
Ewigkeit her.
Sechs Jahre oder so.
Egal.
Perfekt.
Für eine lange Zeit perfekt.

Jetzt alles anders.
Unzufriedenheit.
Recht auf Wahrheit.
Liebe weg.
Aus.
Scheidung.
Ein klarer Schnitt.
Kein Lügen mehr.
Klare Ansagen.
Das Haus.
Behält dein Vater.
Geld kein Thema.
Er bezahlt alles.
Den Umzug.
1. Februar.
Kein Kontakt.
Neuanfang.
Du bist erwachsen.
Alt genug.
Schlussstrich.

Meine Mutter sprach, bis wir die Einfahrt zu unserem Haus hochfuhren und der Bewegungsmelder vor der Garage die schmutzigen Schneereste anstrahlte. Erst als sie den elektrischen Garagentüröffner betätigte und sich das Garagentor ruckelnd öffnete und den Blick auf unsere Fahrräder freigab, von denen das meines Vaters fehlte, beendete sie ihren Monolog. Sie beendete ihn mit: »So ein Idiot.« Immer wieder. *So ein Idiot. So ein Idiot. So ein Idiot.* Auch das sagte sie leise und mehr zu sich selbst als zu mir. Als hätte sie vergessen, dass ich neben ihr sitze und sie hören kann. Ich hätte es herausgeschrien, doch nicht sie. »Deine Mutter frisst alles in sich hinein und schwimmt es dann raus«, hatte mein Vater mal zu mir gesagt und damit keine Kalorien gemeint. Er hatte es gesagt, als meine Tante ihr Baby verloren hatte und meine Mutter mit ihr litt, als wäre es ihr eigenes gewesen. »Du musst dir keine Sorgen machen, Adam, solange deine Mutter in den Pool springen kann, ist die Welt in Ordnung.«

Und es stimmte. Ich hatte meine Mutter immer mit einem Lächeln aus dem Pool steigen sehen. Mit einem Lächeln, das nicht aufgesetzt war, sondern von innen heraus kam. Und jetzt wollte er ihr den Pool nehmen? Den er extra für sie entworfen hatte? Mit mir zusammen? Ich sah meiner Mutter dabei zu, wie sie den Motor abstellte und den Schlüssel aus dem Zündschloss zog. Stöhnend ließ sie den Kopf auf die Kopfstütze fallen und machte die Augen zu. Ihr Brustkorb ging schnell auf und ab, als hätte sie gerade ein paar Bahnen gezogen. Aber sie lächelte nicht.

Die ganze restliche Fahrt über hatte ich ihr zugehört, ohne sie zu unterbrechen. Auch dann nicht, wenn sie eine längere Sprechpause gemacht oder einen Schluck Wasser getrunken hatte. Meine Mutter war nicht gut darin, über Gefühle zu sprechen, das wusste ich, und ich hatte befürchtet, sie würde aufhören, wenn sie meine Stimme hörte. Also hatte ich geschwiegen und gespürt, wie mir die Worte meiner Mutter, die stoßweise, trotzig und manchmal wie gespuckt aus ihrem Mund kamen, die Kehle zuschnürten.

Wir saßen noch zehn, vielleicht fünfzehn Minuten stumm

nebeneinander im Auto in der Garage. Ich beobachtete, wie mein Atem kondensierte, während meine Mutter anfing, mit den Zähnen an ihrer Backe herumzukauen. Es sah seltsam aus, wie sie so dasaß, die Augen geschlossen, der Kopf, auf dem die Dreikönigskrone zur Seite verrutscht war, nach hinten gelehnt, der Mund seitlich gespitzt und in ständiger Bewegung.

Mein Kehlkopf brannte. Ich hauchte extra lange in die Luft, was mich beruhigte und den Kehlkopf gleich mit. Dann setzte ich die Atmung so lange aus, bis ich den gleichen Rhythmus meiner Mutter hatte, griff nach ihrer Hand und ging mit ihr ins Haus.

16

Als wir aussteigen, steht Tina am Bahnsteig. Direkt vor uns, als hätte sie gewusst, in welchem Abteil wir sitzen. Sie strahlt uns an, Pecorino an der Leine. Der das tut, was er am liebsten tut. Ich sehe weg und zu dem Mädchen hin, das neben Tina steht und offenbar zu ihr gehört. Es stellt sich uns als Franzi vor und ist das genaue Gegenteil von Tina. Jedenfalls optisch gesehen. Franzi ist groß, mindestens einen halben Kopf größer als ich, und so mager, dass ich das Bedürfnis habe, ihr das unglaublich dicke, vor sich hin sabbernde Baby abzunehmen, das sie in den Armen hält, weil ich nicht glauben kann, dass ein so dürres Mädchen wie sie länger als zwei Minuten einen solchen Fleischklumpen tragen kann. Ich erkenne nicht einmal mehr, wo das Kinn des Babys aufhört und wo der Hals beginnt. Als ich hallo sage, fängt das Kind an zu schreien und Franzi an zu wippen. Kein rundes, geschmeidiges Wippen, eher ein Staksen, immer auf und ab. Es sieht merkwürdig ungelenk aus. Auch wie die dürren Arme des Mädchens den Fettklops halten, der Ohren hat so groß wie Satellitenschüsseln. Ich frage mich, ob sie die Schwester dieses Babys ist, als Tina sagt: »Wir konnten euch leider nicht mit dem Auto mitnehmen. Mit Franzis Sohn, mir und ihr und dem ganzen Zeug, das wir mitgeschleppt haben, war das Auto schon voll. Aber wenn ihr wollt, könnt ihr euch bis Baierbach ins Auto quetschen. Es ist nicht so weit. Sonst müsst ihr halt den Bus nehmen, wobei die Verbindung bis zu uns ziemlich mies ist. Das sag ich lieber gleich.«

Tom und ich sehen uns an. »Auto«, sagen wir gleichzeitig, und ich weiß nicht, ob wir in dem Moment auch das Gleiche denken, jedenfalls denke ich, wie eigenartig es ist, dass wir das Wochenende mit zwei Mädchen verbringen werden, von denen eines einen fetten Kater hat und das andere ein fettes Kind.

Tina und ihr Vater leben in einem alten Bauernhaus, dahinter ein kleiner Wald, nebendran ein paar Nachbarn, Acker und viel Wiese. Das Dachgeschoss, ein ausgebautes Apartment, bewohnt Tina mit ihrem Kater. Darunter leben ihr Vater und seine neue Freundin, die, wie Tina uns erzählt, spätestens in elf Monaten seine Exfreundin sein wird. »Mein Vater hat Einjahresfreundinnen. So wie es Eintagsfliegen gibt, gibt es für meinen Vater Einjahresfreundinnen. Seine neue ist die fünfte in fünf Jahren. Das ist so. Da kann man nichts machen. Eigentlich ist mein Vater aber schwul. Nur will er mir das nicht glauben.«

Den Nachmittag verbringen wir am See, der ein paar Minuten vom Haus entfernt liegt. Tinas Vater besitzt ein eigenes Seegrundstück, das nicht viel größer ist als die vier Handtücher, die wir dort auslegen. Franzi schlägt auf eine Art Nagel ein und steckt dann einen Sonnenschirm in die trockene Erde. Unter den Schirm legt sie Rudi, den Fettklops, der nur mit einer Windel bekleidet schläft und hin und wieder einen röchelnden Laut von sich gibt. Tina und Tom sind sofort in den See gesprungen, ohne auf mich zu warten. Ich setze mich neben Rudi und sehe den beiden dabei zu, wie sie aufeinander zuschwimmen und sich gegenseitig anspritzen. Es juckt mich am Hintern, so sehr möchte ich ihnen nachhechten und

Tom zum Grund des Sees drücken. Doch ich reiße mich zusammen und lenke meinen Blick auf Franzi, die dabei ist, sich ihren Bikini anzuziehen. Sie hat die Arme hinter dem Rücken verschränkt und versucht, die Neonbänder ihres Bikinioberteils zu einem Knoten zu binden. Ihr Rücken ist übersät mit großflächigen Muttermalen. Noch nie habe ich so viele Muttermale auf einem Haufen gesehen. Es gibt kaum freie Hautstellen zwischen ihnen. Ich hoffe, dass sie mich nicht bittet, ihr den Rücken einzucremen, was sie prompt tut, als ich daran denke. Sie steht vor mir und hält mir eine große gelbe Tube Sonnencreme vor die Nase. Ich kann nicht sagen, wie viele Warzen, Narben, Leberflecke und runzlige Haut ich die letzten Wochen bei meinen Alten eingecremt habe, aber was Franzis Rücken mir bietet, ist außergewöhnlich. Zum ersten Mal empfinde ich es als unangenehm, über Haut zu fahren, die Macken hat. Gerade als ich ihre Schultern eincreme, erwacht Rudi mit lautem Geschrei aus dem Schlaf. Franzi rennt sofort hin und nimmt das Kind hoch. Klopft ihm auf den Rücken, wiegt es hin und her. Küsst es. Zieht ihm die Windel aus. Spricht zu ihm. Nichts hilft. Sie setzt sich aufs Handtuch und schiebt das Bikinidreieck ihrer rechten Brust beiseite, was Rudi augenblicklich verstummen und den Mund aufreißen lässt. Dann schnappt er zu. Rudi saugt an Franzis Busen, den es gar nicht gibt, so flach, wie sie ist. Ich kann nicht anders, ich muss sie anstarren. Ich frage mich, woher die Milch kommt. Und ob Franzi so dürr ist, weil Rudi ihr das ganze Fett abgesaugt hat. Während ich darüber nachdenke, sagt Franzi: »Was starrst du so? Willst du mal probieren?«

»Danke, lass mal.«

»Ist nahrhaft und schmeckt süß. Ich könnte dir was abpumpen.«

Tina und Tom kommen aus dem Wasser gerannt, stellen sich vor uns hin, rubbeln sich mit ihren Handtüchern trocken. Die Sonne brennt auf Tinas Kopf und lässt ihr Haar durchsichtig erscheinen. Sie steht vor mir und blendet mich. Ich senke meinen Blick und entdecke das Tattoo auf ihrem Bauch, unterhalb des Nabels. Es ist ganz klein und sieht aus, als hätte der Tätowierer was verpfuscht. Ich kann nicht genau erkennen, was es darstellen soll.

»Ist mein Sternzeichen.«

»Aha.«

»Willst du wirklich nicht probieren?«

»Wassermann.«

»Tina hat mal probiert.«

»Musst du doch nicht jedem erzählen.«

»Wieso, ist doch nichts dabei?«

»Wovon sprecht ihr?«

Rülps.

»Das war Rudi.«

»Nicht zu überhören.«

»Von meinem Tattoo.«

»Von meiner Muttermilch.«

»Ich teste gern mal. Habe ich nie getrunken. Hat meine Mutter mir verweigert, nachdem ich –«

»Ja, hat Tina mir schon erzählt. Krasse Geschichte.«

»Und schon hundertmal gehört.«

»Eifersüchtig?«

»Auf was denn?«

»Auf die Geschichte, auf was sonst?«

»Sehr lustig.«

»Brauchst du gar nicht sein. Hast ja selbst eine krasse Geschichte auf Lager.«

»Stimmt. Ich weiß immer noch nicht, warum du meine Uroma pflegst, obwohl du gar kein Pfleger bist.«

»Na, weil er jemanden auf dem Gewissen hat.«

»Halt die Klappe, Tom.«

»Ehrlich? Nein, oder? Wie seid ihr denn drauf? Mist, er pinkelt mein Handtuch voll.«

»Ja, passt nur auf, ihr seid mit zwei Mördern am See. Einem Embryomörder und einem –«

»Halt die Klappe, Tom.«

»Hört auf, euch anzufiesen.«

»Kannst du mir mal eine Windel rüberschmeißen, bevor er auch noch Aa macht?«

»Aa?«

»Ja, sagt man doch so.«

»Wenn du so mit deinem Kind sprichst, wird es noch ganz gaga.«

»Also, warum pflegst du meine Uroma?«

»Als ich noch im Bauch meiner Mutter war, habe ich die Ausscheidungen meines Bruders getrunken. Ging ja nicht anders.«

»Ist ja eklig.«

»Ich muss hundertzwanzig Arbeitsstunden ableisten, deswegen.«

»War gar nicht eklig. Jedenfalls kann ich mich nicht daran erinnern.«

»Aber dass du deinen Bruder umgebracht hast, daran kannst du dich erinnern?«

»Das ist was anderes.«

»Ach ja?«

»Kommt man nicht ins Gefängnis, wenn man jemanden umgebracht hat?«

»Du kannst doch nicht zur Verantwortung gezogen werden, wenn du als Embryo eine Tat begangen hast, auch wenn sie das Leben eines anderen Embryos gekostet hat. Was nicht heißt, dass man sich nicht schuldig deswegen fühlt.«

»Ich meine doch nicht dich.«

»Ich habe niemanden umgebracht!«

»Na ja, so kann man das nicht sagen.«

»Halt einfach die Klappe, Tom.«

»Sag einfach, was passiert ist, Adam.«

»Lass ihn doch, wenn er nicht will.«

»Schon gut.«

»Ich gehe ins Wasser.«

»Warte, ich komme mit.«

Tom schwimmt vor mir direkt auf den höchsten Berg der Alpensilhouette zu, die den See am Ostufer einfasst und auf dem ich sechs Winter lang das Skifahren erlernt habe. Er versucht zu kraulen, schafft aber nur drei Züge, obwohl meine Mutter uns beiden das Kraulen beigebracht hat. Sie war eine gute Trainerin. Trotzdem hat Tom nie begriffen, wie das mit der Atmung funktioniert. Was ihn nicht störte. Hauptsache, er konnte mit meiner Mutter im Pool sein und sich von ihr mit einer Hand am Bauch in der Schwebe halten lassen. So war es immer mit ihm und ihr. Toms Auffassungsvermögen setzte aus, sobald meine Mutter zu ihm sprach. Ich wollte nie genau wissen, wo er dann mit seinen Gedanken war.

Ich tauche unter, schwimme ein paar Züge und tauche neben Tom wieder auf. Drehe mich auf den Rücken. Es geht auf den Abend zu, trotzdem sticht die Sonne gewaltig herab. Ich lasse mich treiben. Tom macht es mir nach. Wir liegen beide mit dem Gesicht zum Himmel, an dem sich gerade zwei langgezogene Kondensstreifen in Luft auflösen. Kopf an Kopf liegen wir da, die Badehosen aufgewölbt, als hätten wir gemeinsam einen Ständer. Gelegentlich bewegen wir unsere Beine, um an der Oberfläche zu bleiben.

»Wie kann jemand, der so dünn ist, ein so dickes Kind kriegen?«

»Wie kann jemand, der so dünn ist, überhaupt ein Kind zur Welt bringen?«

»Meinst du, sie reden über uns?«

»Logisch. Wir reden doch auch über sie.«

Ich lasse meine Beine langsam nach unten sinken, hole Luft und versuche, so weit wie möglich zum Grund zu gelangen. Dann öffne ich die Augen. Erst sehe ich nicht viel, außer milchigem Grün, dazwischen helle Flecken, die von der Sonne kommen, die sich einen Weg durchs Wasser bahnt. Als ich meinen Kopf zur Seite drehe, schwimmt ein riesiger Hecht an mir vorbei. Ich sehe ihm nach, wie er mit der Flosse wedelt und in der Tiefe des Sees verschwindet, und denke an das Wochenende im Allgäu, als mein Vater von einem Hecht gebissen wurde, den er am Haken hatte. Überall ist er, mein Vater. Selbst unter Wasser. Es scheint keinen Ort zu geben, an dem ich nicht an ihn denken muss. Ich weiß nicht, wie mein Vater das macht. Wie er es hinkriegt, mich einfach aus seinem Leben zu kicken. Als existierte ich nicht. Als hätte ich nie existiert. Wütend stoße ich mich mit den Beinen ab und tauche wieder neben Tom auf, der zum Steg blickt, auf dem Tina gerade in die Hocke geht und die Arme voraus in den See springt.

17

Adam, bitte hör auf, mich anzurufen. Lass mir Zeit. Ich melde mich.

Die SMS kam um drei Uhr nachts. Ich war mit dem Handy am Ohr eingeschlafen, nachdem ich mehrmals versucht hatte, meinen Vater zu erreichen. *The person you have called is temporarily not available. The person you have called is temporarily not available. The person you have called is temporarily …*

Wann?

Wann können wir sprechen?

Ich verstehe das alles nicht!

Ruf mich an!

Jetzt!

Bitte.

Ich bekam keine Antwort mehr. Ich hatte meiner Mutter nicht geglaubt, dass mein Vater den Kontakt zu mir abbrechen würde. Ich hatte ihr nicht geglaubt, weil meine Mutter gerne übertrieb. Erzählte sie jemandem von den langen blonden Rastas unseres mosambikanischen Nachbarkinds, das adoptiert worden war, sprach sie davon, wie schneeweiß dessen Haare waren, um den Kontrast zur dunklen Haut zu betonen. Das Wort »schneeweiß« zog sie in die Länge, *sch-neeee-weißß*, streckte dabei den Kopf leicht nach vorne und machte große Augen. Meine Mutter übertrieb so stark, dass sie eigentlich log. Umso mehr befremdete es mich, dass mein Vater wirklich nicht mit mir sprechen wollte. Ich verstand es nicht. Warum in aller Welt konnte er nicht ganz normal mit mir reden? Ja, er hatte meine Mutter verlassen. Was sich ziemlich scheiße anfühlte. Ich wollte nicht, dass meine Eltern sich trennten. Und vor allem nicht so. Meine Mutter wollte das nicht. Mein Vater hatte es angeblich auch nicht gewollt. Aber es war mir nicht fremd. Die Eltern meiner Freunde lebten alle nicht mehr zusammen, außer die von Tom, was Tom für die schlechteste Lösung hielt. Warum also verhielt er sich so?

Mein Vater fehlte mir. Am meisten fehlten mir die Abende, die wir gemeinsam verbracht hatten, nur er und ich. Sie hatten begonnen, als der Swimmingpool fertiggestellt war und das Wasser eingelassen. Es war ein milder, von Mücken verseuchter Sommerabend. Mein Vater und ich saßen nebeneinander am Beckenrand und baumelten mit den Füßen im lauwarmen Wasser, während wir die Mücken aneinander totschlugen. Er bei mir, ich bei ihm. Mein Vater trank Bier aus der Flasche, ich Limonade im Glas, von meiner Mutter, selbstgemacht. Obwohl wir am Wochenende oft Schach spielten oder irgendwelche Pläne für ungewöhnliche Bauvorhaben zeichneten, die mein Vater im Haus umsetzen wollte, was bis auf den roten Pool nie geschah, hatten wir noch nie einfach so nebeneinandergesessen, ohne dass uns eine Aufgabe verband. Ich wollte etwas zu ihm sagen, wusste aber nicht, was. Also baumelte ich noch etwas kräftiger mit den Füßen im Wasser, nur um die Stille zu durchbrechen. Dann näherte sich vom anderen Ende des Gartens eine schwarz-weiße Katze. Sie kam auf uns zu und tat so, als sähe sie uns nicht. Kurz vor den roten Bodenfliesen, die den Pool umgaben, blieb sie im frischgemähten Gras stehen und inspizierte die Lage. Und mit einem Mal war die Stille zwischen mir und meinem Vater nicht mehr peinlich. Sie füllte sich mit der gemeinsamen Beobachtung des

Tieres auf, das am gegenüberliegenden Beckenrand zu überlegen schien, ob es sich näher an den Pool herantrauen sollte oder nicht. Mein Vater und ich rührten uns nicht von der Stelle, auch dann nicht, als die Stechmücken wieder zuschlugen. Die Katze machte einen Schritt nach vorne, dann noch einen und noch einen, streckte ihr Köpfchen zum Wasser hin. Schließlich hob sie elegant eine Pfote an, führte sie ganz langsam zur Oberfläche – und stieß hinein. Mein Vater lachte laut auf. So laut, dass das Tier sofort verschwand. Als ich ihn fragte, warum er so gelacht habe, begann er zu erzählen, wie er früher, als er vielleicht zwei oder drei Jahre jünger war als ich jetzt, mit den Katzen auf dem Hof seiner Eltern experimentierte. Er ließ sie vom Dach auf den Misthaufen vor dem Haus segeln, nur um zu sehen, ob sie auf ihren Pfoten landeten oder anderweitig aufschlugen. Sein Vater erwischte ihn dabei und nahm ihn zur Strafe mit zum Katzenertränken im nahegelegenen Fluss. Mein Vater musste sieben Kätzchen in einen Jutesack stecken, oben zubinden und so lange ins Wasser halten, bis sich der Sack nicht mehr bewegte. Es war das letzte Mal, dass er ein Tier vom Dach des Hauses warf.

Seit dem Abend mit der Katze kam mein Vater oft zu mir ins Zimmer, brachte mir eine Limonade und erzählte mir Geschichten aus seiner Kindheit. Ich mochte seine Geschichten, weil sie von einer Welt erzählten, die mir vollkommen fremd war, die aber gut zu seinen großen, kräftigen, rauen Händen passten, die ich nie mit dem Rest von ihm zusammenbrachte.

Ich beschloss, meiner Mutter nicht zu sagen, dass mein Vater mir geschrieben hatte. Und ich beschloss, ihn bei der Arbeit abzufangen. Ihm in die Augen zu sehen und zu fragen, ob er noch alle Tassen im Schrank habe.

18

Wir verlassen das Seeufer, als die Moskitos ihre Säbel ausfahren. Während wir die Badesachen einpacken, hüpft Franzi hysterisch mit einem Insektenspray in der Hand um Rudi herum und sprüht wild und laut fluchend in die Luft. »Fickt euch, ihr Mücken. Ich krieg euch alle!« Was nichts nutzt. Frisches Blut plus weiche Haut plus wehrlos ist gleich lecker Rudi. Ein gefundenes Fressen. Er zieht die Viecher an wie der Zucker die Wespen. Wir anderen werden halbwegs verschont, dank Rudi. Bis wir wegkommen von unserem Privatstrand, sieht der Kleine aus, als hätte er Ausschlag. Er schreit wie am Spieß, wegen der Stiche oder wegen seiner Mutter, die sich gar nicht mehr einkriegt mit dem Spray und dem Fluchen und dem Herumwedeln. Mir brummt der Schädel, ich bekomme kaum Luft, die Tabletten wirken nicht mehr. Tom dagegen hockt total entspannt auf der Wiese, das Handtuch halb zusammengelegt, und beobachtet Franzi, die Löcher in die Luft schlägt, sich im Kreis dreht und auf ihre Waden klatscht. Ich will nur noch eine Tablette einschmeißen und umfallen, so müde bin ich.

»Was ist los?« Tina fragt mich das. Sie steht plötzlich dicht vor mir. In einem knallroten Kleid, das sie gegen Jeans und T-Shirt eingetauscht hat. Ein Träger ist heruntergerutscht und liegt auf ihrem sonnenbraunen Oberarm. Sie duftet nach Kokos. Nach Paradies. Ich kann sie riechen, obwohl meine Nase verstopft ist.

»Nichts ist los. Alles gut.«

»Du siehst nach Stress aus.«

»Heuschnupfen.«

»Ich sag nur böse Birke.« Sie zeigt in Richtung Ufer. Mein Blick folgt nicht ihrer Hand, sondern ihrem Schlüsselbein. Diesem perfekt gebogenen Knochen, der sich unter ihrer Haut abzeichnet. Ich möchte meine Nase bei den Sommersprossen in der Kule zwischen ihrem Schlüsselbein und ihrem Hals vergraben. Ich möchte mit meiner Zunge darin entlangfahren bis zu ihrem Ohrläppchen, in dem jeweils ein Anker steckt. Ein kleiner silberner Anker.

»Hey, seid ihr so weit?«

Tom ist aufgestanden, das Handtuch unter den Arm geklemmt. Er steht neben Franzi, die endlich aufgehört hat, um sich zu schlagen. Jetzt, da die beiden nebeneinanderstehen, sehe ich, was mir vorher nicht aufgefallen war: Beide sind gleich groß, schlaksig, die Arme länger als die dünnen Beine. Sie hängen herunter, fast bis zu den Knien, als hätte man sie an die Schultern geklebt. Sie könnten Geschwister sein. Rein von der Statur her.

»Lasst uns gehen, sonst werden wir noch ganz zerstochen.«

Der Fahrtwind schiebt sich unter das rote Kleid und lässt es links und rechts vom Sattel flattern. Ich fahre hinter Tina und lasse mich benebeln von ihrem Kokosduft und von den dicken weißen Pollen, die durch die Luft segeln, direkt auf mich zu. Franzi fährt neben Tom. Rudi hat sie wie einen Rucksack auf den Rücken gepackt. Man sieht nur seine speckigen Beinchen und etwas von den spärlichen Haaren, die oben aus dem Tragetuch herausstehen. Wir fahren in den Abend hinein und halten vor dem Fahrradschuppen im Garten von Tinas Vater an. Später sitzen wir neben einer großen Feuerschale, die bis oben hin gefüllt ist mit brennenden Holzscheiten. Franzi hat ihren Sohn zu Bett gebracht und trägt ein grün leuchtendes Babyfon um den Hals. Sie sieht aus, als arbeite sie in einer Security-Firma und würde gleich *roger* oder *save* in das Gerät sagen. Obwohl es draußen immer noch mehr als fünfundzwanzig Grad hat und das Feuer zusätzlich wärmt, hat sie sich eine Fleecejacke über ihre Schultern geworfen. Sie setzt sich neben Tom, der es sich auf einem umgedrehten Bierkasten gemütlich gemacht hat. Er hält einen langen Stecken in der Hand und fährt damit durch die Glut. Hin und wieder knackst es. Ein paar Funken verpuffen in der milden Abendluft. Das Feuer lodert vor sich hin, friedlich und doch kraftvoll.

Tina ist in der Küche ihres Vaters, Pecorino versorgen. Ich hocke mich etwas abseits auf den Boden, damit mir der Rauch nicht in den Augen brennt. Und weil es dort kühler ist. Tom ist ganz auf die Glut konzentriert, zeichnet Linien und Kreise hinein. Auch Franzi hat sich inzwischen einen Stecken gesucht und ins Feuer gehängt. Einträchtig sitzen sie nebeneinander, die Gesichter warmgelb erleuchtet. Ich kann sehen, wie Franzi sich um Toms Aufmerksamkeit bemüht. Wie sie mit ihrem Stecken den Kontakt zu seinem sucht. Wie ihr Körper, schmal wie ein Tennisschläger, immer weiter in seine Richtung kippt. Es ist offensichtlich, dass sie sich von ihm angezogen fühlt. Was Tom, der Holzklotz, gar nicht wahrnimmt. Oder nicht wahrnehmen möchte. Von Zeit zu Zeit dreht er sich um und wirft einen Blick zum Haus. Ich weiß, dass er auf Tina wartet, dass er sich wünscht, sie käme endlich heraus und würde sich neben ihn setzen. Was sie nicht tut. Sie setzt sich ihm im Schneidersitz gegenüber, Pecorino auf dem Arm, lächelt mir zu und klopft rechts neben sich auf den Boden. Ich grinse Tom an und pflanze meinen Hintern neben Tina und Pecorino. Am liebsten würde ich meinen Kopf in ihren Schoß legen und mich anstelle von Pecorino kraulen lassen. Dieser fette Kater weiß gar nicht, wie gut er es hat. Obwohl: Er schnurrt so laut wie ein Rasenmäher.

Tina hat Kartoffeln mitgebracht. Kleine harte Kartoffeln. Und Alufolie. Wir wickeln die Kartoffeln in die Folie und spießen sie auf. Im Feuer wird die Folie schwarz.

»Fehlt nur noch eine Gitarre«, sagt Franzi und sieht Tom erwartungsfroh an.

»Da musst du Adam fragen. Er ist der Cowboy von uns beiden. Mit Lagerfeuerromantik kennt er sich aus. Und mit Feuer sowieso.«

»Halt die Klappe!«

»Jetzt geht das schon wieder los!«

»Warst du mal Pfadfinder? Oder warum kennst du dich damit aus?«

»Nein. Meine Eltern und ich haben Weihnachten nur immer ein Lagerfeuer gemacht. Vor dem Haus. Das war so Tradition bei uns. Ich habe Gitarre gespielt. Und meine Mutter hat gesungen.«

»Das klingt schön.« Tinas Stimme ist sanft. Tief und sanft. Sie tut mir gut. Es fühlt sich an, als streichle sie mir über die Wange.

»Das war schön«, sage ich. »Aber es ist vorbei. Meine Eltern haben sich getrennt.« In der Feuerschale knackt es wie verrückt. Die Scheite suchen sich eine neue Position. Ein gewaltiger Funke fliegt bis zu Pecorino und erlischt, bevor er auf seinem Wanst landet.

»Das tut mir leid«, sagt Tina in Pecorinos Fell hinein. Der Kater erhebt sich und knetet mit den Pfoten Tinas Schoß. Behäbig dreht er sich um die eigene Achse und legt sich wieder hin, den Quadratschädel schräg über den gekreuzten Pfoten.

»Meine haben mich weggegeben, als ich zwei Jahre alt war.«

Ich schaue zu Franzi, die ihre Beine umarmt und ihr Kinn auf den Knien abgelegt hat. Es sieht aus, als flackerten die Flammen um ihre dünne Silhouette, als leckten sie an ihr. Ein hageres Mädchen im Feuer.

»Krass.«

»Erinnerst du dich noch an sie?«

»Nein.«

»Wo ist eigentlich Rudis Vater? Ich meine, gibt es ihn?«

»War auf jeden Fall keine künstliche Befruchtung.«

Tina und Franzi lachen.

»Ich habe mit Rudis Vater Schluss gemacht, als ich schwanger war. Aber er kümmert sich trotzdem um ihn. Nicht oft, hin und wieder halt. Morgen Nachmittag zum Beispiel.«

»Wow.«

Tom ist aufgestanden und legt ein paar Scheite nach, die trotz der Hitze der letzten Woche feucht sind. Sobald sie im Feuer liegen, zieht Rauch auf. Natürlich in meine Richtung. Ich möchte mich nicht von Tina wegsetzen, also schließe ich die Augen und drehe den Kopf zur Seite. Der Rauch, der Heuschnupfen, das Feuer – das Atmen fällt mir schwer. Alles dreht sich. Als ich die Augen wieder öffne, sitzt Tina neben Tom.

Der Qualm ist wohl auch zu ihr gezogen. Tom, der Fuchs, hat ihr den Bierkasten überlassen und streichelt jetzt gespielt tierlieb Pecorino, der mit zittrigem Schwanz eine Acht um seine Beine dreht. In einer Reihe sitzen die drei nun vor mir, sonnenmüde, und sehen ins Feuer. Franzi mit dem grün blinkenden Babyfon um den Hals, eingerahmt von Flammen; Tom, der anscheinend noch nie eine Katze gestreichelt hat und Pecorino geistesabwesend gegen den Strich bürstet, woraufhin das Riesenviech in die Dunkelheit abzieht; und Tina, die in ihrem roten Kleid und mit durchgestrecktem Rücken wie eine Balletttänzerin auf dem Bierkasten sitzt und mir mal wieder zeigt – ob bewusst oder unbewusst, das kann ich nicht sagen –, dass sie Unterhosen mit schwarzen Punkten drauf gut findet. Gerade als ich mich frage, ob es die gleiche ist, die sie während unseres Tischtennisturniers getragen hat, oder ob sie mehrere davon besitzt, schlägt sie die Beine übereinander und verdeckt mir die Sicht. Ich sehe zu ihr auf, und sie lächelt mich an. Von einem Anker zum anderen lächelt sie, schnappt sich einen Stecken mit einer Kartoffel und zupft laut pustend an der Alufolie herum. Ich brauche eine Pause und stehe auf. Verabschiede mich aufs Klo, obwohl ich gar nicht aufs Klo muss. Nur mal durchschnaufen. Allein sein. Ein bisschen Wasser ins Gesicht spritzen und über die Handgelenke laufen lassen.

Die breite, gläserne Terrassentür lässt sich leicht aufschieben. Ich suche den Lichtschalter und finde ihn nicht. Am anderen Ende des Raums fällt etwas Licht durch die Tür, die zum Flur und zur Toilette führt. Ich taste mich vorsichtig durchs Wohnzimmer. Allmählich gewöhnen sich meine Augen an die Dunkelheit. Ich erkenne das Regal, das Sofa, den Fernseher.

Dahinter, neben der Tür, durch die ich muss, einen Kinderwagen. Leise gehe ich darauf zu. Das Verdeck ist hochgeklappt. An einer Schnur baumelt ein Greifring. Am Fußende liegt das Senderteil des Babyfons und schickt ein schwaches gelbes Licht in die Babyschale. Trotzdem muss ich meinen Kopf nahe heranbringen, um Rudi zu sehen. Seine Händchen sind zu Fäusten geballt und berühren seine Satellitenohren. Die Nase ist nach oben gestreckt, als stünde er über allem, was in der Welt passiert. Ich höre ihn leise atmen, gleichmäßig und tief. Er hat keinerlei Ähnlichkeit mit Franzi. Ihr Gesicht ist spitz, kantig und schmal, so wie alles an ihr. Seines ist rund und voll. Plötzlich hebt er die Beine, lässt sie wieder fallen und rekelt sich. Macht dabei Geräusche wie ein Delfin. Ich halte die Luft an, bis er wieder ruhig vor sich hin schnauft. Als ich meinen Kopf aus dem Verdeck nehme, legt sich eine warme Hand auf meinen Nacken. Die Berührung kommt so plötzlich, dass ich fast anfange zu schreien. Tina steht ganz dicht vor mir. Sie hält mir eine Hand vor den Mund und macht *pscht*. Scheint ihre Masche zu sein, plötzlich dicht vor einem zu stehen, wenn man es nicht erwartet. »Das Babyfon hat geblinkt. Und wir haben es rauschen hören. War ja klar, dass du es bist. Wollte trotzdem mal nachsehen. Nicht dass sich hinter dem Brandstifter auch noch ein Kindsmörder verbirgt. Ich meine, mit einem sitzen wir ja schon am Feuer.« Sie spricht so leise, dass ich kaum verstehe, was sie sagt. Ich beuge mich immer weiter zu ihr vor. In meinem Bauch bricht ein Vulkan aus. Lava, die durch meine Eingeweide über den Hals in meinen Kopf schießt. Schweiß tritt mir aus den Poren. Ich muss raus. An die frische Luft. Oder aufs Klo. Ganz egal. Aber einfach nur weg von hier. Weg vom Kinderwagen. Weg von Tina. Ich mache einen Schritt nach vorne. Möchte mich an ihr vorbeiquetschen. Durch die Terrassentür sehe ich das Feuer flackern, höre dumpf Toms Stimme. Tina legt ihre Hand auf meinen Bauch, umschließt mit ihr mein T-Shirt, bis sie einen Stoffzipfel zwischen den Fingern hat. Dann zieht sie mich zu sich heran. Sie braucht nicht viel Kraft dafür, weil ich keine mehr habe. Ich sehe ihre Sommersprossen, besonders eine große auf der Nasenspitze, die die Form eines Herzens hat. Ihre Lippen treffen meine Haut unter der Nase, dort, wo mein Schweiß eine salzige Spur hinterlassen hat. Dann stülpen sie sich über meine. Sofort spüre ich ihre Zunge in meinem Mund. Eine kleine wilde Zunge. Sie ist das letzte, das ich spüre, bevor ich auf das Gestänge des Kinderwagens und danach auf die Steinfliesen des Wohnzimmerbodens knalle und sich der Lavastrom aus meinem Kopf vollständig auf den Boden ergießt.

Es ist das erste Mal an diesem Tag, dass ich mich wohlfühle.

19

Am Montag schwänzte ich die Schule und nahm die Tram zu der Unternehmensberatung, für die mein Vater arbeitete. Mein Vater war hundertprozentig mit dem Rad zur Arbeit gefahren. Er fuhr nie mit öffentlichen Verkehrsmitteln oder mit dem Auto. Auch wenn es eisig draußen war oder er Fieber hatte. Fahrradfahren bedeutete für meinen Vater, frei zu sein. Es war nicht so, dass er es als Sport betrieb, so wie meine Mutter kraulte oder er einmal im Jahr einen Halbmarathon lief, auf den er sich monatelang vorbereitete. Mein Vater hasste es einfach, sich in die U-Bahn zu quetschen oder Stoßstange an Stoßstange im Berufsverkehr zu stehen. »So weit kommt es noch, dass ich neben den Lackaffen von Kollegen parke, deren einzige Bewegung darin besteht, den SUV in die Tiefgarage zu bugsieren«, hatte mein Vater meiner Mutter geantwortet, als sie ihn vor ein paar Jahren einmal bat, ausnahmsweise das Auto zur Arbeit zu nehmen, weil München im Schnee versank und die Stadtverwaltung nicht mehr wusste, wohin mit ihm. »Dann nimm wenigstens die Bahn«, hatte sie gesagt. Mein Vater hatte weder das Auto noch die Bahn genommen. Er schnallte sich die Langlaufskier an und lief drei Viertel des Wegs zur Arbeit an der Isar entlang und durch den Englischen Garten. Die restlichen Meter ging er zu Fuß. Die Skier und Stöcke trug er auf der Schulter. Ein Fotograf, der gerade zufällig im Englischen Garten war, schoss ein Foto von meinem Vater, wie er auf den langen Latten stehend in hohem Bogen gegen einen Baum pinkelte und dabei eine gelbe Spur in den Tiefschnee brannte. Es hing drei Monate später wandhoch und auf Acrylglas gezogen in einer Galerie in Schwabing. Mein Vater erfuhr durch Zufall davon und überlegte, den Fotografen anzuzeigen. Weil er nicht gefragt worden war. Weil er sich um seine Persönlichkeitsrechte betrogen sah. Entschied sich dann aber dagegen. »Passiert einem nicht alle Tage, dass man beim Pinkeln zur Kunst wird.« Seitdem füllte das Bild die Wand hinter dem großen Schreibtisch im Arbeitszimmer bei uns zu Hause. Wenn mein Vater aufrecht in seinem Bürostuhl saß, endete sein Kopf genau dort, wo der gelbe Pinkelbogen begann. Es sah aus, als käme ihm der Strahl direkt aus dem rechten Ohr.

Als ich auf dem großen Vorplatz der Unternehmensberatung ankam und zu den wenigen Fahrradständern rechts von dem gläsernen Gebäude sah, in dem schon fast überall Licht brannte, fing es gerade an zu dämmern. Man konnte in jedes einzelne Büro sehen. Oberhalb der Fahrradständer lag der große Konferenzraum mit dem langen weißen Tisch und den giftgrünen Stühlen. Als meine Mutter mal Marlène in Paris besuchte, hatte mein Vater mich nach der Schule zu sich ins Büro geholt und in den großen Konferenzraum gesetzt. Dort sollte ich meine Hausaufgaben machen und auf ihn warten. Zuweilen kam jemand vorbei und fragte mich, ob es mir gut gehe, und strich mir durchs Haar, was ich nicht ausstehen konnte. Einmal brachte mir eine Frau ein Sudoku-Heft mit und meinte, wenn ich Wiktors Sohn sei, dann könne ich es bestimmt in null Komma nichts lösen. Sie hatte einen Stift in der Hand, den sie mit einem Klick auf die Tischplatte legte. Ihre Fingernägel waren lang, länger als ich je Fingernägel gesehen hatte. Der obere Rand glänzte weiß, darunter, unter durchsichtigem Lack, blitzten kleine silberne Sterne. Ein Nagel war abgebrochen und gelb verfärbt. Ich konnte nicht anders, als diesen Nagel anzustarren und mich zu fragen, ob sie denn wusste, dass er kaputt war. Wieso sie mit einem kaputten Nagel herumlief. Ob er eben erst abgebrochen war und nun irgendwo herumlag.

Ich stellte mich neben den Brunnen unweit des Eingangs und sah abwechselnd zu den Fahrradständern und zum Pförtner. Mir war unwohl dabei, meinem Vater nachzustellen wie einem Fremden. Aber ich musste mit ihm sprechen.

Erst kamen nur wenige, die das Gebäude betraten. Dann, gegen halb neun, mehrten sie sich. Selten fuhr jemand mit dem Fahrrad vor und stellte es ab. Mein Gesicht brannte. Vor Kälte. Meine Finger waren steifgefroren. Ich verlagerte das Gewicht von einem Bein auf das andere und überlegte, ob die Frau mit den Krallen die Frau sein könnte, wegen der mein Vater uns vergessen wollte. Sie war damals mindestens zehnmal in den Konferenzraum gekommen, um nach mir zu sehen. Vielleicht hatte sie es da schon auf meinen Vater abgesehen und gedacht, wir könnten alle zusammenleben, als neue Familie. Sie, mein Vater, ihre Kinder und ich. Vielleicht hatte sie, nachdem sie mich im Konferenzraum kennengelernt und ich nur ihre Fingernägel angestarrt hatte, beschlossen, doch keine neue Familie mit mir gründen zu wollen. An ihr Gesicht konnte ich mich nicht erinnern. Nur an ihre Fingernägel.

Gegen Viertel nach neun gab ich auf. Ich spürte meine Zehen nicht mehr. Wenn ich versuchte, sie zu bewegen, hatte ich den Eindruck, sie brächen mir ab. Außerdem war mein Vater ein Frühaufsteher und verließ das Haus normalerweise schon kurz vor halb acht. Er hätte längst da sein müssen, auch wenn er nicht mehr bei uns lebte und sein neuer Arbeitsweg vielleicht länger war als früher. Ich warf einen letzten Blick zu den Fahrradständern und wollte mich gerade auf den Weg zurück zur Tram machen, als ich ihn kommen sah. In einem schwarzen Mantel, den ich nicht kannte. Ohne Fahrrad. Dafür Hand in Hand mit einer Frau, die ich noch nie gesehen hatte und die nicht nach bemalten Fingernägeln aussah. Im Gegenteil. Sie war unscheinbar. Nicht groß, nicht klein. Nicht dick, nicht dünn. Nicht schick, nur normal. Mein Vater und die Frau lachten. Umarmten sich vor der gläsernen Schiebetür, die sich von alleine öffnete, wenn man nahe genug an sie herantrat. Dann ging die Frau, dem Pförtner zunickend, ins Gebäude. Mein Vater blieb stehen. Er stand einfach nur da, einen Meter vom Eingang entfernt, und tat nichts. Es sah nicht danach aus, als warte er auf etwas. Es sah danach aus, als sei er vergessen worden und wüsste nicht, wohin mit sich. Ich beobachtete ihn ein paar Sekunden, bevor ich hinter dem Brunnen hervorkam und auf ihn zuging, die Hände in den Jackentaschen vergraben. Er sah staatsmännisch aus in seinem neuen Mantel. Ganz anders als sonst. Ich schämte mich dafür, auf ihn gewartet zu haben. Es kam mir kindisch vor.

Mein Vater nahm mich nicht sofort wahr. Erst als ich ungefähr drei Meter von ihm entfernt den Rotz hochzog und auf den vereisten Boden spuckte, erwachte er wie aus einer Trance. Er wirkte nicht überrascht, mich zu sehen. Sofort kam er mir entgegen, streckte den Arm aus, zog mich zu sich heran und drückte mein Gesicht mit der Hand an seine Brust.

Es kam mir vor wie ein Reflex, den er bereute, sobald er realisierte, was er tat. Er machte sich steif, ich spürte es ganz deutlich. Gleichzeitig merkte ich, dass er es nicht über sich brachte, mich wieder von sich zu stoßen, weshalb wir länger, als es angenehm gewesen wäre, vereint in der Kälte standen. Der Mantel roch neu. Nach Wolle und ein bisschen nach Kuchen. Wir blieben eine Ewigkeit so stehen, bis ich meinte, dass die Tränen, die mir herunterrannen, zu Eis gefroren waren. Ich wollte nicht, dass mein Vater mich weinen sah. Ich wollte nicht, dass er glaubte, ich würde wegen ihm weinen. Ich rieb mein Gesicht vorsichtig gegen den rauen Stoff. Und als ich meinen Kopf endlich von seinem Mantel nahm und sich unsere Blicke trafen, waren meine Tränen getrocknet und die Augen meines Vaters voll damit.

»Lass uns ins Café gehen.«

»Ja.«

»Weiß deine Mutter, dass du hier bist?«

»Nein.«

Wir überquerten die Straße und betraten ein Atrium, in dem die Welt zur Ruhe zu kommen schien. Keine Autogeräusche, kaum Menschen. Selbst der Winter war milder hier. Von den Geschäften, die sich aneinanderreihten, hatte noch keines geöffnet. Zentrum des Atriums war eine Statue, links von ihr gab es zwei Cafés. Mein Vater steuerte eines davon an und öffnete mir die Tür. Ich ging zu einem kleinen runden Tisch vor einem großen Fenster. Mein Vater folgte mir. Ich konnte sehen, wie er nach einem anderen Tisch Ausschau hielt.

»Sollen wir nicht da hinten sitzen? Dort, wo es ruhiger ist?«

»Es ist doch nichts los. Wir können genauso gut hier sitzen.«

Mein Vater nickte. Widerwillig. Er zog den neuen Mantel aus, faltete ihn in der Mitte und legte ihn ordentlich über seine Knie.

»Warum hängst du ihn nicht an der Garderobe auf?«

»Ich habe ihn lieber bei mir.«

»Damit du schneller wieder verschwinden kannst?«

»Rede keinen Schmarrn, Adam.«

Mein Vater drehte sich um und suchte die Bedienung. Hob dabei schon die Hand. Es war immer das Gleiche. Er hatte keine Geduld. Egal, wohin wir gingen, ob in ein Restaurant oder in ein Café – meinem Vater war kein Tisch gut genug. Er musste immer einen anderen auswählen als den, für den meine Mutter oder ich uns entschieden hatten. Kaum saß er da, hob er die Hand, damit die Bedienung ihn bemerkte. Ganz egal, was sie gerade machte oder wie voll das Lokal war. Mein Vater wollte unbedingt sofort bedient werden. Reagierte die Bedienung nicht schnell genug, drehte er sich hektisch auf seinem Stuhl um und fing an zu winken. Er winkte und winkte, bis die Bedienung genervt an den Tisch trat.

»Papa, sie kommt doch gleich. Es ist nichts los hier, sie wird gleich kommen.«

Mein Vater hörte auf zu winken, sah mich an und nickte. »Warum hast du auf mich gewartet?«

Bevor ich antworten konnte, kam eine junge Frau mit roten Haaren, die zu zwei Zöpfen geflochten waren, an unseren Tisch, zückte einen Notizblock und sah uns fragend an.

»Kaffee, bitte«, sagten wir gleichzeitig. »Schwarz.« Sie kritzelte in ihren Block und drehte sich um. Wir sahen ihr beide nach. Ihr Po steckte in knallengen Jeans, die so zerlöchert waren, dass man mehr Haut als Stoff sah.

»Die muss sich draußen ganz schön den Arsch abfrieren.«

Ich musste lachen. Ich war gekommen, um ihm zu sagen, dass er sie nicht mehr alle hatte. Und nun saß ich vor ihm und hatte so viele Fragen, dass ich nicht wusste, mit welcher ich beginnen sollte.

»Das Gehirn hat sie sich wohl schon abgefroren. Nichts los in dem Laden, trotzdem muss sie sich unsere Bestellung notieren.«

»Papa!«

»Schon gut.«

Mein Vater streichelte den Mantel. Als hätte er ein Haustier auf dem Schoß, mit runden, zärtlichen Bewegungen. Er sah sich selbst dabei zu. Fehlte gerade noch, dass er den Mantel zu kraulen anfing. Ich sah meinem Vater auf die Hand, bis er aufhörte zu streicheln und zu mir aufschaute.

»Mama sagt, du machst Tabula rasa?«

»Tabula rasa. Tabula rasa.« Er wiederholte die Worte angestrengt, als wäre es die einzig mögliche Reaktion auf meine Frage.

»Ja, Tabula rasa.«

»Nein.«

»Was nein.«

»Mache ich nicht.«

»Was machst du dann? Warum gehst du nicht ran, wenn ich dich anrufe, und schickst nur eine SMS, dass ich mich nicht bei dir melden soll?«

»Es ist viel passiert, Adam. Und ich brauche Zeit. Wir brauchen Zeit, um zu begreifen, was geschehen ist. Gib uns Zeit, bis alles sich beruhigt hat.«

»Was soll sich denn beruhigen?«

»Die Situation.«

»Und wie lange?«

»Das weiß ich nicht.«

»Was genau ist denn die Situation?«

»Hat dir deine Mutter nichts gesagt?«

»Doch. Nein. Ich weiß nicht.«

»Ich möchte mich von deiner Mutter scheiden lassen.«

»Das weiß ich, das meine ich nicht.«

»Was willst du dann hören?«

»War das deine neue Freundin, mit der du zur Arbeit gekommen bist?«

»Ja.«

»Mama sieht zwanzigmal besser aus.«

»Schönheit ist vergänglich.«

»Scheißspruch.«

»Adam!«

»Was denn? Stimmt doch.«

Mein Vater beginnt wieder, das Haustier zu streicheln.

»Liebst du sie?«

»Ja.«

»Und Mama. Liebst du sie nicht mehr? Was ist denn passiert? Wie konntest du nicht zu Marlènes Beerdigung kommen? Du hast dich doch immer gut mit ihr und Nicolas verstanden. So was macht man doch nicht. Und hast du auch mal an mich gedacht? Ich verstehe das alles nicht. Kannst du endlich mit mir sprechen und dich nicht andauernd tot stellen?«

»Nicht jetzt, Adam. Es ist zu früh. Ich muss mich erst wieder finden.«

»Was willst du denn finden? Ich check das einfach nicht. Ihr tut beide so, als würde mich das alles nichts angehen.«

»Natürlich geht es dich was an, Adam! Manchmal muss man nur erst selbst wieder klarkommen. Du bist alt genug, um das zu verstehen. Du bist kein Kind mehr. Was soll ich dir denn erklären?«

Ich sah ihn an. Wollte etwas sagen. Alle Fragen loswerden, die sich mir vor ein paar Minuten noch aufgedrängt hatten. Aber da war nichts mehr. Nur ein Pochen, als schlüge mein Herz in meinem Kopf.

Das große Fenster beschlagen.

Eiskristalle an den Rändern.

Kondenswasser auf dem Fenstersims.

Eine Fliege lag auf dem Rücken in der kleinen Lache. Die Beine in die Luft gestreckt.

Eine alte Frau ging draußen vorbei. Ganz langsam. Der Rücken gebeugt. Wie ein gekrümmter Finger. Tastete sich mit dem Gehstock in der Kälte voran.

Schon wieder streichelte er ihn. Den Mantel. Der Mann, der mein Vater war.

»Mama geht es nicht gut.«

Die löchrigen Jeans kamen auf uns zu und stellten zwei Tassen Kaffee in die Mitte des Tischs. Wortlos. Drehten sich um und verschwanden wieder Richtung Theke.

»Ich werde nie verstehen, wie man so ungeschultes Personal

einstellen kann. Ist es denn zu viel verlangt, die Tassen *vor* einen zu stellen?«

»Mama geht es nicht gut.«

Mein Vater zog eine Tasse Kaffee zu sich heran und griff nach dem Keks, der eingeschweißt in Plastik auf der Untertasse lag. Er öffnete die Verpackung und biss ein Stück von dem Keks ab. Dabei fiel ihm ein Teil herunter, direkt in den Kaffee. Ich musste daran denken, wie meine Mutter den Keks essen würde. Sie würde ihn aus der Verpackung nehmen, ganz langsam, ihn anschauen und in die Tasse plumpsen lassen. Vollgesogen würde er zu Boden sinken. Dann würde sie den Löffel nehmen und den aufgelösten Keks mit dem Kaffee auslöffeln. Genüsslich, als gäbe es nichts Leckereres auf der Welt.

»Ich bin nicht mehr ihr Ansprechpartner. Das verstehst du doch, Adam, oder?«

Ich nickte.

»Und meiner?«

Mein Vater drehte sich zur Theke um und zeigte an, dass er zahlen wollte. Schrieb mit der einen Hand auf die Handinnenfläche der anderen Hand. Die Arme erhoben.

»Ich muss los. Wir haben gleich ein Meeting. Es ist besser für dich, wenn du deiner Mutter nichts von unserem Treffen erzählst. Sie könnte damit nicht umgehen.«

»Was kümmert dich das noch? Ich denke, du bist nicht mehr ihr Ansprechpartner.«

Er nickte erstaunt. Stand auf. Ich wollte ihn festhalten, ihn wieder auf seinen Platz zurückziehen. Doch bevor ich reagieren konnte, war mein Vater bereits am Tresen, legte Geld hin, passend, wie es mir schien, und ging, ohne sich noch einmal nach mir umzudrehen, zur Tür. Ich sah ihm zu, wie er eilig verschwand und die Frau mit dem Gehstock überholte, die gerade aus dem rechten Fensterrand tapste. Etwa auf Höhe der toten Fliege.

20

Ich bekomme nicht mit, dass der Kinderwagen beinahe umfällt, als ich zu Boden stürze. Ich bekomme nicht mit, wie Rudi aus dem Schlaf gerissen wird und so laut zu schreien beginnt, dass Franzi, die eben gedankenverloren eine Kartoffel ins Feuer hielt, aufspringt und einen Sprint ins Wohnzimmer hinlegt. Dass Tina sich über mich beugt und mich professionell, als hätte sie nie irgendetwas anderes gemacht, in die stabile Seitenlage bringt. Dass Tom Franzi hinterherläuft und sofort einen Krankenwagen ruft, als er mich zwischen Tür und Kinderwagen am Boden liegen sieht. Ich bekomme nicht mit, wie mein Kopf aus der Lache mit Erbrochenem gezogen wird. Wie meine Augen nach oben klappen, sodass nur noch das Weiße des Augapfels zu sehen ist. Wie Franzi versucht, ihr Kind zu beruhigen, indem sie es, Wange an Wange, mit beiden Armen umschließt und neben der Sofaecke auf und ab stakst, während Tom Tina immer wieder fragt: »Was ist passiert? Was ist passiert?« Ich bekomme nicht mit, dass Rudi sich weiter hineinsteigert in sein Gebrüll und dass Tom Franzi anschreit, sie solle mit ihm doch woandershin gehen. Dass Tina mir mehrmals ins Gesicht klatscht, erst sanft, dann weniger sanft, und meinen Namen ruft. Dass Tom nervös meinen Puls sucht und Tina zunickt, die vor mir auf dem Boden kniet, das rote Kleid am Saum verschmutzt. Dass Tina mit dem Zeigefinger in meinen Mund fährt und mir ein paar Brocken Kotze herausholt, die sich in meinen Backentaschen und unter der Zunge gesammelt haben. Dass Franzi sich mit Rudi entfernt, um in Tinas Stockwerk darauf zu warten, dass sich alle wieder beruhigen. Ich bekomme nicht mit, dass es im Wohnzimmer blau zu blinken beginnt und zwei Sanitäter an der Tür klingeln. Dass die Klingel wie Kirchturmglocken klingt und Tom die Tür aufreißt, noch bevor der letzte Gong verklingt. Dass Tina erzählt, was passiert ist, aber nicht, dass sie mich geküsst hat. Dass einer der Sanitäter meinen Puls fühlt. Dass ich auf die Trage gehoben werde. Dass mir eine Vollelektrolytinfusion gelegt wird. Dass der Sanitäter das erste Mal die Vene verfehlt und die Kanüle beim zweiten Mal in eine Vene in meinen Handrücken drückt, weil bei mir dort die Venen am stärksten ausgeprägt sind. Dass die Flüssigkeit tröpfchenweise in mein Blut gelangt, während der andere Sanitäter die Platzwunde an meiner Stirn versorgt. Dass ich durchs Wohnzimmer über die Terrasse hinaus zum Krankenwagen getragen werde, Franzis Kartoffelstecken Feuer fängt und genau in diesem Moment zwei Sternschnuppen gleichzeitig am Himmel verglühen. Dass der Sanitäter, der die Trage am Kopfende hält, den Meteorschauer sieht und kurz innehält, weshalb der andere am Fußende fast stolpert. Dass Pecorino das Geschehen aus sicherer Distanz vom Schichtholzstapel an der Wand beobachtet und sich die Pfoten leckt. Dass die Nachbarin von Gegenüber die Vorhänge zur Seite schiebt und so neugierig glotzt, dass sie dabei das Blinzeln vergisst. Dass der Nachbar von nebenan aus dem Haus getreten ist und eine Zigarette rauchend am Gartenzaun steht, bis seine Frau im Türrahmen erscheint und ihn zurückpfeift. Dass Rudi am nicht vorhandenen Busen seiner Mutter wieder eingeschlafen ist und dass Tom und Tina die Sanitäter zum Wagen begleiten. Ich bekomme nicht mit, dass Tom sagt, er werde mit in die Klinik fahren.

Nur Tinas Stimme höre ich, die ruhig und tief sagt: »Ich auch. Ich auch.«

21

Meine Mutter fing an, Kisten zu packen. Sie fing oben an, in ihrem Dachgeschosszimmer. L'atelier d'Eva, wie mein Vater es nannte. Es war ein Raum mit vielen Schrägen, Säulen, Dachfenstern und einem Bullauge an der Stirnseite, durch das man auf den roten Swimmingpool blicken konnte. In der Mitte des Raums standen Längskante an Längskante zwei große Tische, darauf die Maschinen, mit denen meine Mutter nähte. Links davon, in einer Reihe, ein Bügelbrett, zwei Schneiderpuppen, deren Hände sich berührten, und mehrere Rollcontainer, in denen meine Mutter ihre Nähutensilien aufbewahrte. Rechts von der Nähecke war ein tiefes Holzregal aufgebaut. In jedem Fach lagen Stoffrollen unterschiedlicher Muster und Couleur, die man von beiden Seiten herausziehen konnte. Von der Decke hingen lange schwarze Kabel mit Lampen: Kugeln, Schiffe, Zylinder, Halbmonde, Quadrate, Kegel. Meine Mutter hatte sie erst auf Papier entworfen, dann aus Stoff genäht und auf dicke Drahtgestelle gezogen, die sie in der Garageneinfahrt zusammenlötete. Wenn man das Licht anknipste, trafen so viel Watt aufeinander, dass meine Mutter selbst durch die kleinste Öse noch einen Faden ziehen konnte, ohne zur Lupe greifen zu müssen. Meine Mutter mochte es hell. Verdammt hell. Das Dachgeschoss gehörte zu ihrem Reich. So wie der Swimmingpool. Und der Garten. Hier oben hing ihre Kindheit an den Wänden. In kleinen blauen Rahmen. Hier oben hingen ihre Freunde. In kleinen weißen Rahmen. Hier oben hingen wir. In kleinen roten Rahmen. Hier oben war ihre Heimat.

Als ich die Tür zum Atelier öffnete, saß meine Mutter zwischen fünf großen und mehreren kleinen Umzugskisten vor den Rollcontainern und sortierte den Inhalt daraus in die Kisten ein. Sie trug das Geburtstagsgeschenk meines Vaters: schwarze Over-Ear-Kopfhörer, aus denen lautstark ein Klavierkonzert drang, weshalb sie mich nicht kommen hörte. Ihr Haar war zu einer Art Nest zusammengesteckt, das auf ihrem Kopf lag wie draufgesetzt und im Takt der Musik wippte. Ich musste sofort an meinen Onkel denken, wie er durchgedreht war und alles verwüstet hatte. Ich hoffte, meine Mutter behielt die Nerven. Sie sah nicht danach aus. Sie hatte den Pyjama an, den sie seit unserer Ankunft trug, auch tagsüber. Und diese seltsamen dicken beigefarbenen Socken, die aussahen, als hätte man sie direkt aus dem Fell eines Schafs geschnitten. Haarsträhnen waren ihr aus dem Nest gefallen und standen im Nacken ab. Meine Mutter nahm jetzt ein Plexiglaskästchen mit Knöpfen aus der Schublade eines der Rollcontainer und legte es vor sich hin. Sie drehte jeden einzelnen Knopf in der Hand, bevor sie entschied, in welche Umzugskiste sie ihn legte. Ein paar Knöpfe landeten in der großen Kiste hinter ihr, andere in der kleinen vor ihr. Manchmal hielt sie inne, sank in sich zusammen, sodass sich ihr Rücken rundete, und verharrte in dieser Position. Ihr Gesicht konnte ich nicht sehen, doch ich war mir sicher, dass ihre Augen geschlossen waren und sie sich mal wieder dort befand, wo mein Vater und ich es nie geschafft hatten hinzukommen. Ich trat an sie heran und legte meine Hand auf ihre Schulter. Sofort zuckte sie zusammen und fuhr hoch. Ihre Haut glänzte. Sie hatte eine Dusche nötig.

Sie zog die Kopfhörer ab und ihre Mundwinkel nach oben,

um ein Lächeln anzudeuten. Heraus kam aber nur eine gequälte Grimasse, die meine Mutter älter wirken ließ, als sie war.

»Adam. Ich habe dich gar nicht kommen hören.«

»Kein Wunder. Man kann die Musik durch die Kopfhörer bis in den Keller hören, so laut hast du sie aufgedreht.«

»Du übertreibst.« Erst jetzt wurde das Lächeln echt. Ich setzte mich neben sie und schaute in die beiden Kisten, in die sie die Knöpfe hatte fallen lassen. Sie lagen einzeln darin, neben Packungen mit Schnittmustern.

»Wenn du in dem Tempo weitermachst, hast du bis Februar gerade mal einen Rollcontainer leergeräumt.« Ihr Blick senkte sich zum Boden. Schnell wechselte ich das Thema. »Ich habe Hunger. Soll ich uns Spaghetti machen?«

»Du hast recht, Adam. So wird das nichts. Aber ich kann es nicht. Ich kann das alles hier nicht einpacken, weil ich es nicht einpacken will. Ich will nicht weg von hier.«

»Dann muss Papa eben ausziehen!«

Sie schüttelte den Kopf. Knetete dabei ihren Unterarm. »Nein. Es ist ja nicht das Haus. Es ist ja nicht das Haus.«

»Dann …«

»Ach, was rede ich? Spaghetti sind eine hervorragende Idee. Lass uns Spaghetti machen!« Sie stand auf, versetzte der kleinen Kiste einen Tritt, sodass sie gegen den Drehstuhl vor der Bügelstation prallte, und ging zur Tür. Ich konnte sehen, wie sie sich zusammenriss, um nicht loszuheulen. Warum ließ sie sich das gefallen? Warum ließ sie sich von hier verjagen, wenn sie nicht wegwollte? Es war doch mein Vater, der sie betrogen hatte. Der uns verließ. Sollte er doch gehen. Sollte er sich doch verpissen.

»Kommst du?«

»Du kannst auch alles von einem Umzugsunternehmen einpacken lassen. Papa zahlt.«

»So einfach ist das nicht, Adam.«

»Warum denn nicht? Er hat doch gesagt, wir sollen uns wegen Geld keine Gedanken machen.«

»Ja, aber so einfach ist das nicht.«

»Scheiße, was soll denn schwer daran sein, ein Umzugsunternehmen anzurufen?«

»Das ist nicht schwer. Aber es ist schwer, alles mitzunehmen, was hier in diesem Haus ist.«

»Warum? Du suchst ein Haus, das genauso groß ist. Oder noch größer! Wo liegt das Problem?«

»Das meine ich nicht. Selbst wenn ich in ein Schloss ziehen würde, wäre es schwer, alles mitzunehmen. Es wird Zeit, sich zu trennen. Und das dauert seine Zeit. Da muss man sich alles ganz genau ansehen. Stück für Stück.«

Meine Mutter schnitt die Strünke aus den Tomaten und entfernte den Tomatenglibber, den ich nicht mochte. In der Pfanne zischten Zwiebeln im Fett. Alle Halogenlampen waren an und leuchteten die Kochfelder und die lange Arbeitsplatte aus. Das Wasser für die Nudeln war kurz davor zu kochen. Der Topfdeckel klapperte, als weißer Schaum austrat. Die Küche füllte sich mit Dampf und dem Geruch von zerlassener Butter. Die Abzugshaube summte. Das Radio im Hintergrund war nur mehr schwach zu hören. Ich saß auf dem Barhocker am Ende der Arbeitsplatte und sah dabei zu, wie meine Mutter die Soße zubereitete. Sie hatte mir einen Topf Basilikum hingestellt, das ich zerrupfen sollte. »Nicht schneiden, nur rupfen.« Ich mochte es, meiner Mutter beim Kochen zuzusehen. Jeder Handgriff saß. Schneller, als ich gucken konnte, waren Abfälle in den Mülleimer geworfen, Schüsseln aufgeräumt oder herbeigeschafft, Messer aus der Messerbox gezogen, Flecken weggewischt. Wenn mein Vater kochte, was selten vorkam, sah die Küche danach aus, als wären Einbrecher da gewesen und hätten etwas gesucht. Wenn ich kochte, was noch seltener vorkam, sah die Küche aus, als wären Einbrecher da gewesen und hätten etwas gesucht und nicht gefunden. »*Quel bordel*«, sagte meine Mutter dann immer und schlug die Hände über dem Kopf zusammen. »Es ist doch so einfach: Alles muss immer gleich wieder an den Platz, an den es hingehört. *Mise en place* ist das ganze Geheimnis. Du willst doch Arzt werden. Wer sich von dir später mal operieren lässt, der muss echt Glück haben. Bei deinem Talent liegt das Skalpell dann im Bauch und der Tupfer irgendwo am Boden. Meine Güte, Adam, so geht das wirklich nicht!«

Arzt werden. Wie das klang. Seit den Weihnachtsferien war ich nicht mehr zur Schule gegangen, hatte mich selbst krankgeschrieben, mit der Unterschrift meines Vaters. Die konnte ich gut. Ich wollte nicht mehr zur Schule, obwohl ich nie etwas gegen sie gehabt hatte. Ich sah keinen Sinn mehr darin, weiter gute Noten nach Hause zu bringen. Die meiste Zeit hing ich bei Tom ab, der schon studierte, aber nur selten tatsächlich zur Uni ging. Er hatte sich für Philosophie eingeschrieben und tat das, was er am liebsten tat: Fremdwörter lernen und die Welt erklären. Sein Kommentar zur bevorstehenden Trennung meiner Eltern beschränkte sich dann auch auf einen Gedanken: »Was vorbei ist, ist vorbei! *C'est la vie.*«

Ich zupfte noch am Basilikum herum, als ich meine Mutter wie zu sich selbst sagen hörte: »Ich werde nach Frankreich zurückgehen. Nach Paris. Ich kann erst einmal bei Nicolas unterkommen, bis ich eine Wohnung gefunden habe.« Kaum hatte sie es ausgesprochen, fügte sie schnell und etwas lauter hinzu: »Du kannst natürlich mitkommen, wenn du willst.«

Ich starrte meine Mutter an, die den hohen Topf mit den Spaghetti in der Hand hielt und das kochende Wasser über einem Sieb im Spülbecken abgoss. Sie reckte den Kopf weit weg vom Becken, um so wenig Dampf wie möglich abzubekommen. Ich wollte etwas sagen, aber es ging nicht. Ich war so baff, dass meine Mutter einen Plan für sich hatte, in dem ich offensichtlich nicht vorkam, dass ich mich mit einem Schlag ganz tumb fühlte, wie Tom es wohl ausgedrückt hätte. Tumb und verarscht. Ich war ein Idiot auf einem Barhocker in der Küche seiner Mutter. Ein Idiot mit einer Idiotenstimme, die niemand hörte, weil sie innerhalb der Schädeldecke randalierte und den Ausgang nicht fand. Ich sah meiner Mutter dabei zu, wie sie die Nudeln im Sieb schüttelte, damit das Wasser schneller abtropfte, und in eine Schüssel kippte. Wie sie die Soße vom Herd nahm und über die Nudeln goss. Wie sie sich zu mir umdrehte, ohne mich anzusehen, und nach der Schale mit dem zerrupften Basilikum griff. Wie sie die grünen Schnipsel über die Spaghetti flockte und links und rechts in die Schüssel zwei große Holzgabeln stieß. Wie sie einen Krug mit Leitungswasser füllte und ihn gemeinsam mit der Schüssel zum Esstisch brachte. Wie sie beides dort abstellte, ziemlich genau in die Mitte des Tischs. Wie sie zwei tiefe Teller holte und die Trinkgläser aus dem Küchenschrank. Wie sie kurz überlegte, den Finger an die Schläfe gelegt, ob noch etwas fehlte. Wie sie den Rücken durchstreckte, als Zeichen dafür, dass sie fertig war mit Nachdenken, und sich mir zuwandte. Wie sich ihr Mund zu bewegen begann und langsam und präzise Worte formte, die ihr aus dem Mund fielen, mit Verzögerung und merkwürdig verzerrt, als würde sie unter Wasser zu mir sprechen: »L-a-ss u-uns e-ss-e-n. W-enigste-ns i-st u-ns de-r A-pp-eti-t n-i-ch-t ver-gang-en, n-icht w-a-h-r, A-d-a-m?« Sie sah mich an. Ich sah sie an. Dann: Der Finger, erneut an der Schläfe, eine Umdrehung, leichtfüßig, auf einem Absatz, vier Schritte zur Besteckschublade, zwei Griffe, zwei Gabeln, zwei Löffel, ein Schubser mit dem Po, die Besteckschublade glitt zu, vier Schritte zurück. »Je-tzt ka-nn e-s l-osg-eh-e-n!« Ein Lächeln.

»Seit wann weißt du das?« Mein Mund war trocken. Ich sprach leise, aber innerlich explodierte ich. Meine Mutter winkte mich zu sich, gespielt fröhlich, als wäre nichts gewesen. Als hätte sie mir nur gesagt, dass die Nudeln fertig sind. Ich nahm ihr gegenüber Platz.

»Schon immer. Ich wusste es schon, bevor dein Vater ging«, sagte sie, als ich saß.

»Was soll das denn heißen?«

»Es soll heißen, dass ich es mir vorgenommen hatte, als ich deinen Vater heiratete.«

»Wie kann man sich denn so etwas vornehmen? Was ist das denn für eine verfickte Scheiße«, platzte es aus mir heraus. Ich konnte nicht anders, ich musste sie anschreien. Es ging mir so auf die Nerven, dass ich ihr alles aus der Nase ziehen musste, dass sie nicht einfach von sich aus sagen konnte, was sie dachte, was sie wollte, wie es ihr ging, was da eigentlich passierte mit ihr und meinem Vater – und mir.

»Adam!«

»Seit wann weißt du, dass Papa dich betrügt? Seit wann weißt du es? Und seit wann weißt du, dass du nach Paris gehen wirst?«

Meine Mutter wischte sich eine dicke Träne aus dem Gesicht. Was typisch für sie war. Sobald sie in die Enge getrieben wurde, fing sie an zu weinen. Sie verkroch sich hinter ihren Tränen. Normalerweise tat es mir weh, sie traurig zu sehen. Dieses Mal nervte es mich.

»Kannst du mir nicht einfach mal antworten? Ich verstehe euch nicht. Du sprichst nicht mit mir. Papa geht mir aus dem –«

»Hast du ihn getroffen?«

»Ich sagte doch gerade, er geht mir aus dem Weg.«

»War sie auch dabei?«

»Mama!«

Vor mir dampften die Spaghetti in der großen weißen Schüssel. In meinen Fingern begann es zu kribbeln. Erst leicht, dann immer stärker. Aus irgendeinem Grund wollte ich unbedingt meine Hände in die langen, warmen, weichen Nudeln eintauchen. Sie zwischen den Fingen zerquetschen, sie packen und gegen die Fotos klatschen, die hinter dem Esstisch in Reihe hingen und unseren letzten Familienurlaub zeigten, nahe Marseille. Stattdessen nahm ich die Holzgabeln und servierte meiner Mutter und mir jeweils eine Portion Spaghetti. Meine Mutter saß vor dem Teller wie ein schmollendes Kind, das nicht essen wollte. Die Schultern nach vorne gerollt, der Kopf etwas geduckt. Dann rümpfte sie die Nase, zog so leise wie möglich Rotz hoch, nahm das Besteck in beide Hände und sah mich an.

»Ich weiß noch ganz genau, wie dein Vater auf diesem großen roten Handtuch saß, am Strand von La Torche, und Marlène und mich permanent anstarrte. Ich war ungefähr so alt wie du, zwei Jahre älter vielleicht, und schämte mich, weil Marlène und ich gerade dabei waren, ein Schloss aus Sand zu bauen. Ich dachte mir, er könnte es lächerlich finden, dass wir spielten wie Kinder. Ich wollte kein Kind mehr sein, obwohl ich es noch war, irgendwie. Dein Vater sah aus wie Pierre Cosson. Die gleichen buschigen Augenbrauen. Die gleichen tiefblauen Augen. Selbst von weitem sah man, dass seine Augen so blau waren wie das Meer und der Himmel zusammen. Ich konnte nicht anders, ich musste ihn heimlich beobachten, obwohl es mir peinlich war, weil er es bemerkte. Ich fühlte mich ertappt. Und ich war mir sicher, dass er mit Marlène flirten wollte. Alle wollten immer mit Marlène flirten. Sie war sehr sexy. Und sie wusste das, was sie noch sexyer machte. Ich war es gewohnt, weniger beachtet zu werden. Auch Marlène dachte, er habe es auf sie abgesehen. Sie setzte ihr Zuckergesicht auf, das sie perfektioniert hatte, seit sie in Paris studierte, und beugte sich extra weit nach vorne, damit er ihre Brüste sehen konnte, die nur von zwei dreieckigen Bikinifetzen gehalten wurden. Türkis mit silbernen Querstreifen. Ich sehe den Bikini heute noch vor mir. Ich hingegen trug den Schwimmanzug, mit dem ich trainierte, und der war alles andere als sexy. Neben Marlène fühlte ich mich immer hässlich. Ich hatte große

Komplexe. Komplexe, die dein Vater mir nach unserer Hochzeit nahm, jeden Tag ein bisschen mehr.

Irgendwann, als es nicht mehr ganz so heiß war, stand dein Vater auf, klopfte sich den Sand ab und kam auf uns zu. Marlène gluckste erregt neben mir, rekelte sich wie nach dem Aufstehen. Ich war fürchterlich nervös, weil er den Blick nicht von mir ließ, als er auf uns zukam. Erst da verstand ich, dass er sich für mich interessierte, nicht für Marlène. Ich wusste nicht wohin mit meinen Händen, die vor Aufregung zitterten. Also band ich meine Haare hoch, so hatte ich etwas zu tun. Ich war gerade dabei, einen Dutt zu zwirbeln, als dein Vater die Hand nach mir ausstreckte und mich in gebrochenem Französisch fragte, ob ich mit ihm ein Eis essen wolle. Und wie ich wollte! Da war ich schon längst verliebt in ihn. Meine Schwester antwortete für mich, als ich nichts sagte. Klar, sagte sie, sie wollte dich auch schon fragen. Ihr Grinsen werde ich nie vergessen. Und auch nicht das Gefühl, es könne gar nicht wahr sein, dass dein Vater mich favorisierte. Irgendetwas konnte daran nicht stimmen. Dieses Gefühl blieb vom ersten Tag an. Selbst als ich mit dir schwanger war. Selbst als wir heirateten. Selbst nach all den Jahren. Mir war klar, dass es nur eine Frage der Zeit sein würde, bis dein Vater mich verlässt. Er strotzte vor Selbstbewusstsein. Er hatte Energie. Er hatte etwas vor im Leben. Und er erreichte alles, was er wollte. Obwohl er Berufsanfänger war, machte er gleich einen Riesendeal. Sackte einen enormen Bonus ein, mit dem er dieses Haus hier finanzierte. Ich war ganz anders. Schüchtern. Ängstlich. Ohne Selbstvertrauen. Ich hatte nie weggewollt aus Plomeur. Ich ging mit deinem Vater nur mit, weil ich mit ihm leben wollte. Und weil ich gleich schwanger mit dir wurde. Mir blieb gar nichts anderes übrig. Als ich meine Koffer packte, sagte ich mir, dass ich wieder zurückkehren werde, sollten sich unsere Wege trennen. Das gab mir Sicherheit. Ich habe lange gebraucht, um in Deutschland anzukommen. Obwohl alle freundlich zu mir waren, obwohl ich viel Hilfe bekam. Ich war froh, mit dir beschäftigt zu sein. Du warst meine Aufgabe. Unser Haus war mein neues Zuhause. Es gefiel mir hier. Aber in München bin ich nie heimisch geworden. Dass ich nach Frankreich zurückgehe, heißt nicht, dass ich weg von dir möchte. Du machst in ein paar Monaten Abitur, willst Medizin studieren. Du wirst dein eigenes Leben leben, ohne mich. Da gibt es keinen Platz für eine Mutter, die nicht weiß, wohin mit sich. Ich kann nicht einfach in die Nachbarschaft ziehen und neu anfangen. Wie soll das gehen? Das funktioniert nicht. Ich habe Angst, deinem Vater zu begegnen. Ich habe Angst, allein zu sein. Allein zu bleiben. Dein Vater hat sich für ein neues Leben entschieden, in dem ich keine Rolle mehr spiele. Um noch einmal neu zu beginnen, muss ich fort von hier. Plomeur war einmal. Aber Paris – vielleicht schaffe ich es dort. Nicolas braucht mich. Nicolas wird mir helfen. Das ist schon etwas. Verstehst du das?«

Ich sagte nichts, bis all das, was meine Mutter gesagt hatte, in meinem Kopf wiedergekäut war. Dann antwortete ich: »Klar, ich verstehe. Tabula rasa.«

22

Sie wollen mich über Nacht dabehalten, aber ich schüttele den Kopf. Erzähle was von Stress und den Heuschnupfentabletten und von zu viel Sonne. Und davon, dass es mir gut gehe, alles kein Problem. Ich möchte auf gar keinen Fall im Krankenhaus bleiben. Ich fühle mich in der Tat erstaunlich wohl. Wie ausgeschlafen. Nur die Platzwunde am Kopf spannt. Wenn ich mit dem Finger darüberfahre, spüre ich die Beule. Hart und fest. Ein Wachtelei auf der Stirn. Nicht schön, sicherlich. Dafür hoffentlich mitleiderregend. Ich möchte wissen, ob es wirklich passiert ist, dass Tina mich geküsst hat. Ob ich das nicht nur geträumt habe, als ich am Boden lag und weggetreten war. Die Ärztin tippt etwas in den Computer, sieht mich über den Rand der Brille immer wieder an. Und dann weiter zur Decke, an der eine der Neonröhren flackert und knisternde Geräusche von sich gibt. Das letzte Mal, dass ich flackernde Neonröhren in einem Krankenhaus gesehen habe, war in Bukarest. Auf der Rumänien-Tour mit Tom. Einmal quer durchs Land. Von den Karpaten bis zum Schwarzen Meer. Per Anhalter. Mit dem Bus. Dem Zug. Ein Abenteuer, das nach drei Tagen in einem Albtraum endete, der uns sämtliche öffentliche Toiletten, Sträucher am Wegesrand und Apotheken Rumäniens kennenlernen ließ.

Ich trete hinaus in den Wartesaal und sehe Tina auf einem der Plastikstühle sitzen, ein Bein unter den Hintern geklemmt, das andere unruhig auf dem glänzenden Linoleumboden trippelnd. Sie guckt sich irgendetwas auf dem Handy an und bemerkt mich nicht gleich. Was gut ist, so kann ich sie in Ruhe anschauen. Das Haar ist zerzaust, steht vom Kopf ab. Sie sieht aus, als käme sie gerade von einem mehrtägigen Festival. Als könnte sie meine Gedanken hören, fährt sie mit den Fingern hinein und kämmt sich einen Seitenscheitel. Dann hebt sie die Hand vors Gesicht und inspiziert ihre Fingernägel. Fährt mit den Schneidezähnen die Fingerkuppen entlang. Beginnt beim kleinen Finger und tastet sich bis zum Zeigefinger vor. Hauchdünn zieht sie die Nägel ab und spuckt sie auf den Boden. Normalerweise würde ich das unappetitlich finden. Doch bei Tina nicht. Da finde ich es süß. Ich möchte nicht, dass sie bemerkt, dass ich sie beobachte. Es wäre ihr bestimmt unangenehm. Aber ich kann den Blick nicht abwenden. Ich bin verliebt in das Grübchen, das zum Vorschein kommt, wenn sich ihr Mund bewegt. Ich bin verliebt in die Sommersprossen, die sich nach dem Nachmittag am See verdoppelt haben – mindestens. Ich bin verliebt in diese sportlichen Schultern, die das rote Kleid halten, das völlig zerknittert ist und Flecken hat, dort, wo es Tina über die Knie fällt. Ich lange an meine Beule, die plötzlich zu brennen beginnt, als wolle sie den Grad meiner Verliebtheit anzeigen. Und sie scheint Signale auszusenden, denn Tina sieht zu mir auf, zieht ertappt die Hand aus dem Mund und das Bein unter dem Hintern vor und kommt auf mich zu.

»Hi! Wie geht es dir?«, sagt sie mit dieser tiefen Stimme. »Was sagt die Ärztin? Du warst total weggetreten. Ich habe schon gedacht, du bist tot oder so. Tut es arg weh? Sieht ja übel aus die Beule.«

Oder so. Ich muss grinsen. »Alles in Ordnung. Mir geht es

gut. Die Beule ist nicht so schlimm, wie es aussieht. Sie wollten mich eine Nacht hierbehalten. Aber mir geht es gut.«

Wie zwei frisch geräucherte Würste stehen wir voreinander, füllen den Warteraum mit dem Geruch von Lagerfeuer. Ein Duft, der uns vereint.

»Bist du sicher? Willst du dich nicht lieber durchchecken lassen? Ich meine, du warst echt lange weg. Wir haben uns wirklich Sorgen gemacht.«

Ich nicke. »Ich weiß. Tut mir leid. Wo ist denn Tom?«

»Nur kurz aufs Klo. Drüben, auf der anderen Seite des Gangs.«

Wieder nicke ich. Ich bin ständig nur am Nicken. Wie ein Idiot. Ich möchte auf sie zugehen, sie umarmen, sie küssen, ganz gleich, ob es wirklich passiert ist oder ob ich es nur geträumt habe. Mach's einfach! Schau doch, wie sie dasteht und dich ansieht. Jetzt mach schon!

»Hey, da bist du ja wieder! Mensch, was war denn los? Was sagen die Ärzte?« Tom klopft mir auf die Schulter, nimmt mich kurz in den Arm.

Ich sehe Tina an, die mit ihren Zähnen auf den Lippen herumbeißt.

»Tina hat mich geküsst. Dann bin ich umgefallen. Das war los«, entfährt es mir. Ich merke, wie mir heiß wird. Mein Blut kocht. Die ganze Hitze strömt in die Beule, die spannt wie ein riesiger reifer Pickel, kurz vorm Platzen. Tina hört auf, mit den Zähnen über ihre Lippen zu fahren. Ich strecke meine Hand nach ihrer aus, obwohl meine Hände feucht sind vor Schweiß. Sie nimmt meine Hand, lässt sie aber gleich wieder los.

»Du hast eiskalte Hände! Und nass. Hast du Fieber?«

»Was glaubst du denn«, sagt Tom überschwänglich. »Das Fieber der Liebe.« Lacht. Umarmt uns beide, sodass wir zu dritt dastehen wie die letzten Auserkorenen einer Fußballmannschaft, die sich noch einmal Mut machen vor den entscheidenden Elfmetern.

»Meinen Segen habt ihr!«

23

Ich verstand meine Mutter. Auch wenn ich nicht nachvollziehen konnte, wieso sie ihr neues Leben nicht mit mir plante, wieso ich in diesem neuen Leben nicht vorkam. Weil ich in ein paar Monaten Abitur machte. Weil das wichtig für mich sei. Weil ich danach eh auf eigenen Füßen stünde. Weil ich erwachsen sei. Ja, klar. Nur hätte sie mich fragen können. Ich hätte mich weniger alleingelassen gefühlt. Weniger ausgeschlossen aus der Familie, die wir seit Marlènes Beerdigung nicht mehr waren. Unsere Familie hatte sich zerschlagen, in drei Teile. Trotzdem war ich dankbar, dass meine Mutter seit unserer Fahrt von Paris nach München endlich wieder mit mir sprach und nicht nur mit verquollenem Gesicht, im Pyjama und in Schafssocken durchs Haus geisterte.

Im Spätsommer hatte sie zufällig am Viktualienmarkt eine Kollegin meines Vaters getroffen, die von einem Zahnarzttermin auf dem Weg zurück zur Arbeit war. Sie kamen ins Gespräch, erst »Hallo« und »Wie geht's« und »Danke, gut«, dann unterhielten sie sich über Zahnersatz und Versicherungen, später über das Wetter und dass der Altweibersommer doch die schönste Jahreszeit von allen sei. Als sie sich verabschiedeten, fragte die Kollegin meines Vaters, ob sie meinen Vater von ihr grüßen solle, sie hätten jetzt gleich ein Meeting, da würde sie ihn sehen. Meine Mutter guckte sie verdutzt an und verschwieg lächelnd, dass mein Vater seit drei Tagen auf Dienstreise in Madagaskar war und erst zum Wochenende wiederkommen würde. Sie sagte »Nein, nein, nicht nötig, ich rufe ihn später sowieso an« und verabschiedete sich. Meine Mutter rief meinen Vater nicht an. Er rief sie an. Gegen Mitternacht mitteleuropäischer Zeit. Sprach davon, dass er jetzt ins Bett gehen werde, es sei sehr spät geworden an der Bar des Hotels. Dass er sie vermisse und sich aufs gemeinsame Wochenende freue. Meine Mutter war sich sicher, dass die Kollegin die Dienstreise meines Vaters vergessen hatte. »Und dann kam er zurück und brachte mir weiße Hortensien in Zellophan mit. Und das, obwohl ich mir so sehr einen Samen der *Ravenala madagascariensis* gewünscht hatte. Das ist der Baum der Reisenden, weißt du? Er stammt aus Madagaskar und heißt so, weil sich in seinen Blattstielenden Regenwasser sammelt, eine Art Notwasserspeicher, der schon manchem Reisenden früher das Leben gerettet hat. Der Samen ist wunderschön. Er wird von einer azurblauen Wachsschicht geschützt. Wie gerne hätte ich den Baum der Reisenden im Wintergarten großgezogen! Hätte mir dein Vater nichts mitgebracht, ich hätte mich zwar gewundert, aber ihm vermutlich weiterhin vertraut. Aber dass er mir Hortensien mitbrachte – und dann auch noch in Weiß und ohne den Plastikschutz abzunehmen, das war … das war quasi, als wollte er mir sagen, dass etwas nicht stimmte zwischen uns. Sonst gab es keine Anzeichen dafür. Meine Güte, was habe ich mir die letzten Wochen den Kopf zermartert, ob ich es nicht früher hätte merken können. Aber er war wie immer. Er war zärtlich zu mir. Wir schliefen miteinander –«

»Mama, zu viel Info.«

»Jedenfalls war alles wie immer, bis zu dem Samstag, an dem er mir den Blumenstrauß brachte.«

Ich sagte ihr nicht, dass sich jener Tag auch mir negativ eingebrannt hatte. Wegen der Queen-Tasse, die ich irgendwann in die Mülltonne schmiss. Nicht, weil ich sie nicht gut fand, sondern weil mein Vater eine Tradition beendete, die er selbst begründet hatte. Natürlich hätte ich das meiner Mutter erzählen können. Doch es hätte nichts an der Situation geändert.

Bis zum 31. Januar verbrachte meine Mutter ihre Tage im Atelier, im Wintergarten, in der Küche, im Wohnzimmer, im Keller, in der Garage und sortierte aus. Nur das Schlafzimmer und das Arbeitszimmer meines Vaters mied sie. Sie schlief auf der Couch im Wohnzimmer, inmitten von Chaos. Überall standen Umzugskisten herum, dazwischen lag zerknülltes Zeitungspapier und Luftpolsterfolie, deren Noppen ich knallen ließ, während ich das Chaos betrachtete. »Take the böst, föck the röst«, sagte meine Mutter immer, wenn ich den Kopf zur Tür reinsteckte und nachsah, wie weit sie mit dem Packen vorangekommen war. Seit unserem Gespräch lief es besser zwischen ihr und mir. Als wäre sie von einer Last befreit worden. Ihren Pyjama trug sie jetzt ausschließlich nachts. Gelegentlich aber fand ich sie noch weinend vor einer Kiste vor. Dass mein Vater ihr so wehtat und sich nicht um sie kümmerte, obwohl sie ihn gebraucht hätte, machte mich wütend. Ich stellte mir vor, wie er mit den Kindern der neuen Frau Fangen spielte. Wie sie beim Abendessen zusammensaßen und er dem älteren der beiden Kinder Polenwitze aus seiner Sammlung erzählte. Keine Ahnung, warum ich mir ausgerechnet das vorstellte, doch jedes Mal, wenn ich auf einer Umzugskiste saß und Noppen zwischen meinen Fingern zerplatzen ließ, fiel mir einer der Witze ein, die mein Vater immer erzählt hatte, um den »Bezug zur Heimat nicht zu verlieren«, wie er scherzend sagte: *Warum klauen Russen immer zwei Autos? Weil sie durch Polen müssen.* Oder der: *Woraus stellen Polen Autos her? Aus Diebstahl.* Am besten, weil er besonders blöd war, gefiel mir der: *Sitzen ein Russe und ein Pole im Auto. Wer fährt? Die Polizei.* Spätestens beim dritten Witz, der mir wieder einfiel, steigerte sich meine Wut so sehr, dass ich die Luftpolsterfolie mit beiden Händen auswrang.

Während meine Mutter eine Ewigkeit brauchte, um ihre Sachen zu packen, hatte ich mein Zimmer innerhalb von vier Stunden geräumt. Ich zog die Schallplatten von der Wand und steckte sie in die dazugehörigen Hüllen, die mein Vater in einem Schrank im Keller aufbewahrt hatte. Die Nägel in der Wand ließ ich stecken. Sollte sie doch mein Vater herausziehen oder seinen neuen Kindern neue Platten schenken und die dann dorthin pinnen. Die Hüllen verfrachtete ich in Umzugskartons und klebte sie mit Paketklebeband zu. Meine Klamotten warf ich in Müllsäcke und verknotete sie. Schreibtisch und Schreibtischstuhl kamen so mit, unverpackt. Der Rest meines Besitzes fand in den Weinkisten Platz, die mir als Regal gedient hatten. Aus der Garage holte ich noch mein Snowboard und mein Fahrrad. Das war's.

Am 1. Februar zog ich zu Sven. Dem Sohn der Nachbarn von gegenüber, der ein ziemlicher Schnösel war und auf seine Art ganz schön prollig, aber für ein Schweinegeld zwanzig Quadratmeter mit Blick auf die Wittelsbacherbrücke zu vermieten hatte. Dass er mich als Mitbewohner auswählte, obwohl wir uns bislang erfolgreich aus dem Weg gegangen waren, lag genau daran: »Ich hab kein' Bock auf 'ne Wohnassel. Aber meinen Eltern gehört die Wohnung. Und die woll'n unbedingt, dass ich die ganzen Kosten zahl, die bei 'ner Wohnung so anfallen. Damit ich 'n Gefühl für Geld krieg. Bevor ich dafür arbeiten muss, hol ich mir lieber 'ne Wohnassel rein. Bei dir weiß ich wenigstens, dass deine Eltern Kohle haben. Ist schon mal die halbe Miete. Aber damit eins klar ist: Jeder macht sein Ding, capisce?«

Wir wurden uns einig.

Tom half mir beim Umzug. Wir brauchten den Vormittag und das Auto meiner Mutter. Meine Mutter brauchte ein Umzugsunternehmen: zwei Polen, zwei Kroaten, ein Russe, ein redseliger Österreicher, ein Siebeneinhalbtonner, ein Sprinter und ein Abfallcontainer. Es hätte der Beginn eines klassischen Witzes sein können und war das Ende der Ehe meiner Eltern. Das Umzugsunternehmen brauchte bis zum späten Nachmittag, um alles richtig zu verteilen. Da gab es die Sachen, die in Neuaubing zwischengelagert wurden. Die, die gleich mit nach Paris kamen. Und das, was im Abfallcontainer landen und entsorgt werden sollte. Zurück blieb das leergeräumte Haus, bis auf das Schlafzimmer und das Arbeitszimmer meines Vaters. Diese beiden Räume hinterließ meine Mutter so, wie sie vor der Fahrt zu Marlènes Beerdigung gewesen waren, mit Ausnahme der Fotografie, die meinen Vater beim Pinkeln im verschneiten Englischen Garten zeigte. Dort, wo sein Schwanz zu erkennen gewesen war, befand sich jetzt ein zerschmolzener Acrylklumpen. Meine Mutter hatte ihn mit dem Lötkolben bearbeitet, als ihre Wut einmal größer war als ihre Traurigkeit.

Den letzten Rundgang durchs Haus machten wir gemeinsam. Es dämmerte schon, und wir mussten die Glühbirnen anschalten, die nackt von der Decke hingen, um etwas sehen zu können. Leer wirkten die Zimmer kleiner. Meine Mutter hatte fast alle Bilder abgenommen. Übriggeblieben waren kleine Löcher, in denen mal Nägel gesteckt hatten, und graue Ränder, die die Bilderrahmen an der Wand hinterlassen hatten. Die Fotos, auf denen meine Mutter und mein Vater gemeinsam waren, hatte sie nicht mitgenommen. »Die muss er selbst abnehmen. So leicht mache ich es ihm nicht!« Mehr sprachen wir nicht, während wir von Zimmer zu Zimmer gingen. Ich kam mir vor, als besichtigte ich ein Haus, in das ich einziehen wollte, nicht eines, in dem ich fast achtzehn Jahre lang gelebt hatte und das ich jetzt verließ. Ich konnte mir nicht vorstellen, wie es sein würde, nicht mehr mit meinen Eltern zusammenzuleben. Morgens nicht mehr das Summen des Mixers zu hören, wenn mein Vater sich seinen Proteinshake mixte, nachdem er fünfzehn Kilometer im Fünf-Minuten-Schnitt gelaufen war und triefend vor Schweiß an der Haustür klingelte, weil er keinen Schlüssel hatte mitnehmen wollen. Zu viel Gewicht. Ich konnte mir nicht vorstellen, wie es sein würde, meinen Eltern nicht mehr bei ihren gemeinsamen Turnübungen auf dem Parkett im Wohnzimmer zuzusehen. Mein Vater noch ungeduscht, in Boxershorts und Mütze, meine Mutter mit einem Schüttelstab, den sie gekonnt bewegte. »Du solltest auch damit beginnen, Adam. Man ist kürzer jung als alt. Nur noch ein paar Jahre, dann baust du körperlich ab.« Ich konnte mir nicht vorstellen, wie es sein würde, von der Schule nach Hause zu kommen und meine Mutter nicht anzutreffen. Im Swimmingpool oder in der Küche oder im Atelier. Ich konnte mir einfach nicht vorstellen, wie es sein würde, kein Zuhause mehr zu haben. Natürlich konnte ich meine Mutter jederzeit in Paris besuchen. Aber das war nicht das Gleiche. Und außerdem über achthundert Kilometer weit weg. Zu meinem Vater würde ich es weniger weit haben, sobald er hier wieder einzog. Aber wie sollte das gehen? Ich konnte doch nicht hierherkommen, in unser Haus, in dem er mit einer neuen Familie lebte.

Ich trottete hinter meiner Mutter die Treppen zum Atelier hinauf. Sie drückte die Türklinke herunter. Der Raum war stockfinster, dort hatte meine Mutter keine Glühbirne hängen lassen. Selbst die Fassungen hatte sie mitgenommen. Das einzige Licht, das schwach einfiel, kam vom Bullauge und ein bisschen von den Dachfenstern, auf denen eine dicke Schicht Schnee lag. Meine Mutter nahm mich bei der Hand, zog mich zu dem kleinen, runden Fenster hin. Zwang mich, mich davor hinzusetzen. Lange umarmte sie mich, drückte mich so fest an sich, dass mir die Luft wegblieb. Dann strich sie mir über die Wange, und wir blickten hinaus auf den roten Swimmingpool, der sich vor uns erstreckte, rundum beleuchtet. Der einzige warme Fleck an diesem arschkalten Tag, der schon in den Abend übergegangen war.

24

Wir nehmen ein Taxi zurück nach Baierbach. Tom sitzt vorne. Lässt, kaum dass er den Beifahrersitz des Mercedes unterm Hintern spürt, das Fenster herunter und die laue Nachtluft in den Wagen. Tina und ich steigen hinten ein. Der Taxifahrer, ein Typ mit Basecap, tippt die Adresse ins Navi. Das Radio läuft. Schmettert einen spanischen Song in die Nacht. Im Refrain irgendetwas mit *sa-i-de*. Ich verstehe nur *Scheide* und hoffe, dass der Song bald vorbei ist. Ich möchte nach Tinas Hand greifen, die auf ihrem Knie liegt. Traue mich aber nicht. Ich glühe vor Aufregung. Die Beule spannt. Der Kopf brummt. Meine Hände sind feucht und klebrig. Und das hat Tina schon im Warteraum des Klinikums nicht gemocht. Jedenfalls hat sie meine Hand sofort losgelassen und seitdem nicht mehr genommen. Ich suche ihren Blick, doch sie sieht aus dem Fenster. Die Schläfe gegen die Scheibe gelehnt. Die Augen zum Mond gerichtet, der nicht oder nicht mehr ganz voll ist. Sie wirkt ein wenig traurig. Oder melancholisch. Vielleicht denkt sie darüber nach, wie sie mir am besten sagt, dass der Kuss ein Fehler war, dass er nicht so gemeint war, wie ich jetzt denke. Der Impuls, nach ihrer Hand zu greifen, ist verdammt stark. Immer wieder zieht es meine Hand auf ihre Seite rüber. Ich klemme sie mir unter den Po und wünsche mir, es wäre ihrer.

»Du schaugst aus, als warst beim Tabledancen obigfoin«, sagt der Taxifahrer aus dem Nichts heraus und sieht mich im Rückspiegel an. Zwei kleine, stechende Augen, halb verdeckt vom Schirm des Basecaps.

Tom lacht sein schnelles, dreckiges Lachen. »Ja, so kann man das auch sagen.« Lacht wieder und klopft sich theatralisch auf die Schenkel. Ich höre, wie sehr es ihn fuchst, dass Tina mich geküsst hat. Auch wenn er das niemals zugeben würde.

Der Taxifahrer nimmt etwas irritiert seinen Blick von mir und sieht zu Tom hinüber, der sich wie ein Irrer mit der Hand aufs Bein klatscht. Jetzt fängt auch der Taxifahrer an zu lachen. Ich weiß nicht, ob er über Tom lacht oder weil er denkt, dass er gerade etwas wirklich Lustiges gesagt hat. Sein Lachen gleicht dem Wiehern eines Pferdes. Ohne es zu wollen, stimme ich in das Gelächter mit ein. Ich merke, wie sich alles in mir löst. Wie ich ganz leicht werde. Ich fliege aus dem Auto heraus in die sternenklare Nacht und schaue durchs Autodach wieder ins Wageninnere hinein. Sehe ein Pferd mit einem Basecap neben einem irren Schenkelklopfer sitzen, hinter ihnen ein Mädchen, das versucht, eine Verbindung zum Mond aufzubauen, und daneben einen verliebten Hornochsen. Ich sehe, wie das Mädchen seinen Kopf von der Scheibe löst, die linke Hand auf die Kopfstütze des Fahrersitzes legt, die rechte auf die des Beifahrersitzes, sich ein Stück nach vorne zieht, um näher dran zu sein beim Pferd und beim Schenkelklopfer, und dann höre ich, wie es in breitestem Bayerisch sagt: »Hoits eier Pappn!«

Franzi ist noch wach, als wir ankommen. Sie stakst im Wohnzimmer auf und ab. Mit Rudi auf dem Arm, den sie kaum halten kann, weil er sich mit aller Kraft dagegen sträubt, getragen zu werden, und weil er so unfassbar dick ist. Franzi sieht müde aus. Augenränder auf blasser Haut. Sie erkundigt sich, wie es mir geht und was los war, während sie weiter den Raum durchstakst und Rudi dabei auf und ab wippt, ziemlich schnell. Tom verabschiedet sich, kaum dass wir das Wohnzimmer betreten haben. »Für heute habe ich genug.« Er pennt draußen, neben der Feuerstelle, »den Großen Wagen suchen, kann nicht schaden«. Ich schaue Tina an, die immer noch keine Anstalten macht, mir zu sagen oder irgendwie zu zeigen, was das jetzt ist zwischen uns. Auch sie sieht müde aus, aber wunderschön. Dann ist es plötzlich still. Rudi ist verstummt und schlonzt an der Hand herum, die er sich ganz in den Mund gesteckt hat. Sein Kopf fällt auf Franzis Schulter. »Ich bleibe unten mit ihm«, sagt Franzi, »sonst macht heute keiner mehr ein Auge zu von uns.« Sie tut mir leid. Trotzdem bin ich froh, Rudis Plärren nicht länger anhören zu müssen. Ich möchte ins Bett. Am liebsten mit Tina. Einfach neben ihr liegen. Sie umarmen. Meine Nase an ihren Hals legen und ihren Karibikduft in mich aufsaugen, der vom Lagerfeuer eine rauchige Note bekommen hat.

»Wo soll ich denn pennen?«, frage ich.

»Na, bei mir.« Tina grinst, ganz leicht. Ich sehe ihr Grübchen und nicke. Mal wieder, wie ein Trottel. Wie einer, der immer nur darauf wartet, dass man ihm sagt, was er zu tun hat.

Ich folge ihr hoch ins Apartment unterm Dach, als von irgendwoher Pecorino auftaucht und mit einem Karacho, das ich ihm niemals zugetraut hätte, an uns vorbeiflitzt. Er wartet vor Tinas Tür und schleckt sich – wie könnte es anders sein – das Arschloch. Kaum hat Tina die Tür hinter uns geschlossen, springt Pecorino mit einem Satz aufs Bett, das mitten im Raum steht wie eine Insel im Meer, während Tina sich geschickt mit einer Hand den Knopf am Nacken ihres Kleids öffnet und es zu Boden gleiten lässt. Sie steigt aus dem Stoff aus wie aus einem Schwimmreifen, mit einem Schritt zur Seite. Ich stehe da und glotze sie an. Ihren megaleckeren Körper. Mit dem Tattoo drauf. Zwei Wellen, knapp übereinander in die Haut gestochen, wobei die blaue Farbe auf der Haut ausgefranst ist wie bei einem Aquarell. Ich kann nicht sagen, dass es schön aussieht. Aber interessant ist es. Ihr BH hat das gleiche Muster wie ihre Unterhose. Weiß mit kleinen schwarzen Punkten. Und eine kleine Schleife zwischen den Brüsten, in der ein Steinchen glitzert. Tina greift zu einem T-Shirt, das über dem Gestell ihres Bettes hängt, und schlüpft hinein, nachdem sie mir den Rücken zugedreht und den BH abgelegt hat. Ich ziehe meine Hose aus, falte sie zusammen und lege sie auf den Stuhl. Ich fühle mich nackt, obwohl ich das T-Shirt noch anhabe. Und die Unterhose. Mein Sack juckt. Tina sitzt bereits auf dem Bett, auf dem Pecorino inzwischen begonnen hat, mit den Pfoten auf der Stelle zu treten. Ihre Aufmerksamkeit gilt nicht mir, sondern dem Kater, weshalb ich mich möglichst unauffällig am Sack kratze.

Der Radiowecker zeigt 3:09 Uhr an, als ich endlich neben Tina liege. Zumindest fast neben Tina. Pecorino liegt zwischen uns, nimmt das halbe Bett ein und schnurrt mal wieder so laut wie ein Rasenmäher. Die Punkte zwischen den Ziffern auf dem Radiowecker blinken. Ich sehe den Sekunden zu, wie sie verstreichen. Es ist stickig im Raum. Nur hin und wieder fegt vom gekippten Fenster her ein Hauch kühlere Luft über uns hinweg. Ich kann den See riechen. Und die Felder rund ums Haus. Wir haben die Bettdecke beiseitegeschlagen. Ich hebe die Arme, um etwas Luft an meine Achseln zu lassen. Mein Deo riecht stärker als mein Schweiß. Erleichtert nehme ich die Arme wieder herunter, drehe mich auf die Seite und betrachte Tinas Rücken, den sie mir zugekehrt hat. »Ich kann nur einschlafen, wenn ich mich von dir wegdrehe. Das ist so. Nicht persönlich nehmen, okay?« Sie sagt es leise. Ich beobachte ihren Brustkorb, wie er sich hebt und senkt, immer langsamer, bis die Bewegung kaum mehr zu erkennen ist. Ich bin mir sicher, dass sie eingeschlafen ist. Wäre kein Wunder, nach allem, was passiert ist. Ich wische meine schweißige Hand am Bettlaken ab. Halte die Luft an. Lege die Hand vorsichtig auf Tinas Hüfte. In die Kuhle zwischen Po und Rücken. Mein Herz klopft. Mein Schwanz rührt sich in der Hose, obwohl mein Unterarm Pecorinos Fell streift. Ich kann Tina nur berühren, wenn ich einen Arm über das Riesenviech ausstrecke, das über dem Bett liegt. Kaum habe ich meine Hand auf Tinas Kuhle abgesetzt, dreht sich Tina zu mir um. Pfeilschnell. Ich zucke zusammen und ziehe die Hand ein. Auch Pecorino ist erschrocken und springt vom Bett, um sich ein ruhigeres Plätzchen zu suchen. Immerhin.

»Weißt du, was ich mich gerade frage?«

»Nein, was denn?«

»Angenommen, Franzi säße in einem Flugzeug, das irgendwo in den Bergen abstürzt, wo Rettungskräfte nicht so schnell hinkommen. Nach ein paar Tagen gehen ihr die Lebensmittel aus. Und das Wasser, weshalb sie anfängt, sich selbst zu stillen. Sie trinkt von ihrem Busen. Vorausgesetzt, sie kommt mit ihrem Mund an die Brustwarze oder mit ihrer Brustwarze zum Mund. Was würde passieren? Wie lange würde das gehen? Sie würde dann ja nur das trinken können, was ihr Körper selbst produziert. Kann man so überleben?«

»Das fragst du dich?«

»Ja.«

»Ernsthaft?«

»Ja, ernsthaft. Ist doch interessant, oder?«

»Geht so. Ehrlich gesagt, finde ich die Vorstellung, wie Franzi versucht, an ihrem eigenen Busen zu saugen, etwas schräg. «

»Aber was meinst du denn? Kann man so überleben?«

»Wo ist Rudi denn bei dem Flugzeugabsturz?«

»Du bist ja süß. Dem ist nichts passiert. Der ist zu Hause bei seinem Vater.«

»Ich weiß nicht, wahrscheinlich würde Franzi irgendwann keine Milch mehr haben, weil ihr die Nährstoffe fehlen.«

»Aber Muttermilch ist doch nährstoffreich.«

»Ja, aber nur, wenn Franzi Nährstoffe zu sich nimmt.«

»Macht sie doch, indem sie Muttermilch trinkt.«

»Keine Ahnung.«

»Das ist wohl wie mit den Knackwürstl, oder?«

»Hä?«

»Na, aus was werden Knackwürstl gemacht?«

»Keine Ahnung.«

»Aus den Resten vom Leberkäs.«

»Und?«

»Und aus was wird der Leberkäs gemacht?«

»Keine Ahnung.«

»Aus den Resten von den Knackwürstl.«

»Muss ich das verstehen?«

»Nee, ist nicht von mir.«

»Wir können Franzi ja morgen mal fragen, was sie dazu meint. Wahrscheinlich kann sie dir das am besten beantworten.«

»Ja, vielleicht.«

Sie dreht sich wieder auf die andere Seite, streckt ihren Po dabei leicht in die Höhe.

»Weißt du, was *ich* mich frage?«

»Nee, was denn?«

»Was das heute zu bedeuten hatte, als du mich geküsst hast.«

»Muss denn alles immer gleich eine Bedeutung haben?«

»Ja, in diesem Fall schon.«

»Na, ich habe dich geküsst, weil ich dich mag.«

»Ich mag dich auch.«

»Schön.«

»Sind wir jetzt so was wie ein Paar?«

»Ich weiß nicht, ich denke schon, oder?«

»Ich fänd's gut.«

»Ja?«

»Ja. Deine Uroma auch.«

»Wieso meine Uroma?«

»Die wollte unbedingt, dass ich mit dir ein Eis essen gehe.«

»Echt jetzt?«

»Ja, wenn ich's dir sag.«

»Warum pflegst du meine Uroma eigentlich? Darf ich das jetzt mal wissen?«

»Weil ich Scheiße gebaut habe.«

»Ach nee. Aber was für Scheiße genau? Irgendwas hast du abgefackelt.«

»Ja. Aber müssen wir jetzt darüber reden?«

»Warum nicht?«

»Weil ich es gut finde, dass du mich magst. Und nicht möchte, dass du mich nicht mehr magst, wenn du weißt, was ich getan habe.«

»Ist es wirklich so schlimm?«

»Magst du Hunde?«

»Ich habe Katzen lieber, wieso?«

»Das ist schon mal gut zu wissen.«

»Muss ich das jetzt verstehen? Versuchst du abzulenken?«

»Nein.«

»Also, was ist jetzt? Erzählst du es mir?«

»Hörst du auch die Mücke?«

»Jetzt versuchst du aber wirklich abzulenken.«

»Ja, jetzt schon.«

»Fuck, da war eine direkt an meinem Ohr.«

»Siehst du.«

»Mach mal das Licht an!«

»Spinnst du? Dann kommen doch noch mehr rein.«

»Quatsch. Stechmücken werden nicht vom Licht angezogen, sondern von Schweiß. Hast du das nicht gewusst?«

»Nein.«

»Jetzt mach schon das Licht an!«

»Ganz schön romantisch unsere erste gemeinsame Nacht.«

»Ja, romantischer geht's nicht mehr.«

»Ich gehe mal auf die Jagd.«

»Okay. Mach sie alle platt!«

25

Bei uns im Haus hatte überall etwas herumgestanden: Vasen, Pflanzen, ein Kerzenständer, den ich mal getöpfert hatte, eine Skulptur, die meine Mutter auf eBay ersteigert hatte, eine Sammlung von Gießkannen in allen möglichen Farben und Formen. Die Wände waren mit Erinnerungen an Urlaube, Geburtstage, romantische Momente und mit Kinderzeichnungen zugepflastert. Selbst Briefe, die ich mal geschrieben hatte, aus dem Feriencamp an der Ostsee und der legendären Skiwoche in Oberösterreich, in der mir ein beschneiter Felsvorsprung den Arm brach und Katharina aus der Parallelklasse das Herz, hingen eingerahmt hinter Glas. »Dieses Haus erzählt unsere Geschichte«, hatte meine Mutter immer wieder gesagt, während sie es Stück für Stück einpackte und zum Schweigen brachte.

Die Wohnung, in die ich nun einzog, sprach auch für sich. In Svens Zimmer gab es einen achtundneunzig Zoll großen Flatscreen mit Lautsprecherboxen links und rechts, die mannshoch Wache schoben. Gegenüber stand ein schwarzes Ledersofa mit einem Rinderfellteppich davor. Dann gab es noch einen Couchtisch, einen Schreibtisch vor dem Fenster zur Straße hin mit einem großen und einem kleineren Laptop und einer Menge Kabel, an denen irgendwelches Zeug hing, iPad, iPhone, Drucker, Scanner und so weiter. Am Boden lag eine Matratze, und direkt darüber hing ein riesiges Poster von Shakira in Tigermuster-BH und einem über dem Bauchnabel spitz zulaufenden schwarzen Top. Shakira vor einem Sonnenuntergang mit leicht geöffneten Lippen, Haaren wie ein Löwe und einem ziemlich gefährlichen Blick. »'s gibt nix Geileres, als morgens aufzuwachen und sich vor Shakira den Kirchturm zu rubbeln.« Rubbeln war Svens Leidenschaft. Am liebsten rubbelte er auf dem Sofa, vor dem Fernseher, der permanent lief, der Bass voll aufgedreht. Er trank viel und aß selten was. Und wenn, dann Nachos, Sushi oder lauwarme Spaghetti mit Avocado und Mozzarella aus einer pastellgrünen Rührschüssel, die den Weg in die Küche erst wieder fand, wenn sich darin Pilzkulturen angesammelt hatten. Sven war ein Schwein. In jeglicher Hinsicht. Wenigstens sahen wir uns kaum. Wenn Sven nicht Pornos guckte, war er nicht da. Und das kam mindestens genauso oft vor.

Meinen Vater hatte ich seit unserem Treffen vor einigen Wochen nicht mehr gesehen. Und auch nicht mehr gehört. Er hatte sich weder erkundigt, wohin meine Mutter gezogen war, noch wohin es mich verschlagen hatte.

Am 4. Februar stieg ich aufs Fahrrad und fuhr zu unserem Haus. Ich hatte mir vorgenommen zu klingeln, auch wenn die neue Frau die Tür öffnen sollte. Ich wollte mich nicht abwimmeln lassen. Ich wollte ihm sagen, wie scheiße ich das alles fand, was er machte. Ich wollte endlich all das loswerden, was ich ihm im Café nicht gesagt hatte. Ich wollte ihm vor die Füße spucken, sollte er wieder nicht reagieren. Und insgeheim wollte ich sehen, wie die neue Familie aussah, die uns ersetzt hatte. Was besser war an ihr als an meiner Mutter und mir.

Der eisige Fahrtwind blies mir ins Gesicht und tat mir gut. Ließ meine Gedanken gefrieren und machte mich ruhig. Als ich abstieg und die letzten Meter zu Fuß ging, waren die Fingerspitzen taub vor Kälte. Vor der Garageneinfahrt unseres Hauses stand ein Umzugswagen. Ich lehnte das Rad an den Gartenzaun unserer Nachbarn und blickte durch eine Hecke, die die Mülltonnenboxen vom Gehweg abschirmte, zur Einfahrt. Zwei Männer luden Möbel aus. Ich beobachtete, wie sie ein Sofa von der Ladefläche stemmten, das in eine graue Vliesdecke gehüllt war, als mein Vater, nur mit Trainingshose und Kapuzenpulli bekleidet, aus der Haustür trat und auf den Umzugswagen zuging. Dann tauchte ein Mädchen in einer pinkfarbenen Daunenjacke auf. Sie lief ihm nach, und ihr langer blonder Pferdeschwanz pendelte auf dem Rücken hin und her, als müsste er Fliegen verscheuchen. Mein Vater sprach mit den Männern und gestikulierte. Zeigte zum zweiten Stock hinauf und dann zum Garten hin. Die beiden Männer nickten und machten sich wieder an die Arbeit. Hoben das Sofa hoch, das sie kurz auf dem Asphalt abgestellt hatten, und trugen es weg. Das Mädchen war in der Zwischenzeit zum Umzugswagen gelaufen und die Rampe rauf auf die Ladefläche geklettert. Es rief meinen Vater. Zweimal. »Wiktor! Wiktor!« Mein Vater stellte sich vor ihm hin, ging leicht in die Knie, breitete seine Arme aus und fing es auf, als es sich quietschend vor Freude in die ausgebreiteten Arme stürzte. Lachend wirbelte mein Vater das Mädchen umher, dann stellte er es behutsam auf die Beine, zog den Blondschopf zu sich heran und gab ihm einen Kuss auf den Scheitel. Jetzt kam ein kleines Mädchen aus dem Haus gelaufen, ein Teletubby in einem dicken Schneeanzug, ebenfalls pink. Und wieder ging mein Vater in die Knie, tiefer jetzt, und nahm den Teletubby in die Arme, der watschelnd auf ihn zugerannt kam. Inzwischen waren nicht nur meine Finger taub vor Kälte, auch meine Füße spürte ich nicht mehr. Ich trat von einem Bein aufs andere und wollte gerade aus meinem Versteck und zu meinem Vater gehen, als in dem Haus, vor dem ich stand, die Tür aufging und unsere Nachbarin mit Pauline, dem blonden Rastakind, heraustrat.

»Hallo, Adam. Das ist ja eine Überraschung. Was machst du hier? Wolltest du zu uns?«

»Hallo. Äh, nein. Mein Fahrrad ... Ich musste kurz anhalten. Bin gleich wieder weg.«

Sie kam mit Pauline an der Hand zu mir, blieb stehen, und dann schauten wir zu dritt durch die Hecke nach nebenan, wo der Teletubby gerade hinter seiner großen Schwester herlief, verfolgt von meinem Vater. Die Nachbarin seufzte leise und sah mich mitleidig an.

»Als sich meine Eltern getrennt haben, habe ich den neuen Mann meiner Mutter ins Bett pinkeln lassen.«

»Wie das denn?«

»Ich habe eine Schale mit warmem Wasser gefüllt, und als der Neue meiner Mutter schlief, habe ich seine Hand reingehalten. Da fängt jeder an zu pinkeln.«

»Echt jetzt?«

»Ja, ist kein Scherz. Musst du mal ausprobieren. Klappt immer.«

»Und ist er dann aufgewacht?«

»Ja, ist er. Aber da war ich schon wieder aus dem Schlafzimmer draußen mit meiner Schale. «

»Krass.«

»Und du? Stehst du hier, um deinen Vater zu beobachten?«

»MA-MA, komm jetzt!«

»Ja, gleich, Pauline. Deine Mutter sagte, du ziehst in eine WG? Sie war mal bei mir, auf einen Kaffee, und hat mir erzählt, was passiert ist. Ist sie schon in Paris?«

»MAA-MA!«

»Ja, seit ein paar Tagen. Ich bin mit Sven zusammengezogen. Von gegenüber.«

»MAA-MA!!«

Die Umzugsmänner kamen zurück. Gingen schnurstracks in Richtung Rampe. Mein Vater klatschte in beide Hände. Schüttelte sich, um anzuzeigen, dass ihm kalt war. Nahm das große Mädchen bei der Hand und rief nach dem Teletubby, das Marie hieß und mit einem Stecken in dem Schneehaufen am Rand der Einfahrt herumstocherte.

»Ist bestimmt nicht leicht, deinen Vater mit einer anderen Familie zu sehen. Für mich war das damals die Hölle.«

»Ach, geht so. Bin ja kein Kind mehr. Wäre bestimmt schlimmer, wenn ich so alt wie Pauline wäre oder so.«

»MAA-MA, KOMM JETZT!«

»Du hörst dich schon sehr erwachsen an.«

»MAAA-MAAA!«

»Okay, wir müssen los. Komm doch mal bei uns vorbei, wenn du magst.«

»Danke. Geht klar.«

Sie gingen die Straße entlang, am Haus meines Vaters vorbei, und hoben kurz zum Gruß die Hand, als sie auf Höhe der Garageneinfahrt waren. Mein Vater tat es ihnen gleich, bevor er die Kinder der Größe nach ins Haus scheuchte. Erst den Teletubby, dann den Blondschopf, dem er folgte. Die Tür ließ er für die Männer vom Umzugsunternehmen offen, die gerade

Stühle stapelten. Ich war nah dran, einfach wieder in die WG zu fahren. Ich war es leid, mir wegen meines Vaters den Arsch abzufrieren. Für heute hatte ich genug gesehen. Doch dann sah ich sie. Die neue Frau meines Vaters. Sie ging mit raschen Schritten am Umzugswagen vorbei zum Gartentor und sah genauso unscheinbar aus wie Anfang Januar, als sie mit meinem Vater Hand in Hand zur Arbeit gekommen war. Sie trug Jeans und eine dunkelblaue Steppjacke. Ihre Füße steckten in Moonboots, die sie durch den Schnee pflügte, als könnte nichts sie umhauen. Sie schloss das Gartentor und kam direkt auf mich zu. Ich wollte nicht, dass sie mich sieht, und beugte mich schnell übers Fahrrad. Als müsste ich es am Zaun absperren. Ich wartete, bis sie an mir vorbeigegangen war. Dann wusste ich, dass ich nicht in die WG zurückfahren würde.

Die Haustür war angelehnt. Ein selbstgemachtes Schild aus Ton, eine große Blume, in deren Mitte ein Vater, eine Mutter und zwei Mädchen erst geknetet und dann zu Stein gebrannt worden waren, kündigte mir an, dass hier die Familie Ortner wohnte. Ich konnte es nicht fassen. Natürlich wusste ich, dass das Türschild nichts Neues verriet, dennoch stach es mir direkt ins Herz. Es tat weh, eine Realität in Stein gemeißelt zu sehen, in der ich selbst noch gar nicht angekommen war. Mir ging das alles zu schnell. Meine Mutter war kaum weg, da führte mein Vater schon ein neues Familienleben unter einem anderen Namen. Oder war das Türschild gemacht worden, als die neue Frau noch mit dem Vater der Kinder zusammenlebte? Wo war der Vater der Kinder überhaupt? Und falls es so war, warum hing dann das Schild hier? Ich nahm es vom Haken, vergewisserte mich, dass niemand mich beobachtete, und pfefferte es in die Büsche, die unser Haus vom Nachbargrundstück linker Hand trennten. Dann drückte ich die Haustür auf und trat ein. Im Flur standen Umzugskisten. Der Boden war nass und schmutzig vom Schnee. Ich wunderte mich, dass mein Vater, der sonst so penibel war, so eine Sauerei duldete und keine Matten zum Schutz ausgelegt hatte. Fußabdrücke führten links die Treppen hinauf in den ersten Stock und rechts durch die große Glastür in die Küche und zum Wohnzimmer. Es roch fremd. Nach feuchtem Karton und nach neuen Klamotten. Einen Augenblick wartete ich im Türrahmen darauf, dass jemand kam. Ich fühlte mich wie ein Eindringling und ärgerte mich über dieses Gefühl. Schließlich war das mein Zuhause. Schließlich war das mein Vater.

An der Wand neben der Gästetoilette hingen noch zwei Bilderrahmen mit Fotos drin, die meine Mutter absichtlich dort hatte hängen lassen. Das Hochzeitsbild meiner Eltern. Und ich, als Säugling, winzig. So klein, dass ich fast in die hohle Hand meines Vaters passte. Es erstaunte mich, dass die Bilder nicht gleich als Erstes abgenommen worden waren. Ich machte einen Schritt nach vorne, um das Foto von mir in der Hand meines Vaters genauer anzusehen. Kaum war ich vorgetreten, hörte ich die Typen vom Umzugsunternehmen aus dem Keller die Treppe heraufkommen. Sie sprachen polnisch und stapften grüßend an mir vorbei zur Tür hinaus, als sei es normal, dass ich dastand und das Foto anglotzte. Ich atmete tief durch und entschied, lieber in den ersten Stock hinaufzugehen, dorthin, wo mein Zimmer gewesen war.

Das Lachen der beiden Mädchen vernahm ich schon auf

halber Höhe. Es drang gedämpft durch die geschlossene Zimmertür. Ich stellte mich davor hin und lauschte, das Ohr aufs Holz gepresst. Es gab einen dumpfen Schlag, dann wieder Gelächter. Ich legte meine Hand auf die Türklinke und drückte sie langsam herunter. Öffnete die Tür einen kleinen Spalt weit und spähte hindurch. Der Blondschopf stand auf einer großen Umzugskiste, in der ein Möbelstück eingepackt sein musste, und sprang auf eine Matratze, die am Boden lag. Der Teletubby applaudierte und versuchte, nun selbst auf die Kiste zu klettern, was nicht wirklich gelang. Mein Zimmer sah nicht mehr aus wie mein Zimmer. Es war blassrosa gestrichen und Lampen in Herzform schwebten wie mit Helium gefüllte Luftballons an den Wänden hoch. Am liebsten hätte ich die beiden aus meinem Zimmer gejagt. Keine Ahnung, was mich dazu brachte, es nicht zu tun, sondern die Tür wieder so leise wie möglich zu schließen. Ich schnaufte kurz durch und rieb mir die Hände an der Jacke. Rieb die gröbste Wut, die bis in die Fingerspitzen gedrungen war, in die Fasern hinein. Als ich mich umdrehte, um zu gehen, stand mein Vater vor mir, ganz nah, und zischte mich an: »Adam! Was machst du hier? Was soll das?« Ich hatte ihn nicht kommen hören und erschrak so sehr, dass ich wie aus Reflex einen Satz gegen die Tür machte, die von alleine wieder aufging, weil sie nicht richtig ins Schloss geschnappt war. Ich fiel mit dem Hintern auf den Boden meines ehemaligen Kinderzimmers, begleitet vom zweistimmigen Kreischen der Mädchen, das erst aufhörte, als mein Vater es mit einem noch lauteren Schrei abrupt beendete.

»Wer ist das?«, fragte der Blondschopf ängstlich, der den Teletubby als Schutzschild vor sich im Arm hielt.

»Das ist Adam, euer Stiefbruder.«

Euer Stiefbruder. Wie das klang.

»Was macht er hier?«

»Ich weiß es nicht. Adam, was machst du hier? «

Ich war aufgestanden und drehte mich zu meinem Vater hin. »Ich möchte mit dir sprechen. Alleine. Bitte.«

Mein Vater nickte. Ich sah, dass er sauer war.

»Ich gehe mit Adam kurz ins Arbeitszimmer und bin gleich wieder da. Ihr könnt weiterspielen. Es ist alles gut. Eure Mutter ist bald zurück.« Mit diesen Worten schloss mein Vater die Tür meines Zimmers hinter uns, berührte mit der Hand kaum spürbar meinen Rücken und führte mich ins Arbeitszimmer, in dem das Bild, auf dem er sein Revier im Englischen Garten markiert hatte, nicht mehr hing, sondern am Boden an der Wand lehnte, mit der Rückseite zum Betrachter. Er setzte sich in den Bürostuhl hinter dem Schreibtisch und bot mir den Stuhl ihm gegenüber an, wie ein Arzt, der einen Patienten auffordert, Platz zu nehmen, um von seinen Beschwerden zu berichten. Als ich saß, faltete mein Vater die Hände und legte sie auf dem Schreibtisch ab.

»Was willst du? Warum rufst du nicht vorher an? Wir hätten uns treffen können, aber bitte nicht hier. Das ist nicht gut. Du hast doch gesehen, wie verstört die Mädchen waren.«

»Was willst du? Was ist das denn für eine bescheuerte Frage? Was ist eigentlich los mit dir, dass du dich verhältst wie das größte Arschloch auf Erden? Ich bin dein Sohn. Schon vergessen? Oder ist das jetzt nicht mehr wichtig, weil du plötzlich eine neue Familie hast und heile Welt spielst mit den Teletubbies in meinem Zimmer?«

»Adam, reiß dich zusammen!«

»Vergiss es! Ich habe keinen Bock, mich zusammenzureißen. Du spinnst doch! Schon vergessen, dass ich hier bis vor ein paar Tagen gewohnt habe? Dass das mein Zuhause war? Unser Zuhause? Das da drüben ist MEIN Zimmer. Was ist das für eine egoistische Kacke, die du hier abziehst? Weißt du eigentlich, wo Mama ist? Weißt du, wo ich lebe? Interessiert dich das noch?«

»Jetzt beruhig dich erst einmal. Und lass uns wie Erwachsene miteinander sprechen.«

»Sag's einfach. Interessiert dich das noch? Interessiert es dich noch, dass es mich gibt? Dass es Mama gibt?«

Ich war aufgestanden und wanderte vor dem Schreibtisch hin und her. Wie ein Fußballer, kurz bevor er eingewechselt wird. Ich war laut geworden und musste die Tränen unterdrücken, die mir aus den Augen treten wollten. Unter keinen Umständen hatte ich vor, vor meinem Vater zu weinen. Er starrte mich an und nahm, nachdem er mich mit seinem Blick durchbohrt hatte, die Hände vom Schreibtisch. Legte sie in den Schoß und starrte nun nicht mehr mich, sondern die Hände an. Oder den Boden. Jedenfalls senkte sich der Kopf immer weiter nach unten, und ich fürchtete schon, er würde gleich vornüberkippen. Doch dann fuhr er sich mit den Fingern ein paarmal durch die Haare, um schließlich in gebückter Haltung und mit den Händen vor den Augen zu verharren. Ich konnte nicht sagen, ob er weinte oder lachte oder einfach nur tief durchatmete, in der Hoffnung, ich wäre wieder weg, wenn er sich aufrichtete. Seine Schultern zitterten leicht.

»Jetzt sag schon! Das ist doch keine schwere Frage.«

»Ja, das ist keine schwere Frage. Aber nicht alle Fragen sind leicht zu beantworten.«

»Was soll das denn jetzt heißen? Was laberst du da?«

»Es soll heißen, dass ich dich um Geduld bitte. Ich brauche Zeit. Ich habe dich schon bei unserem letzten Treffen darum gebeten, weil es das Einzige ist, was ich dir momentan sagen kann. Gib mir Zeit, mich neu zu sortieren. Ich weiß, dass es auch für dich nicht leicht ist. Ich verstehe das. Aber es geht gerade nicht anders. Manche Dinge brauchen eben ihre Zeit.«

»Du bist so ein Egoist. Erst vögelst du eine andere –«

»ADAM!«

»Dann schmeißt du Mama aus dem Haus, meldest dich nicht mehr, hängst sogar ein Schild an die Tür von dir und deiner neuen Familie, als gäbe es nur sie und nicht mich, und jetzt soll ich auch noch Mitleid mit dir haben und dir Zeit geben, damit du dich neu sortieren kannst? Du tickst doch nicht ganz richtig.«

»Was? Wovon sprichst du?«

»Tu doch nicht so. Du weißt ganz genau, wovon ich spreche.«

»Nein. Das weiß ich nicht.«

»Fick dich!« Ich drehte mich um und verließ türknallend das Arbeitszimmer. Mein Vater kam hinter mir hergerannt, packte mich an der Schulter, diesmal mit Kraft, und schüttelte mich.

»Jetzt hörst du mir mal zu! Ja, ich habe deine Mutter verlassen. Ja, ich beanspruche das Haus für mich. Ja, ich habe eine neue Familie. Ja, es ist bestimmt nicht leicht für dich, das zu akzeptieren. Ja, ich verhalte mich nicht perfekt in letzter Zeit.

Ja, ich verhalte mich dir gegenüber zurückhaltend. Aber es ist nicht alles so, wie es zu sein scheint. Ich bitte dich, mir zu vertrauen, auch wenn es dir schwerfällt und du jeden Grund hast, sauer auf mich zu sein. Du wirst alles verstehen, wenn du mir etwas Zeit gibst. Gib mir Zeit!«

Die Tür meines ehemaligen Zimmers öffnete sich, zwei paar Augen guckten neugierig durch den Spalt, der sich auftat, und konnten sehen, wie ich den Rotz hochzog und meinem Vater einen gelbgrünen Fladen vor die Füße spuckte, bevor ich mich umdrehte und an der neuen Frau meines Vaters, die in der Zwischenzeit nach Hause gekommen war, und an den Umzugsmännern, die drei Meter hinter ihr mit einer Kommode dastanden, die Treppen hinunterrannte, zur Tür hinaus, die Straße rauf und in den Perlacher Forst hinein, dessen weiße Bäume mich zum ersten Mal an diesem Tag aufatmen ließen.

26

Ich wache erst gegen halb elf Uhr vormittags auf. Verschwitzt, ohne Bettdecke. Mein Schwanz ist vor mir aufgestanden und zeigt bereits auf zwölf Uhr. Ein Glück, dass ich allein bin. Lediglich Pecorino, zur Schnecke eingerollt, schnurrt neben mir. Von unten höre ich Stimmen. Ich stehe auf und gehe ins Bad. Der große Spiegel über dem Waschbecken zeigt keine Gnade. Die Platzwunde samt Beule an der Stirn sieht schlimm aus. Das Pochen hat über Nacht aufgehört, nur wenn ich mit dem Finger über die Erhebung fahre, tut es weh. Ich stelle mich unter die Dusche, lasse eiskaltes Wasser über meine Schultern laufen. Wasche mir den Schweiß mit einem lila Duschgel mit silbernen Perlen drin ab.

Vom gekippten Badfenster dringt das Brummen eines Rasenmähers herein, der auf irgendeinem Nachbargrundstück seine Arbeit macht. Ich liebe das Geräusch des Rasenmähens und den Duft von frischgeschnittenem Gras. Dann ist wirklich Sommer. Ich muss daran denken, wie meine Mutter die Wiese in unserem Garten mit dem Rasenmäher bearbeitete und dabei um jedes Gänseblümchen einen Bogen machte.

Der Rasenmäher verstummt, dafür setzt das Brummen einer Wespe ein, die verzweifelt einen Weg nach draußen sucht und mit ihrem Körper immer wieder gegen die Scheibe bumst, bis sie aufgibt und nach einem neuen Ausweg sucht, indem sie sich den Silikonrand entlang zum Fenstergriff hochtastet. Weiter kommt sie nicht. Ich wickle mir ein Handtuch um die Hüften und öffne das Fenster ganz. Lasse die Wespe hinaus.

Franzi sitzt auf einem Stuhl im Schatten unter einem Sonnenschirm auf der Terrasse und hat Rudi am Busen. Tom sitzt neben ihr, versteckt hinter einer Zeitung, die er ganz aufgeschlagen hat und mit ausgestrecktem Arm vor sich hält, was alles andere als bequem aussieht. Franzi starrt ins Leere, gähnt gelegentlich. Als sie mich am Fenster stehend entdeckt, winkt sie stumm mit einer Hand nach oben. Von vorne sieht Franzi gut aus. Hager zwar, aber gut. Nur von der Seite nicht. Da ist ihre Nase länger, als man meinen könnte, wenn man sie von vorne sieht. Eindeutig zu lang für ihr Gesicht. Und die Ohren sitzen zu tief, was auch von vorne nicht auffällt. Ich schenke ihr ein Lächeln und schließe das Badfenster wieder.

Die Dusche hat gutgetan. Ich fühle mich erfrischt, vor allem aber beschwingt. Seitdem ich aufgestanden bin, steht mein Körper unter Spannung, als würde jeden Moment etwas Schönes passieren. Ich kann es kaum erwarten, Tina zu sehen und sie in die Arme zu nehmen, so wie gestern Nacht. Wir sind so was wie ein Paar, hat sie gesagt. Ein Paar!

Ich ziehe mich an und gehe ins Zimmer zurück. Tina sitzt am Bettrand und krault Pecorino, der sich streckt und seinen Bauch in voller Länge zeigt. Es ist das erste Mal, dass ich den Penis eines Katers sehe.

»Guten Morgen.«

»Guten Mittag trifft es besser.«

»Ja, stimmt.«

»Gut geschlafen?«

»Super. War schön neben dir.«

»Fand ich auch.«

Diese Grübchen. Links etwas tiefer als rechts. Und wie

sie mit den Zähnen über die Unterlippe fährt und kurz daran rumknabbert. Da ist er, einer der seltenen Momente, in dem ich es fassen kann, das Glück. Es ist gerade in mir hochgeschwemmt worden, wie eine Boje, die man unter Wasser gedrückt und dann losgelassen hat. Es fühlt sich warm an. Und geborgen. Und hell.

»Wie geht es dir? Du siehst ziemlich scheiße aus, als wärst du verdroschen worden. Was macht die Beule?«

»Alles halb so wild.«

»Da bin ich aber froh.«

»Nur der Heuschnupfen nervt. Bin immer noch total zu wegen der Pollen. Ich habe schon eine Tablette genommen. Die hilft normalerweise ganz gut. Für ein paar Stunden zumindest.«

»Ja, du hast auch geschnarcht wie ein Esel.«

»Das war ich nicht, das war Pecorino. Der sägt vielleicht was weg.« Ich sehe sie an. Sie sieht mich an. Grinst.

»Pecorino war gar nicht da, als wir schliefen. Ist erst vorhin wieder aufs Bett gehopst.« Grinst wieder. Noch breiter, diesmal.

»Ist das normal?«, lenke ich vom Thema ab und zeige auf Pecorino.

»Was meinst du?«

»Na, dass man seinen Schwanz sieht. Der hat doch einen Steifen, oder?«

»Sag bloß, du bist eifersüchtig auf meinen Kater.«

»Nee, wirklich nicht. Aber komisch finde ich es schon, dass er einen Ständer hat, während du ihn kraulst.«

Tina kichert. Schüttelt dabei ihren Kopf. Senkt ihn in Richtung Bett und gräbt ihre Nase in Pecorinos Fell, zwischen Hals und Ohren, sagt: »He, Peco, du Süßer, das hättest du dir auch nicht träumen lassen, dass auf dich mal jemand eifersüchtig ist, was?«

Wenn ich eines mit Sicherheit weiß, dann dass Pecorino alles andere als süß ist. Er ist ein dicker, fetter Kater mit einem dünnen, hellrosa Schniedel, der seine Zunge ständig in der Gegend um seinen After hat und viel zu viel Nähe zu Tina sucht. Welchen Grund auch immer Tinas Vater hat, dieses Viech umbringen zu wollen – ich kann ihn verstehen. Als könnte Pecorino meine Gedanken lesen, dreht er sich vom Rücken auf den Bauch, stemmt seine hundert Kilo in die Höhe und springt vom Bett herunter. Plumpst auf die Beine und wackelt lässig zur Tür hinaus.

Tina steht vom Bett auf und kommt auf mich zu. Stellt sich direkt vor mich hin. Ich bin einen ganzen Kopf größer als sie, mindestens. Ich kann ihren Haaransatz sehen, etwas dunkler als der Rest der Haare, die auch dann hell leuchten, wenn die Sonne nicht scheint. Sie nimmt meine Hände in ihre, spreizt ihre Finger in meine, stellt sich auf die Zehen und spitzt ihren Mund, an dem ein Haar von Pecorino absteht, die Augen geschlossen. Für eine Sekunde, vielleicht auch zwei oder drei, schaue ich sie in dieser Position an. Und ein weiteres Mal an diesem Tag schießt die Boje an die Oberfläche. Wie automatisch legen sich meine Arme um Tinas Hüften. Ich hebe sie hoch und küsse ihr Gesicht. Nicht, ohne Pecorinos Haar vorher weggepustet zu haben.

27

Mein Fahrrad hatte ich in der Einfahrt neben dem Umzugswagen stehenlassen, und da blieb es auch erst mal. Ich wollte niemanden mehr sehen oder sprechen. Weder meinen Vater noch zufällig irgendwelche Nachbarn. Nicht mal mehr meine Mutter, die mich mehrmals anrief, während ich den Bäumen im Perlacher Forst dabei zusah, wie sie sich im Wind bogen und dabei die Schneeschichten abwarfen, die auf ihren Ästen ruhten. Ich beschloss, zu Fuß zur WG zurückzugehen. Schon allein bei der Vorstellung, in der miefig feuchtwarmen U-Bahn zu stehen und von Fahrgästen angehustet zu werden, fühlte ich mich krank. Der Wind verpasste mir ein paar Ohrfeigen und fuhr mir von allen Seiten unter die alte, lederne Pilotenjacke meines Vaters, die ich mir von ihm so lange ausgeliehen hatte, bis mein Vater eines Abends meinte, das Gewohnheitsrecht würde jetzt greifen, sie gehöre nun mir. Seitdem trug ich sie ständig, egal wie warm oder kalt es war. Ich schlug den Kragen hoch, schob die Hände tief in die Taschen und stapfte los, die Mütze über die Augen gezogen und die Augen zu Boden gerichtet, bis ich die Kälte irgendwann nicht mehr spürte. Ich verfiel in einen monotonen Schritt, der mich knapp fünfzig Minuten später vor die Wohnungstür der WG brachte. Die Nase triefte, der Hals schmerzte. Und wenn ich schluckte, schmerzten auch die Ohren. Ich fühlte mich schrecklich. Weil mir alles wehtat und weil ich meinem Vater vor die Füße gerotzt hatte und alle das gesehen hatten. Es tat mir leid, obwohl er es verdient hatte. Es war mir auch peinlich.

Ich hatte mich aufgeführt wie ein pubertierender Junge. Ich hatte meinem Vater einen Grund gegeben, mich nicht mehr treffen zu wollen. Das ärgerte mich.

Leise steckte ich den Schlüssel ins Schloss und sperrte die Wohnungstür auf. Zog mit steifen Fingern Mütze, Jacke und Schuhe aus und schlich an Svens Tür vorbei in mein Zimmer. Dort ließ ich mich aufs Bett fallen, suchte Trost unter der Daunendecke, in die ich mich hineinbohrte. Ich wollte sofort einschlafen und bei siebenundzwanzig Grad Celsius und wolkenlosem Himmel wieder aufwachen. Ich fror, obwohl mir heiß war. Meine Backen glühten. Meine Zähne klapperten. Gesund war ich zu meinem Vater gefahren, krank war ich zurückgekommen. Ich hasste ihn dafür. Er hatte unsere Familie zerstört. Er hatte meine Mutter vertrieben. Wegen ihm war ich hier in dieser Wohnung, in der ich nicht sein wollte, und blickte auf einen Stapel Weinkisten mit meinem ganzen Besitz darin, den ich immer noch nicht ausgepackt hatte. Und mein Vater? Bestimmt stand er im Wohnzimmer und hängte gerade die letzten Bilder ab, die das Leben zeigten, gegen das er sich entschieden hatte, einfach so.

Meine Mutter fehlte mir. Zum ersten Mal, seit sie weg war, vermisste ich sie wirklich. Es ging mir schlecht, und niemand war da. Ich wollte, dass sie bei mir ist und mir Tee und Medikamente bringt, vielleicht ein paar Salzstangen, Zwieback und Cola. Ich wollte, dass sie mir den Fernseher anschaltet und mich fragt, was ich zur Ablenkung gucken möchte. Ich wollte, dass sie die Lampe an meinem Schreibtisch anmacht und ein Tuch darüberhängt, so wie sie es immer getan hatte, damit das Licht mich nicht blendete, falls ich einschliefe. Ich wollte, dass sie da ist – doch ich war allein, und aus Svens Zimmer drangen Grunzlaute zu mir herüber. Ich fing an zu weinen. So stark und laut, dass ich gar nicht bemerkte, wie die Zimmertür geöffnet wurde und Tom eintrat.

»Adam, was ist denn los mit dir?«

Ich konnte nicht antworten. Die Tränen kamen wie eine Naturgewalt, mein Körper schüttelte sich von alleine. Ich lag im Bett und weinte einen Ozean voll in die Decke, begleitet von heftigen Schluchzern.

»Adam, was ist los?«

Tom setzte sich an den Rand der Matratze. Legte mir eine Hand auf den Rücken. Schlagartig wurde ich ruhiger. Das Zittern meines Körpers ließ nach, und ich bekam wieder besser Luft. Gerade als ich ansetzen wollte, Tom zu berichten, was vorgefallen war, steckte auch Sven die Nase ins Zimmer und wollte wissen: »Hey, was geht ab bei euch?« Als keiner von uns reagierte, trat er ganz ein und stellte sich, die Hände lässig in einem schwarzen Jogginganzug vergraben, mittenrein ins Zimmer. »Oha, hab ich euch zwei Schwuchteln beim Fummeln erwischt?«

»Hau ab, Sven!«

»Also doch!«

»Verschwinde.«

»Schon gut. Schon gut.«

Die Tür schloss sich. Tom erhob sich. Ich wischte mir Tränen und Rotz aus dem Gesicht.

»Ich war bei uns zu Hause«, krächzte ich.

»Und?«

»Alles scheiße.«

»Was war denn das Ziel deiner Handlung?«

Typisch Tom. Immer wenn es emotional wurde, wurde er sachlich.

»Hä?«

»Na, was wolltest du damit erreichen, dass du bei deinem Vater auftauchst?«

»Ich wollte ihm sagen, wie scheiße ich das alles finde.«

»Und mit welchem Ziel?«

»Was ist das denn für ein Psychogelaber, Tom?«

»Es gibt von Aristoteles –«

»Lass gut sein. Das ist jetzt echt nicht das, was ich –«

»– eine ethische Schrift, die Nikomachische Ethik, die ich gerade lese, und da –«

»Tom! Wirklich nicht. Ich fühle mich gerade einfach nur megascheiße. Mein Hals tut weh. Ich habe Fieber. Vor allem geht mir aber so viel im Hirn rum, dass ich gar nicht mehr weiß, wie ich das alles ordnen soll.«

»Ja, eben drum. Mit Aristoteles könntest du vielleicht dein Problem lösen oder dich zumindest neu sortieren.«

»Ich habe kein Problem. Mein Vater hat ein Problem. Der will sich auch neu sortieren.«

»Natürlich hast du ein Problem. Schau dich doch an. Du liegst im Bett und pisst dich fast ein vor Trauer, weil deine Eltern sich getrennt haben. Mann, das ist traurig und ärgerlich, okay, aber dein Verhalten ist nicht normal. Wenn du nicht anfängst, darüber hinwegzukommen, endet das noch richtig böse.«

»Amen.«

»Dann halt nicht.«

»Im Ernst, Tom. Es ist gut gemeint, aber ich kann das gerade echt nicht brauchen, okay?«

»Okay.«

»Okay.«

»Dein Mitbewohner hat übrigens einen Vollschuss.«

»Ach nee, was du nicht sagst. Ist mir neu.«

»Hat mir, nachdem ich x-mal geklingelt habe, die Tür geöffnet, die Hand hingestreckt und gesagt: Wer stört beim Abspritzen?«

»Ja, der ist besessen davon. Macht den ganzen Tag nichts anderes. Vielleicht solltest du dem mal Aristoteles zu lesen geben.«

Tom lachte sein schnelles, dreckiges Lachen und zog dabei Jacke und Handschuhe aus, die er noch nicht abgelegt hatte.

»Was machst du eigentlich hier?«

»Ich war um die Ecke und wollte mal schauen, was du so treibst.«

»Warum hast du nicht angerufen?«

»Habe ich. Aber du bist nicht rangegangen.«

»Ich bin so wütend auf meinen Vater. Ich könnte ihn umbringen.«

»Ich wäre froh, wenn meine Eltern sich endlich trennen würden, anstatt sich gegenseitig auf den Keks zu gehen. Sieh es doch mal so: Deine Eltern ersparen dir wenigstens die Streitereien, das Rumgezicke, das Rechthaben – kurz und schmerzlos. Nicht die schlechteste Trennung, finde ich.«

»Schmerzlos? Du spinnst doch.«

»Okay, dann eben nicht schmerzlos, aber kurz.«

»Das macht es nicht besser.«

»Vielleicht nicht, trotzdem solltest du Strategien finden, damit klarzukommen. Sonst wirst du noch krank.«

»Ich bin krank! Ich habe schon fast keine Stimme mehr.«

»Schmeiß mal eine Aspirin rein oder so. Hast du was da?«

»Weißt du, wie es mir besser gehen würde? Wenn ich meinem Vater eine reinhaue.«

»Wer's glaubt. Ich vermute eher, danach würde es dir schlechter denn je gehen. So gut kenne ich dich. Du bist so harmoniesüchtig, da ist alles zu spät. Und du kommst einfach nicht damit klar, dass du nicht mehr zu Hause bei Mama und Papa leben kannst.«

»Stimmt doch gar nicht.«

»Doch, stimmt schon. Ist ja auch nicht schlimm. Ich würde sofort bei euch einziehen.«

»Ja, wegen meiner Mutter.«

»Genau, wegen der auch.«

»Wegen was noch?«

»Na, wegen allem. Bei euch zu Hause ist es, also war es immer so … so warm. Da musste man nicht ständig Angst haben, angeschissen zu werden für nichts und wieder nichts. Bei mir daheim will ich immer nur weg. Geht halt nicht. Wegen der Kohle. Aber bei euch wollte ich nie weg. Da habe ich mich wohlgefühlt, wie ein Kuckuck im Nest, der umsorgt wird. Und klar, das Haus und so weiter, darauf würde ich freiwillig auch nicht verzichten. Trotzdem: Es ist jetzt so, wie es ist. Deine Eltern haben sich getrennt. Das musst du schlucken. Du kannst dich aufregen, Amok laufen, deinen Vater verachten, scheißegal, es wird nichts ändern. Also krieg dich wieder ein. Und mach das Beste draus. Ich meine, dein Vater hat Asche ohne Ende, er zahlt dir, was du willst. Und die Wohnung hier ist der Wahnsinn – okay, bis auf deinen Mitbewohner. Aber ansonsten?«

»Als ich dort war und die Kinder in meinem Zimmer gesehen habe, da bin ich fast ausgerastet. Das kam so über mich. Ich konnte nichts dagegen machen. Ich hätte ihnen am liebsten wehgetan. Schon krass, was da in mir drinsteckt. Ich glaube, es ist purer Hass. Kennst du das?«

»Als ich ein Embryo war, ja. Aber jetzt? Nein. Ich glaube nicht.«

Ich fror. Mein Unterkiefer klapperte von ganz alleine gegen die Zähne. Tom sah mich an. »Hast du jetzt was da oder soll ich dir was aus der Apotheke holen?«

»Ich habe nichts da.«

»Gut. Ich bin gleich wieder zurück.« Er drehte sich um, zog im Hinausgehen Mütze und Handschuhe an und schloss leise hinter sich die Tür.

»Tom?«

Nichts.

»Tom!«

Schritte, dann sein Kopf, eingefasst von Zimmertür und Türrahmen.

»Was ist?«

»Danke.«

28

Wir treten Hand in Hand hinaus in den Garten, auf den die Sonne im Neunzig-Grad-Winkel herabsticht. Die Luft ist schwül. Obwohl es erst Mittag ist, ahne ich schon das Gewitter, das sich unter den Schleierwolken zusammenbraut. Der Schweiß klebt mir am Körper, kaum haben wir die Terrasse betreten. Tina drückt meine Hand. Ich drücke zweimal zurück. Tina drückt dreimal. Ich drücke viermal zurück. Wir müssen lachen.

Tom und Franzi sind unter dem Sonnenschirm zusammengerückt. Teilen sich das bisschen Schatten, das er spendet. Rudi hockt nackt auf Franzis Schoß und ist glücklich mit einem Plastiklöffel, den er hektisch auf seine Beinchen klopft und dann so tief in den Rachen steckt, bis er würgt.

»Na, ihr Turteltäubchen«, sagt Franzi grinsend zur Begrüßung und tauscht den Plastiklöffel gegen einen Greifring aus, den Rudi gar nicht lustig findet und genervt zu Boden wirft. Tom sagt nichts. Nickt mir nur zu. Anerkennend, als wisse er, was in der Nacht zwischen Tina und mir gelaufen ist. Es gefällt mir, dass die beiden glauben, Tina und ich hätten Sex gehabt. Ich bin richtig stolz darauf, obwohl nichts war. Nur umarmen und Bauch streicheln und knutschen. Gleichzeitig ist es mir unangenehm. Wegen Tina. Sie weiß ja, dass wir keinen Sex hatten. Doch Tina scheint es auch zu gefallen, sie wirft Franzi einen vielsagenden Blick zu, mit Augenaufschlag. Filmreif.

»Sollen wir an den See fahren?«

»Von mir aus. Ich habe nichts gegen eine Abkühlung. Und Rudi schläft bestimmt auf dem Fahrrad ein, wenn ich ihn hinten draufpacke. Gegen halb vier wird er dann abgeholt.«

»Von wem denn?«, will Tom wissen, kaum dass Franzi den Satz beendet hat.

»Von seinem Vater.«

»Der kommt extra zum See?«

»Ja. Warum nicht?«

»Krass.«

»Was ist daran denn krass?«

»Ich weiß nicht, ich finde es irgendwie krass. Und wie lange bleibt Rudi bei seinem Vater?«

»Zwei Stunden. Vielleicht drei. Mal sehen.«

Tom dreht sich zu Rudi hin und zwickt ihm sanft in die Backe. Rudi gluckst und sabbert einen langen sämigen Faden auf die Brust. Tom prustet durch die Lippen, bis sie wackeln. Rudi macht es ihm nach.

»Na, da haben sich zwei gefunden«, sagt Tina.

»Wie lange fahren denn die Züge nach München? Ich habe morgen wieder Schicht bei den Alten. Halb acht.«

»Bis Mitternacht, glaube ich. Aber willst du dich nicht krankschreiben lassen und hierbleiben? Du hast gestern ganz schön was abgekriegt, und mein Vater kommt mit seiner Freundin erst nächstes Wochenende wieder zurück.«

Ich zögere. Was für ein Angebot! Eine Woche mit Tina hier im Haus, am See, im Sommer. Allein. Kein Sven, keine Pornos, keine Alten. Ein Traum.

»Nein, lieber nicht. Ich kann nicht. Ich muss meinen Dienst machen. Tut mir leid.«

Tina ist enttäuscht. Ich kann es sehen. Daran, wie sie die Unterlippe nach vorne schiebt. Aber sie tut so, als sei alles okay. Zuckt nur mit den Schultern und ruft: »Ich brauche jetzt mal einen Kaffee, dann kann es von mir aus losgehen!«

Bevor wir zum See fahren, dieses Mal an die öffentliche Badestelle mit Steg und Spielplatz und Booten und weil es dort weniger Mücken gibt, verdrücken wir zwei Kannen Kaffee und zwei Packungen Aufbackbrötchen. Franzi und Tom essen am meisten, was man ihnen nicht zutrauen würde, so dürr, wie sie sind. Die Luft ist stickiger und dünner als am Tag zuvor. Das Atmen fällt mir schwer, und mein Kopf fühlt sich an, als stecke er in einem Schraubstock, der ganz langsam angezogen wird. Ich sehne ein Gewitter herbei, das die Luft reinigt und mir den Druck aus der Brust und dem Hirnkasten nimmt. Doch die Sonne sticht, obwohl der Himmel diesig ist.

Ich gehe ins Wasser, während sich die anderen, als hätten sie eben nicht gefrühstückt, eine Portion Pommes rot-weiß holen, die sie mit Spezis hinunterspülen. Ich mache ein paar große Züge im See, der mich lauwarm empfängt, und tauche, als ich weit genug draußen bin und keiner mehr vor mir herschwimmt, kopfüber, die Hände nach vorne gestreckt, unter. Ich tauche, bis ich endlich eine Schicht kühles Wasser erwische, und dort verharre ich, so gut es geht. Diesmal öffne ich die Augen nicht. Diesmal höre ich nur in den See hinein. In diese dumpfe Stille, die mir plötzlich, ohne dass ich sagen kann warum, unheimlich wird. So schnell ich kann, stoße ich mich mit den Beinen ab und schieße an die Wasseroberfläche. Es knallt, gefolgt von hysterischem Kreischen. Ich denke, das

Gewitter beginnt, und schaue ängstlich zum Himmel, will die Situation erfassen. Wolken türmen sich über den Bergen am Ende des Sees auf wie Blumenkohl. Sie formieren sich ständig neu, so schnell, als rasten sie auf mich zu. Meine Ohren fiepen. Ich stecke die Finger hinein und paddele mit den Füßen, um mich über Wasser zu halten. Mir wird schwindlig, es fiept weiter, höher jetzt, erneut hysterisches Lachen. Ich drehe mich um und sehe eine Gruppe Mädchen, die sich an einer Luftmatratze festhalten, die schon halb untergeht vom vielen Gewicht. Neben ihnen liegt so etwas wie eine graue Plane.

Ich kraule ans Ufer. So, wie es meine Mutter mir beigebracht hat. Gleichmäßig, die Arme lang und durchziehen. Als ich aus dem Wasser steige, geht es mir besser. Das Fiepen in den Ohren lässt nach. Das Gleichgewicht kehrt zurück. Ich habe das Gefühl, mich vor dem Gemüse am Himmel gerettet zu haben. Die Mädchen im Wasser amüsieren sich weiter, lachen, als ob die Wolken nicht näher kämen, als ob sie nicht größer würden, als ob der Himmel sich nicht gelb färbte. Auch die anderen scheinen nicht zu bemerken, was sich ankündigt. Sie sitzen auf einer großen Decke um Rudi herum und machen keine Anstalten zusammenzupacken. Rudis Vater sitzt auch auf der Decke. Er sieht ganz anders aus, als ich ihn mir vorgestellt habe. Klein, schon etwas älter und asiatisch. Er heißt Akito und drückt mir zur Begrüßung die Hand.

»Hey, habt ihr das gehört?«

»Du meinst das Handy, das geplatzt ist?«

»Was für ein Handy?«

»Die Mädels da drüben sind mit einem aufblasbaren Handy in den See gegangen. Ein Riesending. Grau, mit Guckfenster, dort, wo normalerweise das Display ist. Irgendwann ist es immer größer geworden. Immer praller. Hat sich aufgestellt wie 'ne Mega-Erektion.«

»Na, bei vier Mädels, die auf dem Ding saßen!«

»Oh Mann, bist du doof.«

»Jedenfalls ist es dann geplatzt.«

»Einfach so?«

»Einfach so.«

»War bestimmt ein Werbegeschenk von Samsung.«

Akito lacht sich schlapp. Die anderen lachen mit. Ich nicht. Ich sehe über den See auf die dunklen Wolken und den Himmel, der sich inzwischen lila verfärbt. Wind ist aufgekommen. Die Bäume biegen sich, nicht stark, aber doch so, dass die Blätter zittern.

»Wir sollten los, es gewittert bald«, sage ich besorgt.

»Ja, du hast recht. Bringst du mir Rudi in zwei Stunden vorbei? Gestillt ist er.« Franzi küsst ihren Sohn auf die Stirn und hebt ihn Akito hin.

»Geht klar.«

»Rudi sieht dir gar nicht ähnlich.« Tom ist aufgestanden und hält Akito zum Abschied die Hand hin.

»Mir aber auch nicht«, sagt Franzi, während sie sich ein zu weites T-Shirt überzieht.

»Stimmt.«

»Manchmal überspringt das Aussehen auch eine Generation.«

»Also, wie deine Eltern sieht Rudi jedenfalls nicht aus, sonst hätte er ja schmale Augen gekriegt und schwarze Haare.« Es klingt wie ein Vorwurf, den Franzi Akito macht.

»Sieht er deinen Eltern denn ähnlich?«

»Keine Ahnung. Ich bin doch adoptiert.« Franzi zuckt mit den Achseln.

»Ach ja, habe ich vergessen.«

»Macht nichts. Bist entschuldigt. Hast ja gestern auch was an den Kopf gekriegt.«

»Ich sehe meinem Vater ähnlich«, sagt Tom und sucht seine Sachen auf der Decke zusammen. »Aber charakterlich stehe ich meiner Mutter näher, was auch nicht viel besser ist.«

»Ich sehe auch meinem Vater ähnlich.« Tina hat es nicht eilig, wegzukommen vom See. Sie liegt auf dem Bauch und klopft sich mit den Fersen auf den Hintern. »Und du, Adam? Wem siehst du ähnlich?«

»Niemandem. Ich bin wie Rudi. Ein Kind, das aussieht, wie es eben aussieht.«

Der Regen kommt mit einem Schlag. Ohne weitere Ankündigung. Kein Grollen. Kein Blitz. Gleich die ganze Ladung. Und ein lautes Krachen, genau als er losprasselt. Ein Wolkenbruch, wie ich ihn noch nie erlebt habe. Innerhalb von Sekunden sind wir alle nass. Die Badegäste um uns herum springen auf, halten sich Liegematten, Handtücher und Taschen über den Kopf. Flüchten unters Dach des Kiosks, unter dem es schnell zu voll wird. Väter und Mütter stehen am Ufer und brüllen ihre Kinder aus dem Wasser. In null Komma nichts haben sich Pfützen am Boden gebildet. Über der Kampenwand, dort, wo man von hier aus die Bergseilbahn sieht, blitzt es jetzt. Weiße lange Blitze, die den Himmel ausleuchten, sodass man auch noch die kleinste Alm im hintersten Alpenwinkel sehen könnte, würde einem die Wand aus Regen nicht die Sicht vernebeln. Auch Akito ist zum Kiosk gerannt und hat sich dort untergestellt. Mit dem nackten Rudi auf dem Arm hat er sich reingequetscht in die schutzsuchende Menge. Franzi ist ihm hinterhergerannt und wickelt Rudi nun in ein Handtuch ein, das halbwegs trocken geblieben ist. Tom und Tina recken die Hälse nach oben. Öffnen den Mund und lassen den Regen in ihre Kehlen tropfen. Und ich, ich stehe einfach nur da, wie vom Blitz getroffen. Schaue Tina dabei zu, wie sie sich im Regen duscht. Und genieße es, dass endlich, endlich dieser verdammte Druck aus meinem Kopf entweicht und mich wieder atmen lässt. Wie einer, der nicht darüber nachdenkt, dass er atmet, sondern es einfach tut.

29

Ich lag eine Woche flach. Halsschmerzen, Fieber, Schnupfen, Gliederschmerzen – das volle Paket. Ab dem dritten Tag plagte mich eine Bronchitis, von der ich Muskelkater im Bauch bekam, so oft musste ich abhusten. Ich ging nicht zum Arzt. Ich ließ ihn kommen. Ich bekam ein Attest und Medikamente und musste mit einem Gerät, das Tom mir aus der Apotheke auslieh, eine isotone Natriumchloridlösung inhalieren.

Tom schaute jeden Tag bei mir vorbei. Kochte mir Tee und was zu essen. Meistens Spaghetti Bolognese aus dem Glas. Also die Soße. Auch Sven sorgte sich um mich. Auf seine Art. Bot mir was von den Nachos an, die er fast täglich vor den Flatscreen trug. Und empfahl mir ein paar »saugeile Pornos«. Einmal kam er sogar in mein Zimmer und wünschte mir eine gute Nacht. Fragte mich, ob er noch was für mich tun könnte. Sagte aber auch, ich solle ihn bloß nicht anstecken. Es sei echt eklig, was ich da rumrotzen würde.

Als ich mich wieder einigermaßen fit fühlte, fuhr ich erneut zum Haus meines Vaters. Ich wollte das Fahrrad abholen. Insgeheim aber wollte ich sehen, was sich dort tat. Ich hatte noch meinen Haustürschlüssel und den Garagentüröffner und hoffte, mein Vater hatte das Schloss nicht ausgewechselt.

In der Einfahrt war mein Rad nicht zu sehen. Auch nicht am Zaun oder an der nächsten Straßenlaterne. Ich wartete einen Moment auf dem Bürgersteig, ob mich jemand bemerkte. Nichts geschah. Dann stellte ich mich mitten in die Einfahrt und starrte auf die Haustür und das Küchenfenster. Wieder tat sich nichts. Also nahm ich den elektrischen Garagentüröffner und drückte den Knopf. Das Tor setzte sich ruckelnd in Bewegung. Das Auto meines Vaters war weg. Dafür stand ein Mini-SUV drin. Ein cremefarbener Škoda Yeti, der mit Sicherheit der neuen Frau meines Vaters gehörte. Daneben schmiegte sich mein Rad an das meines Vaters, das wiederum von zwei pinkfarbenen Kinderrädern mit Fähnchen an den Gepäckträgern umstellt war. Ich ging am SUV vorbei zur Tür, die von der Garage direkt ins Haus führte, und schloss sie auf. Zusammengefaltete Umzugskartons lehnten an der Wand. Ein paar waren umgefallen und versperrten den Gang. Ich schlängelte mich, so gut es ging, an ihnen entlang und blieb im Eingangsbereich stehen. Horchte. Nichts. Es brannte auch nirgends Licht. Ich sah mich um. An der Wand, an der das Hochzeitsbild meiner Eltern und mein Babyfoto gehangen hatten, war inzwischen ein großer Spiegel angebracht worden. Darunter stand eine Kommode, auf der eine Toneule thronte, deren Augen mit einem Teelicht zum Leuchten gebracht werden konnten. Ich trat meine Schuhe auf dem Fransenteppich vor der Treppe trocken und stieg vorsichtig nach oben in den ersten Stock. Nach jeder fünften Treppenstufe blieb ich stehen, um zu lauschen, ob sich nicht doch jemand im Haus befand. Aber ich war allein.

Die Tür zu meinem ehemaligen Zimmer stand offen und gab den Blick auf ein Mädchenparadies frei. Puppenwagen, Puppenhaus, Puppen hier, Puppen dort, alles in Rosa und Weiß, ein Stockbett mit einer Rutsche dran, Plastikherzen an der Wand, die Licht gaben, sobald man sie anknipste. Mein Zimmer war nicht wiederzuerkennen. Als wäre alles, wirklich alles versucht worden, jeden Gedanken an mich auszulöschen. Die Wut, die sich in mir beim Anblick des Kinderzimmers ausbreitete, zog direkt in die Lungen und ließ mich so lange husten, bis ich fast keine Luft mehr bekam. Ich hielt mir den Bauch mit der Hand, die andere umklammerte die Türklinke, um mich abzustützen. Als der Hustenanfall vorbei war und ich mich wieder aus der gekrümmten Haltung aufrichtete, hörte ich die neue Frau meines Vaters die Treppe vom Atelier meiner Mutter herunterkommen. Ich wusste, dass sie es war, weil ich den Klang der Schritte nicht kannte. Adrenalin schoss mir ins Blut und verschaffte mir einen weiteren Hustenanfall, der noch stärker war als der zuvor. Ich musste mich übergeben, nicht viel, aber doch so viel, dass etwas auf dem Parkettboden landete. Die neue Frau meines Vaters rannte auf mich zu, hielt mich am Arm. Gar nicht mal aufgebracht oder verärgert, eher besorgt. Sie fragte mich, ob alles okay sei, ob ich etwas brauche. Ich verneinte, und sie verschwand ohne ein weiteres Wort ins Erdgeschoss und kam kurz darauf mit einem Lumpen zurück. Bückte sich und wischte vor meinen Füßen das Erbrochene weg. Es war mir unangenehm, zusehen zu müssen, wie sie die halb verdauten Reste meines Frühstücks mit dem Lumpen aufnahm. Es war mir unangenehm, dass sie mich erwischt hatte. Es war mir unangenehm, dass sie freundlich zu mir war und mich nicht keifend aus dem Haus jagte. Als der Boden sauber war, erhob sie sich und sagte: »Ich glaube, wir sollten einen Tee zusammen trinken, was meinst du?«

Ich nickte, obwohl ich unter keinen Umständen mit der neuen Frau meines Vaters einen Tee trinken wollte. Mein Kinn ging einfach von ganz allein nach unten und wieder nach oben. Mein Körper setzte sich in Bewegung und folgte ihr wie ein Hund, dem man einen Leckerbissen versprochen hatte. Die neue Frau meines Vaters zeigte mit der Hand zum Esstisch, der an der gleichen Stelle stand, an der auch der Esstisch meiner Eltern gestanden hatte. Das Geschirr vom Frühstück war noch nicht abgeräumt worden, was bei uns nie vorgekommen wäre, weil mein Vater es nicht ausstehen konnte, wenn Arbeit nicht gleich erledigt wurde.

Ich nahm auf der Eckbank Platz und sah der Neuen dabei zu, wie sie einen Wasserkocher mit Wasser füllte und auf den Startknopf drückte. Wie sie zur Teekanne griff, die neben der Spüle stand, und den alten Tee in den Abfluss goss. Wie sie zwei Teebeutel aus dem Küchenschrank über der Spüle holte und in die Kanne hängte. Sie trug eine lange graue Strickjacke und Jeans. Die Haare fielen ihr glatt auf die Schulter. Sie war in etwa so groß und so alt wie meine Mutter, aber nicht halb so schön.

»Wie bist du hereingekommen?«

»Durch die Tür.«

»Was du nicht sagst. Und was machst du hier?«

»Ich hole mein Fahrrad ab.«

»Und das hast du im ersten Stock vergessen?« Sie zog die Augenbrauen hoch und sah mich skeptisch an. Ich wollte sie hassen, doch so, wie sie da vor mir stand, gab es nichts, was ich an ihr hassen konnte. Sie sah nett aus.

»Ich bin übrigens Steffi.«

Ich nickte, weil mir erst einmal nichts Besseres einfiel. Dann sagte ich patzig: »Dass ich Adam bin, wissen Sie ja.«

Jetzt nickte sie, nahm den Wasserkocher zur Hand und goss das kochende Wasser in die Teekanne. Daraufhin nahm sie die Kanne, dazu zwei Tassen aus der Spülmaschine, kam zum Tisch und setzte sich mir gegenüber. Ich musste an das Gespräch denken, in dem meine Mutter mir eröffnet hatte, dass sie nach Paris gehen würde. Es hatte genau an dieser Stelle stattgefunden, nur dass meine Mutter dort gesessen hatte, wo ich gerade saß, und ich da, wo die neue Frau meines Vaters nun den Tee einschenkte.

»Dein Vater hat es sich nicht leicht gemacht. Das kannst du mir glauben.«

»Und deswegen soll ich es jetzt gut finden, dass er mich und meine Mutter rausgeschmissen hat und Sie hier sind und einen auf glückliche Familie machen?«

»Nein, das erwartet niemand von dir. Aber dass du nicht einfach heimlich im Haus herumschleichst, das kann man schon von dir erwarten. Ich bin fast zu Tode erschrocken, als ich dich gehört habe.«

»Wie fühlt sich das eigentlich an, eine Familie zerstört zu haben?«

»Ich habe keine Familie zerstört.«

»Doch. Meine Eltern haben sich getrennt, weil Sie sich in unser Leben gedrängt haben. Wahrscheinlich haben Sie einen neuen Vater für Ihre Kinder gebraucht, und mein Vater war blöd genug, das nicht zu bemerken.«

Sie hob langsam die Tasse an die Lippen und trank vorsichtig einen Schluck Tee. Dann setzte sie die Tasse ebenso langsam wieder ab und sah mich an. Lange und gründlich. Ich senkte den Kopf, um ihrem Blick auszuweichen.

»Ich glaube, ich hätte den Tee länger ziehen lassen sollen. Er schmeckt nach nichts.«

So eine feige Kuh, dachte ich und sagte: »Ja genau, einfach ignorieren, was ich gesagt habe. Das ist so was von armselig.« Ich stand auf, ich wollte mit dieser Frau nicht länger an einem Tisch sitzen.

»Hör zu, du selbstgerechter Besserwisser«, sagte sie. »Wenn jemand eure Familie zerstört hat, dann war das deine Mutter.«

Ohne nachzudenken, holte ich aus und fegte meine Teetasse zu Boden. Der heiße Tee schwappte über, die Flüssigkeit verteilte sich auf dem Tisch, die Tasse knallte aufs Parkett und fiel, als habe man sie präpariert, genau in zwei Teile auseinander.

»Meine Mutter hat überhaupt nichts zerstört«, schrie ich. »Sie spinnen doch!«

Auch die Frau, die Steffi hieß, war aufgestanden. Sie nahm ein Geschirrtuch vom Fenstersims und breitete es über den Tee, der über die Tischkante zu Boden zu tropfen drohte.

»Frag deinen Vater. Oder am besten: Frag deine Mutter. Und jetzt verschwinde!«

Wütend stapfte ich aus dem Haus und weiter bis in den Perlacher Forst. Hustete und spuckte den letzten Rest meiner Erkältung zwischen die schneebedeckten Bäume. Wieder war mein Fahrrad dortgeblieben, doch dieses Mal ging ich ran, als das Handy klingelte und das Bild meiner Mutter im Display erschien. Dieses Mal war die Wut größer als die Scham. Ich wollte meiner Mutter berichten, was für eine Heuchlerin die Neue war. Ich wollte sie wissen lassen, dass sie meinen Vater am besten so schnell wie möglich vergessen solle.

30

Am nächsten Morgen komme ich schwer aus dem Bett. Als hätte ich die Nacht durchgemacht, obwohl es gerade mal halb zwei war, als ich in der WG ankam. Sven ist nicht zu Hause. Ich habe keine Ahnung, wo er sich herumtreibt, aber ich bin froh, dass ich die Wohnung für mich habe. So muss ich keine blöden Fragen beantworten wegen der Beule am Kopf. Die Wohnung stinkt nach Umkleidekabine und Fisch. Bevor ich duschen gehe, reiße ich alle Fenster auf und trage altes Geschirr, leere Flaschen und angebrochene Chipstüten aus Svens Höhle in die Küche. Die zerknäulten Taschentücher lasse ich liegen. Die fasse ich nicht an. Die Küche sieht aus, als hätte er mit ein paar Vollprolls das ganze Wochenende Party gemacht. Alles ist zugemüllt und modert vor sich hin. Käse und halb zerlaufene Butter stehen auf dem Küchentisch, in der Butter liegt eine tote Fliege. Würde Sven allein hier wohnen, hätte er innerhalb von einem Monat ein Paradies für Küchenschaben geschaffen. Er kann von Glück reden, dass ich Idiot bei ihm eingezogen bin. Adam, der persönliche Haussklave von Sven Rubbelmeister. Sven würde auch nie auf die Idee kommen, mal zu lüften. Er würde eher in einer Wohnung leben, wo der Schimmel von der Decke tropft, als ein einziges Mal das Fenster zu öffnen. Er schüttet auch lieber irgendwelche ätzenden Chemikalien in den Abfluss der Dusche, als dort die Scham- und Brusthaare, die er mit der Rasierklinge abschabt, rauszunehmen. Sven ist eine Sau. Sobald ich meine Stunden abgeleistet habe, muss ich dringend ausziehen. Vielleicht ziehe ich mit Tina zusammen. Sie will bestimmt studieren. Wir könnten in die Maxvorstadt ziehen. Oder ins Dreimühlenviertel.

Ein Luftzug lässt das Fenster zum Innenhof zuknallen und reißt mich aus meinen Gedanken. Ich steige über Svens Kapuzenpulli, zwei Plastiktüten mit Einkäufen und eine türkisfarbene Shisha und öffne das Küchenfenster wieder. Zum ersten Mal seit langem ist es bewölkt. Leichter Nieselregen fällt, hauchdünne Tröpfchen, die die Fensterscheibe schraffieren. Die Luft riecht frisch und sauber. Nach Frühling, mitten im Sommer. Ich atme tief ein. Ganz bewusst, wie es mir Frau Dr. Dr. mal empfohlen hat. Um die Wut in den Griff zu kriegen. Dabei beobachte ich den Postboten, der das Fahrrad auf den Ständer hievt und aus der vorderen Postkiste einen Packen Briefe nimmt. Normalerweise sitze ich in der Küche und trinke Kaffee, wenn ich das Klappen der Briefkastendeckel höre. Doch heute scheint sich der Postbote verspätet zu haben, wie mir ein Blick aufs Handy bestätigt. Ich habe noch eine halbe Stunde, bevor ich zur alten Schedel muss. Als ich meinen Blick vom Handy löse, sehe ich, wie die Nachbarin aus dem Hochparterre umständlich mit dem Gehgestell aus der Haustür trippelt. Sie kommt kaum voran. Vor ihr liegen noch vier Treppenstufen, dann kann sie endlich ebenerdig durch den Innenhof tapsen. Der Briefträger eilt an ihr vorbei, ohne ihr zu helfen. Wahrscheinlich muss er Zeit reinholen. Scheiß auf die Dusche, denke ich, scheiß aufs Frühstück. Ich will ohnehin nichts anfassen in der Küche. Ich schließe alle Fenster, renne in mein Zimmer, schlüpfe in Jeans und T-Shirt, greife den Schlüssel vom Haken im Flur und renne die Treppen hinunter zum Hinterhaus. Die Alte steht noch immer vor Stufe eins und weiß nicht weiter. Ich reiche der alten Frau die Hand. Ein Tag, der mit einer guten Tat beginnt. Wenn das die Richterin wüsste.

Die alte Schedel sitzt wie immer auf dem Sofa, als ich ankomme. Doch dieses Mal schaut sie nicht in den überlaut aufgedrehten Fernseher. Dieses Mal sitzt sie einfach nur da, in sich versunken, eine Decke über die Schultern gelegt, eine auf den Beinen, und guckt zum Dachfenster, auf dem die Regentropfen herunterrinnen. Der Regen ist stärker geworden. Es hat sich abgekühlt, um mindestens zwölf Grad. Nicht nur die alte Schedel friert. Auch ich könnte einen Pulli und eine neue Hose vertragen. Die Jeans sind beim Fahrradfahren nass geworden. Zwei dunkelblaue Flecken zeichnen sich auf den Oberschenkeln ab. Das Haar klebt mir am Kopf. Ich setze mich neben die alte Schedel auf die Couch und warte darauf, dass sie mir die Hand tätschelt, wie sie es sonst immer tut. Ich kann es kaum erwarten, ihr von Tina und mir zu erzählen.

»Guten Morgen, Frau Schedel.«

»Guten Morgen.« Sie spricht leise. So leise, dass ich sie kaum verstehen kann.

»Alles klar bei Ihnen?«

Keine Antwort.

»Sie wirken traurig. Drückt das Wetter auf Ihre Stimmung?«

»Nein. Nicht das Wetter, mein Junge. Das Alter.«

Jemand hat ihr Blumen gebracht. Auf dem Couchtisch steht ein Strauß Margeriten in einer Vase. Daneben eine Schachtel Toffifee.

»Ja, neunzig ist ein stolzes Alter. Oder sind Sie schon einundneunzig? Hatten Sie Geburtstag?« Ich zeige auf die Blumen.

Sie schüttelt den Kopf. »Erst nächste Woche.« Erneut richtet sie ihren Blick aufs Dachfenster, das vom Regen ausgiebig gewaschen wird. Es sieht nicht danach aus, als würde sie heute noch meine Hand tätscheln.

»Vielleicht kann ich Sie ja aufmuntern.«

Keine Reaktion.

»Ich habe Ihre Urenkelin geküsst.« Als ich es ausspreche, schaltet sich eine Heizung in meinem Brustkorb an und wärmt meinen ganzen Körper von innen.

Auch bei der alten Schedel tut sich jetzt etwas. Sie nimmt den Blick vom Dachfenster und dreht den Kopf in meine Richtung. Ihr faltiges Gesicht wirft ein paar Falten mehr, als sie mich anlächelt.

»Guter Junge, guter Junge«, sagt sie, und dann zieht sie endlich die Hand unter der Decke hervor und greift nach meiner.

»Wollen wir loslegen? Die Morgendusche wird Ihnen guttun.«

Ich wasche sie besonders lang an diesem Montag. Fahre ihr einmal mehr als sonst mit dem Waschlappen über die Schultern und den Rücken. Nehme extra viel Seife und spüle den Waschlappen mehrmals mit lauwarmem Wasser aus, damit sie nicht friert. Auch den kleinen elektrischen Heizlüfter habe ich angemacht. Auf der höchsten Stufe föhnt er den Raum. Die alte Schedel spricht kein Wort. Wie immer, wenn sie gewaschen wird. Erst als wir fertig sind und wieder auf dem Sofa sitzen, sagt sie: »Früher habe ich viel gelesen. Jetzt kann ich das nicht mehr. Die Augen machen nicht mehr mit.«

»Was haben Sie denn gelesen?«

»Krimis. Romane. Alles Mögliche. Und einmal den Satz: Bis

zwanzig geht es im Schritt, von zwanzig bis vierzig im Trab, danach im Galopp.«

»Wie meinen Sie das?«

»Als ich so jung war wie du, dachte ich immer: Wenn man dreißig ist, ist man schon alt. Und dann wird man dreißig, und es ist nicht viel anders als mit zwanzig. Dann wird man vierzig, und es ist wieder nicht viel anders als mit dreißig. Dann wird man fünfzig, und man fühlt sich wieder nicht viel anders als mit vierzig, nur dass man weiß, dass man schon über die Hälfte seines Lebens gelebt hat. Und irgendwann ist man plötzlich achtzig, und der Körper ist so alt, wie er ist, nur der Kopf nicht. Der ist viel jünger, auch wenn das keiner sieht. Und dann ist man irgendwann tot.«

»Haben Sie Angst zu sterben?«

»Nein. Die meisten, die ich kenne, haben Angst zu sterben, aber keine Angst vor dem Tod. Bei mir ist es genau umgekehrt. Ich habe Angst vor dem Tod, aber keine Angst vor dem Sterben.«

»Aber wenn Sie tot sind, kriegen Sie doch nichts mehr mit.«

»Das weiß man doch nicht. Das sagen immer nur alle. Allein die Vorstellung, unter der Erde in einer Kiste zu liegen und von Insekten aufgefressen zu werden, macht mir Angst. Ich könnte mich ja nicht wehren.«

»Das merken Sie doch dann gar nicht mehr. Und außerdem können Sie sich auch verbrennen lassen.«

»Ich weiß nicht. Als ich noch auf den Friedhof gehen konnte, stellte ich mir jedes Mal vor, wie mein Mann da unten in seinem Grab liegt. Das war traurig, aber es tat auch gut. Er war irgendwie noch da.«

»Ich weiß, was Sie meinen. Als meine Tante gestorben ist, fand ich es auch komisch, dass sie in einer Dose versenkt wurde.«

Stille. Dann, nach einer Weile: »Du bist ein guter Junge.«

Wir sitzen nebeneinander, ihre Hand auf meiner, und sehen auf die schwarze Fläche des toten Fernsehers. Der Regen spielt inzwischen ein Adagio auf den Scheiben im Dach. Ich greife zu den Toffifees, öffne die Packung und halte sie der alten Schedel hin. Sie nickt zu ihren Zähnen, die auf dem kleinen Tisch neben der Couch im Glas liegen. Ich stehe auf, gehe damit ins Bad, schütte die Brühe aus dem Glas und spüle die Zähne unter klarem Wasser aus. Als ich zur alten Schedel zurückkehre und sie so nachdenklich auf dem Sofa sitzen sehe, denke ich, dass sie wie eine Daunenfeder ist. So zart, dass sie wegflöge, würde ich sie anpusten. Wenn die alte Schedel stirbt, gibt es nicht viel, was die Viecher unter der Erde abnagen können.

31

»Hallo, Adam.«

»Hallo, Mama.«

»Wie geht es dir?«

Ein Eichhörnchen huschte von einem Baum herunter, drehte den Kopf nach links, nach rechts, rannte querfeldein durch den Schnee und kletterte eilig in den Wipfel einer Fichte. Ein alter Mann, dunkler Mantel, dunkler Hut, tauchte mit einem Dackel an der Leine auf. Neben mir hatte ein Hund in den Schnee gepisst. Die einzige Farbe weit und breit.

»Adam? Bist du noch da?«

»Ja.«

»Du warst kurz weg. Wo bist du?«

»Ich stehe vor dem Haus. Also um die Ecke davon.«

»Vor welchem Haus?«

»Vor unserem Haus halt.«

»Was machst du da?«

»Ich habe mit der Neuen von Papa gesprochen.«

Ich konnte meine Mutter schlucken hören. Und denken. Ich konnte hören, wie sie nachdachte, während sie schluckte. Sie war über achthundert Kilometer weit weg, und ich wusste, wie sie dasaß, die Beine übereinandergeschlagen, den Hörer in der Hand, den Oberkörper leicht nach vorne gebeugt, sich mit der freien Hand durchs Haar fahrend. Ich sah sie ganz genau vor mir. Und vor allem: Ich spürte regelrecht ihr schlechtes Gewissen. Plötzlich fragte ich mich, ob etwas an dem stimmte, was diese blöde Kuh von neuer Frau meines Vaters gesagt hatte.

»Wieso? Wieso sprichst du mit der?«

»Sie sagt, dass nicht Papa unsere Familie zerstört hat, sondern du.«

Der Mann mit dem Dackel war bestimmt um die achtzig. Er ging langsam und steif und konnte mit seinem Hund kaum mithalten. Etwa drei Meter vor mir blieb er stehen und sah dabei zu, wie der Dackel das rechte Bein hob und dem Weiß des Perlacher Forsts einen weiteren Farbklecks hinzufügte.

»Hast du auch mit Papa gesprochen?«

»Nein, der war nicht da.«

»Gut.«

»Warum? Warum ist es gut, dass ich nicht mit Papa gesprochen habe?«

»Es ist viel passiert. Etwas Abstand tut uns allen gut, bis wir wieder normal miteinander umgehen können. Deshalb.«

»Papa will mich nicht mehr sehen.«

»Hat er das gesagt?«

»Nein. Nicht direkt. Aber er sagt, dass er Zeit braucht. Ich habe ihm vor die Füße gespuckt.«

»Mal langsam. Ich dachte, er war nicht da?«

»Ja, heute war er nicht da. Aber letzte Woche war ich schon mal dort, weil ich mit ihm sprechen wollte. Ich war so sauer auf ihn. Du solltest mein Zimmer mal sehen! Es ist rosa und sieht aus, als hätte es mich nie gegeben.«

»Gib ihm Zeit, Adam. Ich glaube nicht, dass er dich nicht mehr sehen will. Er braucht nur Zeit, um alles zu verarbeiten.«

»Was will er denn verarbeiten? Warum nimmst du ihn in Schutz? Ausgerechnet du! *Er* hat doch Schluss gemacht und will die Scheidung. Das verstehe ich nicht. Ihr habt doch beide eine Macke!«

»Glaub mir, Adam, es wird sich alles richten. Es ist nicht leicht, für niemanden von uns. Das Beste wird sein, etwas Zeit vergehen zu lassen. Möchtest du ein paar Tage zu mir kommen?«

»Ich habe Schule, schon vergessen?«

»Nein. Aber eine Woche verkraftest du. Du bist ein Musterschüler.«

»Ich war letzte Woche schon nicht in der Schule.«

»Warum?«

»Krank.«

»Oh, mein Armer. Was hattest du denn?«

»Erkältung. Schnupfen, Husten, Fieber, so was eben.«

»Warst du beim Arzt?«

»Ja.«

»Und was hat er gesagt?«

»Dass ich im Bett bleiben und mich auskurieren soll. Sonst nichts weiter.«

»In Ordnung. Ich bin froh zu hören, dass es dir besser geht.«

»Mir geht's beschissen, wenn du es genau wissen willst.«

»Ich weiß. Es tut mir leid. Ich liebe dich.«

»Ja.«

»Wir schaffen das.«

»Ja, ja.«

»Ich umarme dich.«

»Ja. Bis bald.«

Ich legte auf.

32

Am Abend kommt Tina zu mir. Ohne Pecorino. Sven ist immer noch nicht zu Hause. Und ich hoffe, das bleibt auch so, solange Tina da ist. Wir sitzen in meinem Zimmer. Ich habe zwei Bier geöffnet und Spaghetti gemacht. Mit Lachs und Brokkoli. Wie mein Vater, wenn er für uns kochte. Tina ist die Sonne des Tages. Sie strahlt, auch wenn es regnet. Ich küsse sie zur Begrüßung auf den Mund. Wie selbstverständlich, obwohl ich aufgeregt bin. Ich möchte, dass es ihr bei mir gefällt. Ich habe die ganze Wohnung geputzt. Staubgesaugt, abgespült, den Müll weggebracht, das Bett frisch bezogen. Sogar die Weinkisten mit meinem Zeug habe ich ausgepackt und mich, so gut es geht, eingerichtet. Ich habe Wäsche gewaschen, Klopapier neben die Toilette gelegt, eine halbe Flasche WC-Reiniger ins Klo geschüttet und gespült, bis es frisch roch. Ich habe Svens Bartstoppeln vom Waschbecken entfernt und die Fliesen gereinigt, die sich angefühlt hatten, als hätte sie jemand mit Prittstift eingerieben.

Tina schmeckt das Essen meines Vaters. Sie sitzt vor mir im Schneidersitz auf dem Flickenteppich und nimmt ein zweites Mal Lachsspaghetti aus der Schüssel. Obwohl ich mich erst am Abend zuvor von ihr verabschiedet habe, kommt es mir vor wie eine halbe Ewigkeit, dass wir uns gesehen haben. Auch ich sitze im Schneidersitz am Boden, aber eigentlich schwebe ich, so leicht ist mir zumute. Am liebsten würde ich mich auf sie stürzen, sie umarmen. Sie küssen. Mich mit ihr über den Boden rollen. Ihr den schwarzen Pulli ausziehen. Die schwarzen Jeans. Ihr die Farbe von den Lippen lecken. Ihr durchs Haar streichen, das noch heller wirkt an einem trüben Tag wie heute. Aber nichts davon mache ich. Ich schwebe nur weiter vor mich hin und himmle sie an.

»Ich glaube, Franzi hat sich in Tom verguckt.«

Ich schaue zu, wie sie die Spaghetti mit spitzer Zunge von der Gabel saugt und im Mund verschwinden lässt.

»Hast du Angst vor dem Tod?«, kommt es plötzlich aus mir heraus.

Tina zieht fragend die Augenbrauen hoch. Zögert. »Ja, glaube schon. Aber was hat das mit Franzi zu tun? Oder mit Tom?«

»Gar nichts. Ich war nur heute bei deiner Uroma.«

»Du sprichst mit meiner Uroma über den Tod?«

»Nicht ich. Sie. Sie hat mit mir darüber gesprochen.«

Tina legt die Gabel beiseite, leert ihr Bier, schaut mich ernst an. »Können wir nicht über etwas anderes als den Tod sprechen? Das zieht mich nur runter.«

»Klar. Verstehe. Noch ein Bier?«

Plumps. Aua. Gelandet. Was für ein grandioser Einfall, den Tod einzuladen zu unserem gemeinsamen Abendessen. Jetzt sitzt er bei uns, der Arsch, und macht sich breit. Super gemacht, Adam.

»Tom sagte, du hast zu deinem Vater keinen Kontakt mehr.«

»Ja, das stimmt. Wir haben zurzeit keinen Kontakt.«

»Vermisst du ihn?«

»Ich habe mir nie die Frage gestellt, ob ich ihn vermisse. Aber ja: sehr. Ich vermisse ihn.«

»Und deine Mutter? Vermisst du die?«

»Was hat dir Tom denn alles erzählt?«

»Keine Sorge. Nicht viel.«

»Ich weiß nicht. Ich dachte, ich würde sie mehr vermissen. Nein, ich vermisse sie nicht. Sie fehlt mir manchmal, aber ich vermisse sie nicht. Wo ist *deine* Mutter eigentlich?«

»Tot. Schon ein paar Jahre.«

Da ist er wieder, der Tod. Ich nicke, als würde das was nutzen. Hör auf zu nicken, du Idiot!

»Das tut mir leid.«

»Schon gut. Ist lange her. Sollen wir alle Geheimnisse lüften, damit wir es hinter uns haben?«

Und schon wieder nicke ich gegen meinen Willen. Denn eigentlich bin ich noch nicht bereit, ihr zu sagen, was ich vor ein paar Monaten für einen Mist gebaut habe. Und darauf spielt sie sicherlich an, sonst hätte sie das mit den Geheimnissen nicht vorgeschlagen. Doch mein Kopf nickt weiter, wackelt auf und ab. Wie ferngesteuert.

»Gut. Also, ich beginne: Ich bin keine Jungfrau mehr. Nur war das erste Mal schrecklich. Ein One-Night-Stand mit einem Typen, den ich mal toll fand, der aber ein totaler Vollochse ist. Dann noch ein One-Night-Stand, aber da war ich total betrunken und kann mich nicht genau erinnern, ob er gut war oder nicht. Jedenfalls möchte ich mit dir Sex haben, seitdem ich dich das erste Mal im Haus meiner Oma gesehen habe. Ich habe aber ziemlichen Schiss davor, weil ich nicht genau weiß, ob ich alles richtig mache. Ich habe Angst vor Spinnen, aber keine Angst vor Schlangen. Ich finde mich zu klein. Mein Vater hat immer gesagt, ich sei ein halber Kerl. Ich habe oft darüber nachgedacht, ob ich vielleicht lesbisch bin. Bin ich aber nicht. Ich finde zwar Frauen erotischer als Männer, aber wenn ich an Sex denke, denke ich an Männer. Meine Uroma und ich sind seelenverwandt. Wir sind ständig einer Meinung. Ich glaube, ich bin meine Uroma, nur Jahrzehnte später geboren. So. Nun weißt du alles. Jetzt du!«

In meinen Fingerspitzen fängt es an zu kribbeln. Das Kribbeln wird immer stärker. Als wären meine Hände eingeschlafen. Hätte mich bis vor fünf Minuten jemand gefragt, was ich für Tina empfinde, hätte ich geantwortet, dass ich mich in sie verliebt habe. Würde mich jetzt jemand fragen, würde ich antworten: Ich liebe sie. Das, was in meinen Händen prickelt, ist nichts weiter als pure Liebe. Liebeslava. Ich gehe auf alle viere, strecke mich über die Spaghettischüssel zu ihr vor und küsse sie, bis ich fast das Gleichgewicht verliere. Dann rutsche ich über das Geschirr hinweg zu ihr hin. Nehme ihr Gesicht in beide Hände und sehe sie an und drücke ihr Gesicht an meine Brust, mit einer Kraft, die ich kaum steuern kann. Wir stehen auf, setzen uns aufs Bett. Keiner von uns spricht. Sie legt die Hand auf mein Knie, ich lege meine Hand auf ihres. Wir küssen uns wieder. Lassen uns rücklings aufs Bett fallen. Ich knöpfe ihre Jeans auf. Sie zieht sie sich aus, die Beine nach oben gestreckt. Sie knöpft meine Jeans auf. Ich ziehe sie mir aus. Sie streift sich den Pulli über den Kopf, dann das Shirt, das sie darunter trägt. Ich nehme sie an der Schulter, drehe sie so, bis sie mit dem Rücken zu mir sitzt. Löse die Häkchen ihres BHs. Sie hat Gänsehaut. Ganz fein. Ich nehme die wollene Sofadecke, die zusammengefaltet auf dem Bett liegt, und lege sie ihr über die Schultern. Dann ziehe auch ich mich ganz aus. Wir schlüpfen nackt unter die Bettdecke. Es dauert eine Weile, bis Tina richtig feucht ist. Erst finde ich den Eingang nicht.

Irgendwann geht es, und ich bin in ihr. Ich hole Luft und bewege mich sanft. Einmal, zweimal, dreimal. Sie stöhnt nicht. Sie schließt auch nicht die Augen. Sie verzerrt ein bisschen das Gesicht. Ich habe Angst, ihr wehzutun. Ich frage sie, ob ich ihr wehtue. Sie sagt nein, aber es sieht anders aus. Ich bewege mich weniger, ich bleibe fast stehen. Ich will kommen. Ich will, dass sie kommt. Ich möchte, dass sie stöhnt, nicht ganz so laut wie in Svens Pornos, aber schon ein bisschen. Ich küsse sie auf den Mund, ich lasse mich fallen. Es ist vorbei. Tina scheint froh zu sein, es hinter sich zu haben. Sie schmiegt sich an mich. Ich nehme sie in den Arm. Ich küsse sie auf die Stirn.

»Ich glaube, wir müssen noch üben.«

Ich bewundere ihre Ehrlichkeit. Ich bewundere ihren Mut.

»Ja«, sage ich. »Das müssen wir. Dringend. Jeden Tag. Mehrmals.«

Sie küsst mich auf den Mund. Ein langer, intensiver Kuss, der nicht nach meinen Geheimnissen fragt.

33

Über Nacht war der Föhn gekommen und hatte den Schnee auf ein paar Inseln zusammengeschmolzen. Die Gehwege waren voller Streukiesel, die in den Rillen der Schuhsohlen hängenblieben. Die Sonne schien auf den Dreck des Winters, als wolle sie eine Vorahnung davon geben, wie es in einigen Monaten wieder sein würde.

Ich war zum dritten Mal unterwegs zum Haus meines Vaters. Und dieses Mal war ich fest entschlossen, an der Haustür zu klingeln, zu fragen, ob ich mein Rad aus der Garage holen dürfte, und zu verschwinden. Als ich am Nachbargrundstück vorbeilief, hörte ich meinen Vater lachen, noch bevor ich ihn sah. Ich blieb stehen, linste durch die Hecke und beobachtete ihn mit seiner neuen Familie. Sie standen zu viert um etwas herum, das sie offenbar sehr erheiterte. Meinen Vater ganz besonders. Er grunzte vor Freude. Weniger wie ein Schwein, sondern wie einer, der versuchte, ein Schwein nachzuahmen. Früher hatte es mir gefallen, wie er lachte. Jetzt fand ich es peinlich. Dann machte mein Vater einen Schritt zur Seite, und ich sah, warum die Kinder so quiekten und die Neue vor Glück in die Hände klatschte. Es war ein flacher Korb mit zwei Welpen drin. Die Ohren lang. Das Fell hellbraun. Die Kinder bückten sich zu Boden, hoben jede ein Hundebaby in ihre Arme und schmiegten sich an sie. Mein Vater legte den Arm um die Neue, zog sie zu sich heran und grunzte und grunzte. Ich konnte nicht glauben, was ich sah. Mein Vater hasste Hunde! »Hast du mal einen Hund gerochen, auf den es geregnet hat, Adam?«, hatte er damals zu mir gesagt, als ich mir nichts sehnlicher wünschte als einen Beagle. Ich hatte mir vorgestellt, mit ihm Gassi zu gehen, ihm neben dem Wintergarten eine Hütte zu bauen und ihn abends mit ins Bett zu nehmen. Ich hatte alles versucht, um meine Eltern von der Idee zu überzeugen. Ich hatte sie emotional erpresst. Hatte ihnen gesagt, ich fühlte mich einsam, weil ich keine Geschwister hätte. Ich hatte beteuert, sie müssten sich nie um den Hund kümmern, ich würde jeden Tag mit ihm Gassi gehen. Ich hatte ihnen erklärt, ich würde ihn abrichten gegen Einbrecher. Nichts hatte geholfen. Mein Vater war hartnäckig geblieben. Einmal, auf einer Almhütte bei einem Ausflug in die Berge, hatte er sogar nach einem Hund getreten, der ihn beschnüffelte. Und nun stand er strahlend auf der Terrasse, weil die zwei Mädchen ihr Glück kaum fassen konnten. Ich trat gegen eine der Mülltonnenboxen vor mir. Es schepperte. Was niemand bemerkte. Ich verließ mein Versteck und ging eilig, als schubste mich eine Windböe voran, zum Haus. Steuerte auf die Eingangstür zu, an der wieder das alberne Familienschild prangte, und drückte auf die Klingel. Es dauerte eine Ewigkeit, bis die Tür aufging. Dann stand die Neue meines Vaters vor mir. Ich konnte ihr nicht in die Augen sehen. Einerseits, weil ich mich schämte, wieder hier zu sein. Andererseits, weil ich befürchtete, ihr sonst eine reinzuhauen. Sie dafür zu bestrafen, dass sie den Platz meiner Mutter eingenommen hatte und noch dazu behauptete, meine Mutter sei selbst schuld daran. Ohne sie anzuschauen, sagte ich, dass ich mein Rad abholen wolle. Sie antwortete nicht, rief stattdessen nach meinem Vater, der kurz darauf zur Tür kam.

»Hallo, Adam. Was kann ich für dich tun?«

»Ich möchte das Fahrrad holen. Ich brauche es«, presste ich hervor.

»Komm erst mal herein, dann holen wir das Fahrrad.«

Ich schüttelte den Kopf. Ich war überrascht, dass mein Vater plötzlich nett zu mir war. Dass er mich nicht so behandelte wie das letzte Mal, wie einen, der ihm auf den Sack geht. Ich musste mich zusammenreißen, um nicht loszuflennen. Im Hintergrund nahm ich die Neue wahr. Sie hielt das größere Mädchen im Arm. Das kleinere klammerte sich an ihrem Bein fest. Sie glotzten mich an wie jemanden, vor dem man Angst haben musste. Ich drehte mich um und rannte zur Garage. Mein Vater folgte mir. Ich zog den Öffner aus der Tasche und drückte den Knopf, bis sich das Tor bewegte. Ich drückte einmal zu viel, und statt weiter aufzugehen, schloss sich das Tor wieder. »Lass mich mal«, sagte mein Vater, der hinter mir stand und mir dabei zusah, wie ich mich zum Vollidioten machte. Ich schmiss ihm den Öffner vor die Füße. Den Haustürschlüssel behielt ich. Den sollte er nicht bekommen. Sollte er doch ein neues Schloss einbauen, wenn er sich vor mir sicher fühlen wollte. Mein Vater bückte sich und betätigte die Fernbedienung mit einer Ruhe, die mich noch mehr zum Idioten stempelte. Als das Tor endlich offen stand, rannte ich hinein, schnappte mir das Fahrrad und schob es hastig hinaus, wobei ich den Spiegel des SUVs rammte. Mein Vater bat mich, noch zu bleiben, er wolle mit mir reden, doch wenn ich eines nicht mehr wollte, dann das. Ich fuhr so schnell, bis der warme Wind sich kühl anfühlte und ich den Eindruck hatte, mich vor Anstrengung übergeben zu müssen.

Als ich in Mittersendling vor dem kleinen, modrigen Reihenhaus ankam, in dem Tom mit seinen Eltern lebte, war ich total durchgeschwitzt. Die Jeans klebten mir an den Beinen. Schweiß rann mir die Brust hinunter. Toms Mutter öffnete mir. Erklärte mir, Tom säße in seinem Zimmer und schreibe an einer Hausarbeit. Sie hätte ihn nicht stören dürfen, aber ich sei sicherlich willkommen.

Ich klopfte, bevor ich eintrat. Tom saß am Schreibtisch, den Laptop aufgeklappt, und hackte in die Tasten. Tom tippte nicht. Tom hackte. Bei Rap, der im Hintergrund lief. »Ich habe doch gesagt, ich möchte nicht gestört werden«, rief er, ohne sich umzudrehen. »Auch nicht von mir?« Tom gab dem Schreibtischstuhl einen Schubs und drehte sich mit ihm um, die Arme hinter dem Kopf verschränkt, ein verschmitztes Grinsen auf den Lippen. »Was machst du hier?«

»Und du? Was schreibst du da?«

»Etwas über das Verhältnis von Freiheit und Notwendigkeit bei Thomas Hobbes.«

»Und? Wie ist das Verhältnis so?«

»Das interessiert dich doch sowieso nicht.«

»Stimmt, aber ich brauche Ablenkung von der Kacke, die gerade bei mir passiert.«

»Sag bloß, du warst wieder stalken?«

»Nur mein Fahrrad holen.«

»Mit Vorwand stalken, also.«

»Die Teletubbies haben zwei Welpen gekriegt. Von meinem Vater!«

Tom wusste, was das für mich bedeutete. Wir hatten damals gemeinsam Strategien überlegt, um meine Eltern zu überzeugen, mir einen Hund zu kaufen. Die Idee mit der emotionalen Erpressung war von ihm gekommen.

»Der lässt aber auch nichts aus, dein Vater. Wahrscheinlich versucht er hundertprozentig anders zu sein, als er es mit dir und deiner Mutter war. Das ist so wie bei Menschen im Zeugenschutzprogramm. Die legen ihre Identität ab, um mit dem neuen Leben besser klarzukommen. Die sind gezwungen, ihre früheren Lebenswahrheiten zu ignorieren. Das ist psychologisch gesehen ziemlich krass. Deinem Vater hätte ich ehrlich gesagt mehr zugetraut. Aber es ist auch naheliegend und scheint für ihn zu funktionieren. Sieh es doch so: Dein Vater ist eine arme Socke mit viel Geld. Und du bist inzwischen alt genug, dir selbst einen Hund zu besorgen. Du brauchst die Erlaubnis deines Vaters nicht mehr. Nur die von Sven.«

Es klopfte an der Tür. Tom antwortete nicht. Ignorierte es einfach. Es klopfte noch einmal. Lauter diesmal. »Was ist?«, rief er genervt in Richtung Tür. Toms Mutter trat ein. Hielt ein Tablett mit Nussschnecken und Tee in der Hand. Stellte es auf das Tischchen vor Toms Bett ab. »Danke«, sagte ich und nickte ihr freundlich zu. Tom sagte nichts. Komplimentierte sie nur mit einer Handbewegung nach draußen. An der Tür blieb Toms Mutter stehen. Sah mich an. »Tut mir leid, dass deine Eltern sich getrennt haben. Wenn du was brauchst, kannst du jederzeit zu uns kommen.«

Tom lachte übertrieben laut auf. Ein verächtliches Lachen.

»Danke«, sagte ich wieder. Jetzt war sie es, die mir freundlich zunickte, bevor sie die Tür von außen schloss.

Ich wendete mich Tom zu. »Für meinen Vater hast du Verständnis. Ganz egal, wie er sich verhält. Deine Mutter hingegen behandelst du, als hätte sie die Pest.«

»Meine Mutter ergötzt sich am Leid anderer. Sie ist nur gekommen, um zu spionieren. Die Nussschnecken sind Tarnung.«

»Du hast echt einen Knall.«

»Kann sein. Aber wenigstens weiß ich, warum unsere Familie nicht funktioniert. Was da schiefgelaufen ist. Bei deinen Eltern bleibt es ein Rätsel. Ich kenne niemanden, der so gut zusammengepasst hat wie deine Eltern. Deine Mutter ist bombe. Die verlässt man doch nicht einfach so. Und außerdem haben die sich richtig geliebt. Das hat man gesehen. Es ist schon fies das alles. Trotzdem: Du musst jetzt mal damit klarkommen.«

Ich nahm mir eine Nussschnecke vom Teller. Die Tarnung war klebrig und schmeckte süß. Ich tunkte sie in eine Tasse mit heißem Tee, ließ den aufgeweichten Teig in meinen Mund fallen. Tom hatte recht. Ich musste damit klarkommen, dass meine Eltern es versaut hatten.

34

»Sie hat sich auch in mich verliebt«, sage ich, noch bevor sie mich fragen kann, wie es mir geht. Seit gestern Abend fühle ich mich erwachsen. Als hätte ein neues Leben begonnen. Zum ersten Mal bin ich froh darüber, nicht mehr mit meinen Eltern zusammenzuleben. Für mich selbst verantwortlich zu sein. Nach Hause zu kommen, wann ich will. Zu essen, was ich will. Aufzuräumen, wann ich will. Ich möchte Medizin studieren. So wie ich es vorhatte, bevor ich ausgerastet bin. Das Abi dazu habe ich. Eins Komma drei. Ich hätte noch besser sein können, wenn ich meinem Vater weniger oft nachspioniert hätte.

Immer wieder muss ich daran denken, dass Tina und ich Sex hatten. Dass wir wieder Sex haben werden. Sooft wir wollen. Auf dem Weg zu Frau Dr. Dr. habe ich die Menschen auf der Leopoldstraße beobachtet, die Touristen, die durch die Geschäfte zogen, und selbst das hat mich irgendwie glücklich gemacht. Die Schwere der letzten Monate – verschwunden. Ich habe sogar meiner Mutter eine SMS geschickt. Sie gefragt, wie es ihr geht und ob wir mal wieder telefonieren. Sie hat sofort geantwortet. Sie will nach München kommen. Nächste Woche.

»Es freut mich für Sie, dass sie sich auch in Sie verliebt hat«, sagt Frau Dr. Dr. »Spüren Sie das oder wissen Sie es?«

»Ich weiß es. Sie hat es mir gesagt. Wir sind jetzt zusammen.«

»Das ist eine schöne Nachricht. Man sieht Ihnen an, wie

glücklich Sie darüber sind. Weiß Ihre Freundin denn auch, was vorgefallen ist?«

War ja klar, dass sie den Finger in die Wunde legen muss. Macht nichts. Das Leben ist geil.

»Da Sie mir nicht antworten, gehe ich davon aus, dass Ihre Freundin nichts davon weiß, richtig?«

Frau Dr. Dr. hat ein orangenes Tuch in ihre Pudellocken eingearbeitet. Es sieht aus wie eine Krone, nur dass statt Zacken auf dem Kopf ein paar Fransen in die Stirn hängen.

»Hat das Tuch in Ihrem Haar eine religiöse Bedeutung?«

»Sie lenken ab, Adam.«

Schon gut. Was soll's. Deswegen bin ich ja hier. »Sie hat mitbekommen, dass ich Feuer gelegt habe. Tom hat gequatscht. Sie weiß aber nicht, was ich angezündet habe. Und dass zwei Welpen dabei draufgegangen sind. Zufrieden?«

»Wann wollen Sie ihr das denn sagen?«

»Gar nicht.«

Frau Dr. Dr. nimmt den Kugelschreiber zur Hand, den sie sonst zwischen Zeige- und Mittelfinger rotieren lässt, und macht sich eine Notiz in ihr Buch. Bestimmt so was wie: Keine Einsicht. Reue noch nicht vollständig vorhanden. Nicht bereit, mit seiner Tat offen umzugehen. Gefährdung! Möglichkeit einer Wiederholungstat gegeben.

»Woher kommt die Beule an Ihrem Kopf?«

»Wie stellen Sie sich das vor? Ich kann es ihr nicht sagen.«

»Ich verstehe das. Sie haben Angst, Ihre Freundin könnte Ihnen den Rücken zudrehen, wenn sie erfährt, was vorgefallen ist.«

»Nein, eigentlich nicht. Aber es ist halt megapeinlich. Vielleicht sage ich es ihr irgendwann mal. Später, wenn sie mich gut genug kennt und weiß, dass ich anders bin.«

»Anders als wer?«

»Als der Typ, der das gemacht hat.«

Wieder schreibt sie was in ihr Notizbuch.

»Was schreiben Sie da?«

»Ich notiere mir, dass Sie ihr jetziges Ich nicht mit dem Ich in Übereinstimmung bringen, das kriminell geworden ist.«

»Und ist das jetzt gut oder schlecht?«

»Nun, es zeigt, dass Sie sich von dem, was Sie getan haben, distanzieren. Einerseits ist das gut, weil Sie die Brandstiftung mit Todesfolge an zwei Hunden nicht als eine Handlungsmöglichkeit sehen, die legitim ist, um mit Frustration oder Stress klarzukommen. Andererseits tun Sie sich schwer damit, einen Teil Ihrer Vergangenheit anzuerkennen. Glauben Sie nicht, dass Ihre Freundin ein Recht darauf hat zu erfahren, was Sie getan haben?«

»Doch. Schon. Aber ich muss ihr ja nicht gleich am Anfang die ganze Story reindrücken. Man darf ja wohl noch ein paar Geheimnisse haben voreinander.«

»Apropos Geheimnisse: Wie haben Sie sich nun die Beule am Kopf zugezogen?«

»Sie hat mich geküsst, danach ist mir dieses Teil hier gewachsen.« Ich deute auf die Beule und kreise mit dem Finger ein paarmal drum herum.

Frau Dr. Dr lächelt. Zum ersten Mal heute. »Ich verstehe«, sagt sie.

»Sie verstehen viel.«

»Das ist mein Job.

35

Tom wollte unbedingt in meinen achtzehnten Geburtstag hineinfeiern. Ich hatte keine Lust dazu. Was Tom ignorierte. Er zwang mich, mit auf die Party einer Kommilitonin zu kommen, die er »ganz interessant, wenn auch ein bisschen arg verspielt« fand. »Wenigstens auf ein, zwei Bier. Musst ja nicht bis zwölf bleiben. Können meinetwegen auch das Ende deines Siebzehnten begießen.« Ich wusste, dass Tom nicht wirklich wegen mir auf die Party wollte, sondern wegen dieses Mädchens. Ich ließ mich trotzdem überreden.

Die Kommilitonin wohnte nicht weit von ihm entfernt. Neben den Sozialwohnungen entlang der Gleisstrecke, aber noch vor den Schrebergärten, die zu dem langen Wohnblock an der Hauptstraße gehörten, der aussah, als würde dort regelmäßig das Militär patrouillieren. Sie lebte in einer WG mit zwei anderen Mädchen. Alle drei waren groß, brünett und hatten einen Pferdeschwanz. Sie waren kaum voneinander zu unterscheiden. Hanni, Nanni und Fanni. Ich vergaß auch sofort wieder, welche der drei diejenige war, die Tom ganz interessant fand.

Die Party fand hauptsächlich auf dem langgezogenen Balkon statt, der auf einen begrünten Innenhof rausging, in dem so viele Wäschetrockengerüste standen, dass sie auch eine Kunstinstallation hätten sein können. Ich nahm mir ein Bier aus dem Gemüsefach des Kühlschranks und trottete Tom hinterher, der sich auf den Balkon zu den anderen quetschte, die entweder rauchten oder tranken oder beides zusammen. Der

Qualm sammelte sich unter der ausgefahrenen Markise, die den Nieselregen, der am frühen Abend eingesetzt und den Winter zurückgebracht hatte, von der Party ausschloss. Ich kannte niemanden und fühlte mich nicht wohl. Wahrscheinlich war ich der Einzige, der noch zur Schule ging. Zu Tom wollte ich mich nicht stellen. Er war in ein Gespräch mit Hanni vertieft, die sich ständig durchs Haar fuhr und versuchte, Locken in eine Strähne zu drehen. Also lehnte ich mich an die Hauswand und tat so, als wartete ich auf jemanden, der gerade auf der Toilette war oder sich etwas zu trinken besorgte. Ich wusste nicht, wohin mit meinen Händen, und nahm deswegen ständig einen Schluck aus der Flasche. Als das Bier alle war, holte ich mir gleich zwei neue aus der Küche, in der zwei Typen und ein Mädchen herumstanden und mich angafften, als käme ich vom Mars. Schnell stellte ich mich wieder an die gleiche Stelle auf dem Balkon. Zählte zwischen den Schlucken, die ich nahm, die Wäschegerüste im Hof. Im ganzen Innenhof gab es acht davon. Fünf Wäscheleinen waren von Metalltor zu Metalltor gespannt. Am dritten Gerüst von links fehlten zwei Wäscheschnüre, weshalb insgesamt nur achtunddreißig Wäscheleinen gespannt waren. Am vierten Gerüst von links hing an der dritten Schnur eine Socke. Ich zählte auch die Fenster des gegenüberliegenden Wohnblocks, der drei Eingänge hatte. Jeder Eingang führte zu fünf Stockwerken, auf denen links und rechts vom Treppenhaus jeweils vier Fenster zu sehen waren. Siebzehn Fenster waren erleuchtet. Theoretisch konnten die Bewohner von dreißig Wohnungen zuschauen, wie wir Party machten. Wenn in einer Wohnung jeweils zwei Personen lebten, stand jeder Person ungefähr eine halbe Wäscheleine zur Verfügung. Da der Wohnblock, in dem ich gerade einen Schluck aus der Flasche nahm, dem anderen baugleich war und sich die Bewohner beider Blöcke die Wäschegerüste teilten, schrumpfte der Anteil auf etwa eine viertel Wäscheleine pro Person. Was ich dann doch nicht so viel fand.

Nach dem dritten Bier wurde plötzlich das Fenster neben mir geöffnet. Es gehörte zu einem der WG-Zimmer. In der Spiegelung der Scheibe konnte ich erkennen, dass auf einem Bett mindestens vier Mädchen lagen und quatschten. Ich konzentrierte mich darauf zu verstehen, was sie sagten, um wieder eine neue Aufgabe zu haben.

»Ich drücke oft schon die Spülung, bevor ich aufgehört habe zu pinkeln, damit die, die draußen stehen, nicht hören, wie lange ich pinkeln muss.«

»Ich auch! Ich setze mich auch nie auf die Klobrille. Finde ich voll eklig. Deswegen hört man den Pissestrahl auch immer extra laut. Ist mir total peinlich, wenn das zu lange geht. Ich muss aber auch immer brunzen wie ein Pferd, sobald ich Alkohol trinke.«

Ich musste lachen. So laut, dass alle, die auf dem Balkon standen, innehielten. Aus meinem Mund kamen Grunzlaute, wie ich sie von meinem Vater kannte. Tom schälte sich aus seinem intensiven Gespräch mit Hanni heraus und kam auf mich zu. Packte mich am Arm und fragte, ob ich jetzt völlig durchdrehe. Ein Mädchen beugte sich aus dem Fenster, tippte mir auf die Schulter und schwang seine ultrakurzen Beine, die in Stiefeln mit ultrahohem Absatz steckten, über das Fenstersims. Ich musste nur noch mehr lachen. Kratziger jetzt. Mit Husten dazwischen. Ich stellte mir vor, wie das Mädchen, das echt mini war, die Spülung drückte, während es pisste. Wie es in diesen Stiefeln in der Hocke über dem Klo stand und sich verrenkte, um die Klospülung zu ziehen, bevor es ausgepisst hatte. Ich bekam kaum Luft vor Lachen. Setzte mich zu Boden, auf die kalten Fliesen. Immerhin bewegten sich die Leute wieder. Das Mädchen aus dem Zimmer kniete sich neben mich. Und Tom verschwand.

»Brauchst du ’ne Plastiktüte? Zum Einatmen? Ich meine, bist du so einer, dem man eine Tüte über den Kopf ziehen muss, weil du hyperventilierst?« Ich nickte und lachte weiter, ohne verstanden zu haben, was sie von mir wollte. Das Mädchen, kaum größer als ein Baumstumpf, stand auf und ging weg. Kam wieder und hatte tatsächlich eine Plastiktüte in der Hand, die sie mir hinhielt. Ich nahm sie und legte sie neben mich. »Passt schon, ich krieg mich schon wieder ein«, sagte ich, so ruhig es ging.

»Wie heißt du?«, fragte sie.

»Adam.« Ich sah mich um. Keiner schaute mehr auf mich. Die Show lief weiter wie zuvor. Die Zigaretten glimmten. Das Bier lief in die Kehlen. Der Nieselregen nässte die Markise.

»Möchtest du gar nicht wissen, wie ich heiße?«

Ich zuckte mit den Achseln.

»Sehr freundlich. Hast du was eingeschmissen oder bist du immer so schräg drauf?«

»Wie viele Wäscheleinen pro Person stehen den Bewohnern dieser Wohnanlage und denen von gegenüber zur Verfügung, wenn in jeder Wohnung zwei Personen leben? Was schätzt du?«

»Okay. Du bist von Natur aus schräg drauf und hast zusätzlich noch was eingeschmissen.«

»Also, was denkst du?«

»Ich denke, wir sollten von hier abhauen. Tanzen gehen.«

Wir fuhren in die Stadt mit zwei Wegbieren im Gepäck, die wir unterwegs tranken. Auf dem Fahrrad. Das Mädchen, dessen Name ich nicht kannte, wusste ganz genau, wohin es zum Tanzen wollte. Ich radelte hinter ihr her, hielt an, wenn sie anhielt, fuhr weiter, wenn sie weiterfuhr. Es regnete jetzt stärker. Wir wurden nass. Es war immer noch ziemlich kalt. Es war mir egal. Dem Mädchen offensichtlich auch. Ich hatte keine Ahnung, wo wir waren, als sie irgendwann langsamer wurde und auf eine Straßenlaterne zurollte, an die sie ihr Mountainbike kettete. »Soll ich dir mal meine Wundertasche zeigen?«, sagte sie und hielt eine kleine, braune Umhängetasche hoch, die mir vorher nicht aufgefallen war.

»Und was ist mit der?«

»Da kriege ich genau sechs Beck's und ein Feuerzeug rein. Bekommt da drin niemand mit, weil die auch Beck's verkaufen. Und den Türsteher kenne ich. Mit dem hatte ich mal was. Ist schon etwas her. Der lässt uns jedenfalls so rein, ohne Eintritt.«

Ich sah auf die Tasche. Kaum vorstellbar, dass da drin sechs Flaschen sein sollten. »Und warum schleppst du Bier mit dir rum und holst dir nicht drinnen eines?«, lallte ich und spürte zum ersten Mal den Alkohol.

»Hast du 'nen Geldscheißer? Also ich jedenfalls nicht.«

Sie drehte sich um und ging ein paar Meter die Straße hoch, bog um die Ecke und war weg. Ich schloss mein Rad an und beeilte mich, sie einzuholen. Sie stand auf einer Treppe und begrüßte einen Typen mit Hut, der am Treppengeländer lehnte und rauchte. Der Typ sah nicht aus wie ein Türsteher. Eher wie jemand, der gerne auf der Bühne stehen und Gitarre spielen würde.

»Das ist Adam.« Das Mädchen zeigte auf mich, als ich auf sie zukam.

»Ein bisschen jung für dich, findest du nicht?«

»Halt die Klappe, Charly. Deine Ladys werden auch nicht älter, oder?«

Ich senkte die Augen. Ich konnte es nicht ausstehen, von dem Typen angeglotzt zu werden, so von oben herab.

»Geht mich ja nichts an, wer dir den Arsch wärmt.« Der Typ presste ein Lachen heraus.

»Haha. Sind wir mal wieder lustig, Charly.«

»Immer doch. Immer doch. Kennst mich ja.« Er zog die Mundwinkel nach oben und fuhr sich mit der Zunge über die Lippen.

»Also, was ist jetzt?« Das Mädchen stemmte die Arme in die Hüften und legte den Kopf schief.

»Du kriegst doch immer, was du willst, Süße. Aber lass dich bloß nicht dabei erwischen, wenn du deinen Wunderbeutel auspackst.« Der Typ nahm einen tiefen Zug von seiner Zigarette und schnippte sie weg. Sie landete in einer Pfütze. Dann ging er zum Eingang, der nur vom Licht der Straße beleuchtet wurde, schnappte sich einen Stempel von einem Tisch voller Flyer und drückte uns ein Rechteck auf den Unterarm. In dem Rechteck stand etwas, das ich nicht entziffern konnte. Das Mädchen gab dem Typen einen Kuss auf den Mund, nahm mich an der Hand, zog mich die steile Treppe hinunter und einen engen Gang entlang und hinein in einen düsteren Raum, in dem Menschen tanzten. Große Lichtquadrate flackerten über die Wände, flossen aufeinander zu und voneinander weg. Es war stickig. Es roch nach Parfum und Schweiß und Alkohol und Kunstnebel. Überall standen Leute. Lehnten an Säulen. Drängten sich um die Theke, hinter der eine Frau oder ein Mann, in jedem Fall kahlrasiert, mit Einschusslöchern in den Ohren und Granatsplittern im Gesicht Cocktails mixte. Das Mädchen zog mich zu sich herunter und brüllte mir etwas ins Ohr, das ich nicht verstand. Der Bass war so kräftig, dass er meinen Herzschlag durcheinanderbrachte. Ich wurde unruhig. Meine Beine zuckten, meine Finger nestelten an den nassen Jeans herum, ohne dass ich es wollte. Mein Kopf fühlte sich an wie eine bombastische Lautsprecherbox. Ich zog meine Pilotenjacke aus und deponierte sie auf einer Sofalehne im hintersten Eck, zwängte mich dann durch die Menge zur Tanzfläche. Stellte mich mittenrein in den Nebel und bewegte mich, als jagte mir jemand hundert Volt durch den Körper. Ich schloss die Augen und ließ mich in die Musik fallen. Wurde aufgefangen von einer sanften melodischen Welle und gleich darauf erneut durchgerüttelt vom Beat. Als ich die Augen öffnete, blickte ich direkt auf den Hals einer grünen Flasche, die mir vors Gesicht gehalten wurde. Ich griff danach und stillte meinen Durst auf ex, während das Mädchen mit der Wundertasche an mich herantanzte und seinen kleinen Körper an mir rieb. Meine Jacke irgendwo im Dunkeln. Mein Handy. Mein Geld. Egal. Ein Tequila. Weiß, mit Salz und Zitrone. Und noch einen. Das Mädchen, immer da, immer etwas in der Hand. Ein Bier. Einen Wodka. Einen Tequila. »Ich geh mal brunzen.« Und weg war sie. Der Nebel roch. Nach Vanille. Was glotzte der Typ da vorn so? Ich musste die Lichter fangen. Wenn ich es schaffte, immer dort zu sein, wo das Licht aufblinkte, Jackpot. »He!« Ellenbogen in den Rippen. Doofe Tusse. Ich brauchte noch ein Bier. Wo war das Mädchen? Da, die Wundertasche schlaff am Körper. Egal. Kleines Mädchen, weiche Lippen. Kaugummi. Ich kaute ihren Kaugummi. Nass. Weich. Die Hand am Bauch. Ich musste mich festhalten. Wo ist die Reling? Karussell. »Wo ist das Klo?« Das Mädchen zog mich. Die steile Treppe. Schwarz. Wände schwarz. Augen schwarz. »Ich hab dir doch gesagt, der ist zu jung für dich! Verträgt noch nichts.« Gelächter. Die Pfütze. Die Nussschnecke. Kalter Boden. Kalt war gut. »Ich leg mich mal kurz hin.« – »Spinn nicht rum. Hey Charly, kannste mal kurz kommen und aufpassen? Ich hol nur seine Jacke.« Wirklich mini, die Maus. Minimaus. Ich war mit Minimaus unterwegs. Musste ich Tom erzählen. »Ausgekotzt? Kannst du fahren? Wo wohnst du?« Nur noch ein bisschen liegen. »Komm hoch! Wo wohnst du denn?« Streng jetzt, die Minimaus.

»Harlaching.«

»Und wo da?«

»Menterschwaige, da um die Ecke.«

»Geht's?«

»Weiß nicht.«

»Wir probieren's. Wenn's nicht geht, ruf ich 'n Taxi.«

»Lieber gleich Taxi.«

»Lieber nicht. Geld ist weg.«

»Ich hab.«

»Nö. Ist weg, sag ich doch. Schau nur auf meinen Hinterreifen und fahr mir nach.«

Die Straße glänzte. Nass. Silbrig. Die Straßenlaternen, Lichter von Monden, die sich auf dem Boden spiegelten. Am Himmel, groß und rund, der Papa-Mond. Schwebte über allem und kühlte mit seinem Schein die Luft fast bis zum Gefrierpunkt. Die Reifen ihres Mountainbikes breit. Eine Spur, kleine Bläschen auf Asphalt. Von Mond zu Mond. Ich fuhr in der Spur des Mädchens. Wasser tropfte vom Schutzblech, an dem ein rotes Licht blinkte. Schneller, als ich atmen konnte. Wir waren allein. Die Stadt tot. Nass, grau, tot. Auch die Ampeln auf Stand-by. Es gab nur Minimaus und mich. Sie bog zur Isar ab. In die dunklere Nacht. Ich konnte die Fahrradspur nicht mehr sehen. Nur noch das rot blinkende Licht. Viel kälter hier. Ist es dir zu heiß in der Bar, geh an die Isar! Ist es dir zu kalt im Wald … – ne, klappte nicht. Der Kiefer tat mir weh. Wo waren eigentlich meine Handschuhe? Bald zu Hause. Den Berg rauf.

»Und jetzt?«

Schnaufen. Eine Atemwolke vor dem Gesicht.

»Noch geradeaus, da vorne dann links rein und ganz durch.«

Wir standen vor dem Haus. Ich kramte die Schlüssel aus der Hosentasche. Die Welt drehte sich wieder, normal jetzt. Vogelgezwitscher, als gingen gerade die Knospen auf.

»Du bist ja ein richtiges Reichensöhnchen. Nicht schlecht. Hättest mir vorher mal sagen können. Ich hätte mich schon auf einen Schampanninger einladen lassen. Wohnst du hier mit deinen Eltern?«

Erst jetzt wurde mir klar, wo wir waren. Dass ich automatisch nach Hause gefahren war, obwohl ich nicht mehr dort lebte. An die WG hatte ich nicht einmal gedacht, sie hatte nicht existiert.

Aber jetzt wieder zurück in die Stadt? Ich fror. Ich musste aufs Klo. Ich wollte ins Bett. Und ich wollte ihr nicht sagen, dass ich doch nicht hier lebte. Nicht mehr hier lebte.

»Ja, aber wir müssen ganz leise sein. Ich habe noch zwei kleine Schwestern. Meine Mutter hat einen Mickymaus-Schlaf. Die wacht sofort auf, wenn sie was hört.«

»Geht klar.«

Mickymaus-Schlaf, das verstand meine Minimaus. Damit kannte sie sich aus.

Ich öffnete die Tür und entschied sofort, mit ihr ins Atelier zu gehen. Ich hatte keine Ahnung, was mein Vater daraus gemacht hatte. Ob es eine Möglichkeit gab, sich hinzulegen. Aber das Atelier schien mir der sicherste Ort im Haus zu sein, nicht erwischt zu werden. Leise ging ich die Stufen hoch, dem Mädchen voraus. Als wir im ersten Stock ankamen, brannte zwischen meinem Zimmer und dem Schlafzimmer meines Vaters ein Lämpchen. Es steckte in der Steckdose und tauchte den Boden in gelbes Licht. Wahrscheinlich für die Teletubbies, wenn sie aufs Klo mussten und Angst bekamen. Die Tür zum Kinderzimmer war angelehnt, die zum Schlafzimmer meines Vaters auch. Ich hielt die Luft an. Ich wusste, an welchen Stellen der Boden knarzte. Wo ich hintreten musste. Minimaus wusste es nicht. Sie kicherte hinter mir. Klackerte mit ihren Absätzen auf den Treppenstufen und fiel bei der obersten direkt vor mir auf die Knie. Mir wurde schlecht, wenn ich nur daran dachte, dass mein Vater oder die neue Frau wach werden könnten. Ich hörte, wie jemand sich im Bett umdrehte. Ich legte den Zeigefinger auf die Lippen. Auf einmal war ich nüchtern. Als hätte ich keinen Schluck getrunken. Ich half dem Mädchen auf die Beine, hielt seine Hand fest. Wir schlichen nach oben. Ich drückte die Türklinke herunter und öffnete die Tür, knipste kein Licht an. Es war nicht nötig. Papa-Mond schickte uns genügend Schein durch die Dachfenster. Ich sah mich um. Scannte das Atelier. Auf der einen Seite war ein großer Schrank, ein Spiegel mit einer Stange davor, zwei Isomatten und ein Gymnastikball. Auf der anderen Seite, unter dem Bullauge, stand ein Doppelbett. Die Kissen aufgeklopft. Das Bett gemacht. Wie im Hotel. Ich ging darauf zu, das Mädchen nach wie vor an der Hand. Es kam mir vor, als trottete ein Kind hinter mir her. Das Mädchen sah sich um, als ich seine Hand losließ und mich aus den Klamotten schälte, die am Körper klebten, als hätte ich in einer Badewanne gelegen. Ich ließ alles am Boden liegen, faltete die Bettdecke auseinander und schlüpfte hinein. Das Bett roch gut. Dicke weiche Bettwäsche. Frisch gewaschen. Ich wollte nur noch schlafen. Den Kopf ins Kissen bohren und gute Nacht. Jetzt konnte das Mädchen gehen. Warum war es eigentlich mitgekommen?

»Machst du Ballett?« Die Frage hallte durch den Raum.

»Psst, nicht so laut.«

»Machst du Ballett?«, wiederholte es flüsternd.

»Nö. Die Stangen gehören mir nicht.«

Das reichte dem Mädchen als Antwort. Es nickte und zog sich, ohne ein weiteres Wort zu sagen, aus. Ließ, wie ich, die Kleidung einfach auf den Boden fallen. Ich drehte mich auf die Seite und schloss die Augen. Endlich schlafen. Das Mädchen stieg über mich ins Bett. Ich sah es nicht. Ich merkte nur, wie die Matratze vor mir runtergedrückt wurde, als es ins

Bett stieg, und dann hinter mir. Statt auf seine Seite zu gehen, schmiegte es sich an mich. Umarmte mich von hinten. Seine Füße reichten mir gerade bis in die Kniekehlen. Seine Hand begann meine Brustwarze zu streicheln.

»Kriegst du überhaupt einen hoch bei dem, was du intus hast?«

Ich hatte noch nie mit einem Mädchen geschlafen. Es war nicht so, dass ich keine Lust dazu hatte. Ich war nur so erschlagen. Müde. Kraftlos. Aber es war eine Gelegenheit.

»Doch, glaube schon.«

»Dann lass mal sehen.«

Sie kletterte über mich. Legte ihre Hände über meinen Schwanz und nahm ihn in den Mund. Und Papa-Mond sah zu, wie ich in den frühen Morgenstunden meines achtzehnten Geburtstags meine Unschuld verlor.

36

Ich nehme mir fest vor, Tina zu erzählen, was an meinem Geburtstag vorgefallen ist. Frau Dr. Dr. übertreibt vielleicht ein bisschen, wenn sie meint, ich könne keine ernsthafte Beziehung zu Tina aufbauen, wenn ich es ihr verheimliche. Trotzdem ist es besser so. Bevor sie es von jemandem hört.

Wir sind bei mir verabredet. Ich stehe in der Küche und betrachte die Flasche Rosé, die ich im Supermarkt um die Ecke gekauft habe, nur wegen des Etiketts, das eine grazile Katze zeigt, die Schnauze himmelwärts gereckt, stolz, als stünde sie über allem. Das genaue Gegenteil von Pecorino, der hoffentlich heute Abend zu Hause bleibt. Weil es sich bei unserem Gespräch um eine »ernste Angelegenheit« handelt, wie Frau Dr. Dr. gesagt hat, kommt mir Wein passender vor als Bier. Ich nehme zwei Weingläser aus dem Regal und spüle den Staub darin aus. Sven hat Besuch. Von einer Frau. Älter als er und ich. Mindestens fünf Jahre. Ich habe sie vorhin hereingelassen, als Sven noch unter der Dusche stand. Sie sah nett aus, auch ein bisschen prollig, blondierte Haare, aber nicht unsympathisch. Vereinzelt dringen Wortfetzen und Gelächter aus seinem Zimmer in die Küche. Sie scheinen sich gut zu verstehen. Ich hoffe, nicht zu gut.

Ich gehe mit dem Katzenwein und den Gläsern in mein Zimmer und setze mich aufs Bett. Schaue zum Fenster hinaus und warte, dass Tina kommt. Jede Minute, die vergeht, dauert eine Stunde. Je mehr Stunden vergehen, desto nervöser werde ich plötzlich. Was ist, wenn Tina meine Aktion so dämlich findet, dass sie nichts mehr mit mir zu tun haben will? Ich meine, sie war verdammt dämlich. Und dann auch noch die beiden Welpen. Kurz überlege ich, ob ich mit ihr schlafen soll, bevor ich mit ihr spreche, und verabscheue mich sofort für diesen Gedanken. In mir steckt ein Arschloch. Hätte mich vor einem Jahr jemand gefragt, ob ich das eher von meinem Vater oder von meiner Mutter habe, ich hätte geantwortet: von keinem der beiden. Das ist ein mir ureigener Charakterzug. Heute würde ich sagen: vermutlich von beiden. Jeweils nur das Beste von meinen Erzeugern.

Es klingelt. Dreißig Stunden später als verabredet. Als ich die Tür öffne, steht eine total verweinte Tina vor mir. Die Mascara ein einziges Rinnsal auf der Backe.

»Was ist passiert?«, frage ich und schließe sie in die Arme.

»Meine Uroma«, schluchzt sie und putzt Rotz und Tränen an meinem Shirt ab.

Ich bin mir sicher, dass die alte Schedel gestorben ist, und schließe Tina noch fester in die Arme, streichle ihr über den Rücken, lege eine Hand auf ihren Hinterkopf und drücke ihn sacht an meine Schulter. Ich möchte stark sein für sie. Ich möchte sie beschützen. Ihr die Traurigkeit nehmen. Dabei ist es einfach nur traurig. Die alte Schedel. Sie war eigentlich noch ganz gut in Schuss. Ich mochte sie wirklich gern. Und ohne sie hätte ich Tina nie kennengelernt.

»Ich wollte sie nur auf die Terrasse bringen, weil sie da oben unterm Dach fast eingeht vor Hitze. Und vor Einsamkeit. Ich habe gedacht, ich schaff das. Sie wiegt ja nichts. Ich habe sie überredet. Sie wollte eigentlich nicht, sie meinte, sie sei zu schwer für mich. Ich habe auf sie eingeredet und versprochen, dass ich sie heil in den Garten bringe. Und dann bin ich umgeknickt. Noch ganz oben. Auf der dritten Stufe. Keine Ahnung, wie das passiert ist. Sie ist mir aus dem Arm gefallen, wie eine Puppe, und die Treppe runter. Jetzt liegt sie im Krankenhaus. Schulter gebrochen und Oberschenkelhals. Sie hat geschrien vor Schmerzen. Es war schrecklich. Und ich bin schuld. Die Ärzte haben gesagt, sie wird schon wieder. Aber ich weiß, wie das ist. Meine eine Oma ist nach einem Oberschenkelhalsbruch nie mehr richtig gesund geworden. Von da an ging es bergab, und kurz darauf ist sie gestorben.«

Tina bricht in noch lauteres Schluchzen aus. Ein Schluchzen, das tief aus dem Bauch kommt und ihren ganzen Körper durchschüttelt. Ich halte sie fest umarmt, gebe ihr Halt und vergrabe die Nase in ihrem Haar. Sven und sein Besuch haben die Tür geöffnet und stehen fragend im Türrahmen. Ich flüstere »alles okay« in ihre Richtung und führe Tina an ihnen vorbei in mein Zimmer. Setze mich neben sie aufs Bett, halte ihre Hand, wische ihr die Tränen ab.

»Deine Uroma ist zäh«, sage ich. »Die haut so schnell nichts um. Du wirst sehen, sie erholt sich wieder.« Ich fahre mit dem Daumen über die Wimperntuschespuren, die inzwischen die Wangen geschwärzt haben. Ein verlorenes Mädchen aus dem Kohlebergwerk.

»Meinst du wirklich?«

»Ja. Deine Uroma hat noch eine Menge Kraft.«

Endlich der Ansatz eines Lächelns.

»Versprichst du mir das?«

»Ich kann es dir nicht versprechen. Ich kann dir nur versprechen, dass ich für dich da bin. Weil ich dich liebe.«

Es ist mir so rausgerutscht. Ich hatte nicht vor, ihr zu sagen, dass ich sie liebe. Aus Angst, es könnte zu früh sein. Ich könnte sie damit verschrecken. Doch Tina rückt an mich heran, ohne mich aus den Augen zu lassen. Sie sieht in mich hinein und nimmt meinen Kopf in beide Hände und gibt mir einen Kuss auf den Mund. Einen langen, warmen Kuss, ohne Zunge, nur Lippen auf Lippen. Weich und schön. Sie muss gar nichts sagen. Dann lacht sie, und ich lache mit. Ich bin froh, dass ich das gesagt habe. Und ich bin erleichtert, weil ich ahne, dass heute nicht der Tag ist, an dem ich ihr meine Geschichte erzählen werde.

»Lass uns spazieren gehen«, schlage ich vor. Und sie nickt.

Wir schlendern die Kapuzinerstraße vor zur Isar. Ich halte ihre Hand fest in meiner. Seit wir die Wohnung verlassen haben, haben wir nicht gesprochen. Wir müssen nicht sprechen. Es fühlt sich gut an, schweigend neben ihr zu gehen und der Stadt beim Leben zuzusehen. Es ist so, als bewegten wir uns durch eines dieser Wimmelbücher, die ich als Kind so geliebt hatte. Die Isarauen, eine einzige weite Spielwiese. An den Steinstufen bei der Wittelsbacherbrücke kein Platz mehr frei. Dicht gedrängt sitzen die Menschen da und schauen in Richtung Dreimühlenviertel, dort, wo die Sonne langsam untergeht und sich von ihrer spektakulärsten Seite zeigt. Sie hat den Himmel neonorangepink gefärbt, als wäre jemand, der weiß, was er tut, mit der Spraydose über den Horizont gefahren. Wir stehen auf der Brücke, neben der Reiterstatue. Tina vor mir, ich hinter ihr, die Arme um ihre Hüften geschlungen, das Kinn auf ihren Haaren abgelegt. Überall Hunde, Fahrradfahrer, Fußballspieler, Biertrinker, Gitarrenspieler, Spaziergänger, In-die-Isar-Springer, Flaschensammler, Eisesser. Wir sehen zu, wie sich der Tag verabschiedet und die Nacht erwacht, und dann nehmen wir uns wieder an den Händen und schlendern weiter. Über die Brücke und unter der Unterführung hindurch, stadteinwärts, dem Deutschen Museum entgegen, immer noch schweigend. Wir lassen uns treiben, zwei Herzen, die in der pulsierenden, warmen Sommernacht im Gleichklang schlagen. Erst als der Abendhimmel dem Sonnenuntergang Konkurrenz macht und die Sterne anknipst, beginne ich wieder zu sprechen. Weil mich eine Erinnerung durchfährt, die ich mit Tina teilen möchte. Ich war vielleicht vier Jahre alt, als ich mit meiner Mutter an einem Wintertag vom Spielplatz nach Hause ging. Es war schon dunkel. Der Mond schien voll, ich glaubte, sein Gesicht erkennen zu können. Sterne hatten mich nie groß interessiert. Nur der Mond. Wahrscheinlich, weil mein Vater eine Menge Bildbände über Astronomie und die Mondlandung im Regal stehen hatte, die mich faszinierten. Am meisten gefielen mir darin die Raketen und die Kosmonauten mit ihren Anzügen, vor allem aber das Foto von Laika, dem ersten Hund, der ins All flog. Doch an dem Tag, an dem ich mit meiner Mutter vom Spielplatz nach Hause ging, standen so viele Sterne am Himmel, dass ich sie nicht ignorieren konnte. Und da tat sich eine Verbindung in meinem Hirn auf. Ich verstand etwas, das mir Angst bereitete. Mein Vater hatte mir ein paar Tage zuvor erklärt, dass der Mond nicht so klein sei, wie es einem vorkomme. Dass er zwar kleiner ist als die Erde, aber trotzdem riesengroß. Ich weiß noch, wie ich meinen Vater fragte, ob der Mond auch herunterfallen und uns erschlagen könnte, wenn er auf uns drauffiele. Mein Vater nickte, versicherte mir jedoch, dass der Mond niemals vom Himmel fallen würde und ich mir deswegen keine Sorgen machen müsse. Ich wusste aber, dass Sterne herunterfallen können. Das hatten wir gelernt, im Kindergarten, und mindestens einem Stern einen Schweif verpasst, wenn wir Sterne malen sollten. Während ich an der Hand meiner Mutter heimging, inspizierte ich den Mond. Dann die Sterne. Ich verglich ihre Größe. Zwar waren die Sterne um einiges kleiner als der Mond. Aber wenn der Mond in Wirklichkeit riesengroß war, mussten die Sterne zumindest groß sein. Groß genug, um uns töten zu können, wenn sie auf uns drauffielen. Ich stellte mir vor, wie sich einer der Sterne vom Himmel löste und auf uns zugerast kam – und bekam eine Heidenangst. Ich zog an der Hand meiner Mutter und fragte, wann die Sterne eigentlich herabfielen. Und sie antwortete, dass man das nicht wisse, dass ein Stern jederzeit herunterfallen könne. Sie wollte noch mehr sagen, doch sie kam nicht dazu. Ich riss mich von meiner Mutter los und rannte, so schnell ich konnte, das letzte Stück nach Hause, während sie sich wohl fragte, welchen Turbo sie bei mir mit ihrer Antwort ausgelöst hatte.

37

Ich erwachte, weil ich Stimmen hörte. Kleine, schnelle Schritte. Ich setzte mich im Bett auf. Wusste sofort, wo ich war. Ich hatte geschlafen, aber nicht tief. Vielleicht zwei, drei, maximal vier Stunden. Mein Herz pochte in den Backenzähnen und zwischen den Augen, über der Nase. Meine Zunge klebte am Gaumen. Der Geschmack im Mund war unerträglich. Ich strich mit Daumen und Zeigefinger am Nasenbein entlang. Drückte den Schmerz nach außen, erfolglos. Es war noch nicht richtig hell draußen, aber kurz davor. Ich sah mich um. Suchte nach einer Flasche Wasser oder nach irgendetwas, das ich trinken konnte. Aber da war nichts. Das Mädchen neben mir schlief. Nackt. Eingerollt wie ein Kätzchen. Das Gesicht glänzend, als hätte man es mit Butter bestrichen. Ich zog die Bettdecke über die Schulter des Mädchens und stand auf. Schlüpfte in Unterhose und Shirt. Wie gerne wollte ich mich duschen. Mein erstes Mal wegwaschen, mit viel Seife und heißem Wasser. Es wieder rückgängig machen. Nicht, dass es nicht schön gewesen war. Aber ich hatte mir nie vorgestellt, dass mir beim ersten Mal ein Mädchen, so klein wie ein Zwergpony, zeigen würde, wie gut es auf mir reiten konnte.

Leise ging ich zur Tür. Horchte. Keine Schritte mehr, dafür glaubte ich Stimmen aus dem Erdgeschoss zu hören. Dann das Klacken der Eingangstür. Ich war mir aber nicht sicher. Lautlos drückte ich die Türklinke herunter, öffnete die Tür einen Spalt weit. Spähte hinaus. Horchte erneut. Nichts. Ich schlich mich ins Treppenhaus. Wieder nichts. Alles still. Ich ging die paar Stufen hinunter bis zu den bodentiefen, länglichen Fenstern, durch die man einen guten Blick auf die Einfahrt und die Garage hatte. Da sah ich sie. Die neue Frau und die beiden Kinder. Das größere mit einem Rucksack auf dem Rücken und einen der Welpen auf dem Arm, schmusend; das kleinere, eine Mütze mit angenähten Bärenohren auf dem Kopf und den anderen Welpen vor sich an der Leine haltend. Sie warteten offensichtlich auf meinen Vater, der gerade im Schneckentempo aus der Garage fuhr. Ich beobachtete, wie die neue Frau den Kindern die Hunde abnehmen wollte, um sie zurück ins Haus zu bringen. Was weder den Kindern noch den Hunden gefiel. Die einen weinten, die anderen fiepten. So lange, bis die Neue aufgab. Sie packte die Kinder, schnallte sie in den Kindersitzen auf der Rückbank an, nahm dann die Hunde zu sich auf den Schoß und zog die Beifahrertür zu. Mein Vater setzte den Blinker und bog nach rechts ab.

Besser hätte es nicht laufen können.

Erleichtert setzte ich mich auf die Treppenstufen, stützte meine Ellenbogen auf den Oberschenkeln ab und ließ meinen Kopf nach vorne fallen, die Augen gegen meine Hände gedrückt. Ich atmete tief durch und knetete meine Handballen fest in die Augenhöhlen hinein, bis bunte Flecken hinter meinen Augenlidern vorbeizogen. Ich hoffte, so das fiese Hämmern unter meiner Schädeldecke in den Griff zu bekommen. Wenigstens für einen Moment. Als ich so dasaß und mich auf das Kaleidoskop vor meinen Augen konzentrierte, fiel es mir auf. In meinem Suff hatte ich gar nicht an die Hunde gedacht. Ich war mit einem fremden Mädchen in das Haus meines Vaters geschlichen, ohne auch nur einen Gedanken an die Hunde verschwendet zu haben. Mit einem Schlag wurde mir schwindlig. Das Treppenhaus drehte sich, die Kraft wich aus meinem Körper. Was für ein Scheißglück, dass diese Scheißviecher nicht Alarm geschlagen haben, dachte ich mir immer wieder. Als das Treppenhaus aufhörte, sich zu drehen, stand ich auf und rannte, zwei Stufen auf einmal nehmend, zurück ins Atelier meiner Mutter. Es roch nach verbrauchter Luft und irgendwie nach Klebstoff.

»Hey.« Ich rüttelte das Mädchen einigermaßen sanft an der Schulter. Es entrollte sich, streckte sich quer über die Matratze aus. Öffnete die Augen und sah mich an. Kurz glaubte ich, es wüsste nicht, wer ich bin.

»Hey«, krächzte es mit Verzögerung. Ich konnte ihren trockenen Hals fast schmecken und musste schlucken. »Was ist los? Wie spät ist es? Ist doch noch mitten in der Nacht.« Die Stimme des Mädchens erholte sich allmählich, Satz für Satz.

»Meine Eltern mögen es nicht, wenn ich jemanden mitbringe, ohne es vorher besprochen zu haben«, log ich. »Sie sind gerade weggefahren, meine Schwestern in den Kindergarten bringen. Lass uns einen Kaffee trinken und dann abhauen, okay? Sonst kriege ich Ärger.«

»Shit, wo bin ich denn gelandet?«

»Komm schon!« Ich zog es an der Hand und aus dem Bett heraus. Das Mädchen sträubte sich erst. Machte dann aber mit. Drehte mir den Rücken zu, bückte sich zu den Klamotten, die verstreut am Boden lagen, und zog sich an. Ich öffnete eines der Dachfenster, ließ frische, kühle Luft herein, die ich aufsog. Machte das Bett. Faltete die Bettdecken so zusammen, wie ich glaubte, dass sie zusammengefaltet waren, bevor das Mädchen und ich uns hingelegt hatten. Ich schüttelte die Kissen auf und sah mich um. Nichts lag mehr herum, was mich verraten könnte. Bis auf ein paar Flecken auf der Matratze war alles wie zuvor. Ich strich noch einmal über die Bettdecken, dann schloss ich das Fenster wieder.

»Man könnte meinen, du bist hier eingebrochen«, sagte das Mädchen gähnend und setzte sich ans Fußende des Betts.

»Nicht!«, rief ich. »Ich habe das Bett doch gerade gemacht.«

Genervt stand das Mädchen auf und sah mich schräg von unten an. »Mir war ja gestern schon klar, dass du einen Vogel hast.« Sie tippte mit dem Zeigefinger gegen die Stirn. »Aber dass er so groß ist, hätte ich nicht gedacht.«

Ich zuckte die Achseln und bügelte mit den Handflächen das Bettlaken glatt.

Die Treppen stiegen wir hinab, ohne ein Wort miteinander zu sprechen. Am liebsten wäre es mir gewesen, das Mädchen hätte sich gleich von mir verabschiedet. Stattdessen lehnte es sich in der Küche gegen den Kühlschrank und sagte: »Mit Milch und Zucker, bitte. Und 'ne Aspirin, falls du eine parat hast.«

Ich nickte pflichtbewusst und suchte nach der Kaffeemaschine, die ihren Platz sonst immer neben dem Fenster hatte. Mein Vater war nie ohne Kaffee aus dem Haus gegangen. Und die Kaffeemaschine war sein ganzer Stolz gewesen. Er hatte sie sich in einem kleinen Laden gekauft, der auf Kaffeemaschinen spezialisiert war. Und er hatte dafür viel Geld ausgegeben, weil »man nicht genug dafür zahlen kann, dass der Tag genussvoll beginnt«. Aber die Kaffeemaschine war weg, an ihrer Stelle standen drei Blumentöpfe mit Orchideen und gafften uns mit ihren arroganten Blüten an. Ich öffnete den Küchenschrank, aus dem die neue Frau meines Vaters den Tee geholt hatte, als ich bei ihr war. Ich fand ein Glas mit entkoffeiniertem Pulver, das ich herausnahm und etwas davon in zwei Tassen gab, die ich der offenstehenden Spülmaschine entnahm. Im Wasserkocher war noch heißes Wasser, ich goss den Kaffee auf und reichte dem Mädchen eine Tasse.

»Zucker haben wir leider nicht. Aspirin auch nicht. Die Milch ist hinter dir, im Kühlschrank.«

»Keinen Zucker. Keinen richtigen Kaffee. Keine Aspirin. Voll der Gesundheitshaushalt hier, oder?«

Ich nickte wieder und verzog das Gesicht zu einem Lächeln.

Schweigend tranken wir den Pulverkaffee, die Tassen mit beiden Händen umklammernd, als wärmten wir uns nach einem Spaziergang im Schnee auf. Nachdem das Mädchen ausgetrunken hatte, reichte es mir die Tasse, und ich begleitete es zur Eingangstür.

»Also, mach's gut, kleiner Adam.«

Kleiner Adam! Wer hier klein war, war ja wohl klar. »Du auch«, antwortete ich. Das Mädchen drehte sich um und ging die Einfahrt herunter zum Gehsteig.

»Wie heißt du eigentlich?«, rief ich ihm nach.

Ich bekam keine Antwort.

Kaum war ich wieder in der Küche, beseitigte ich die Spuren. Spülte die Tassen aus und stellte sie zurück in die Spülmaschine. Sonst hatten wir nichts angefasst. Es wurde Zeit zu gehen und das Fahrrad von der Laterne abzuketten, bevor mein Vater oder die neue Frau es erkannten. Ich warf einen letzten Blick in die Küche und kippte noch schnell das Fenster, um den Kaffeegeruch rauszulassen, als die neue Frau meines Vaters angeschossen kam, als hätte sie etwas vergessen, und den Motor ihres Wagens in der Einfahrt abwürgte. Hektisch und weil mir nichts Besseres einfiel, rannte ich die Treppe in den ersten Stock hoch. Dort kniete ich mich vor das Treppengeländer, durch das ich den Eingangsbereich gut im Blick hatte, und wartete, was passierte. Vielleicht kam die Neue meines Vaters nur kurz zurück, um etwas zu holen, und ich konnte gleich abhauen, sobald sie wieder aus dem Haus war. Wenn nicht, würde ich mich verstecken müssen, bis die Luft rein war. Unten schwang die Tür auf und knallte gegen die Wand. Als Erstes tapsten beide Welpen rein. Sie bellten, so laut es ihnen möglich war, was eher nach dem Miauen von ausgewachsenen Katzen klang. Die Frau schien das zum Glück nicht zu irritieren. Sie versuchte, die Tiere zu beschwichtigen, indem sie in die Handtasche griff, ihnen etwas vor die Nase hielt und dabei immer wieder »ist ja gut« murmelte. Die Welpen beruhigten sich tatsächlich, fuhren mit der Zunge über den Boden, winselten, fiepten, schnupperten in die Luft. Zwei Wollknäuel, die aneinander Halt suchten und sofort die Treppe zu mir hochtapsten, kaum war die Neue in die Küche gegangen. Sie sprangen an mir hoch. Schnüffelten an mir rum, leckten mir die Hand. Sie freuten sich anscheinend, mich zu sehen. Als ich die Tiere hinter den Ohren kraulte, wurden sie ruhig, legten sich vor mir auf den Boden, machten es sich gemütlich. Ich atmete auf. Sie hoben erst wieder die Köpfe und drehten sie seitlich, die Schlappohren auf halber Höhe aufgeklappt, als das Telefon eine klassische Melodie piepte und die Neue meines Vaters sich mit einem lauten »Hallo« meldete.

»Gut geht es. Und dir?«

Sie kam aus der Küche und ging zurück zur Garderobe. Klemmte den Hörer zwischen Schulter und Backe ein, zog sich die Schuhe aus.

»Wiktor geht es auch besser. Er fängt allmählich an, sich zu entspannen. Das alles hat ihn ganz schön mitgenommen. Besonders schlimm war, dass sein Sohn hier immer wieder auftauchte. Ich meine, für den ist die Situation auch nicht einfach. Der kapiert ja gar nicht, was los ist. Aber Wiktor ist noch nicht so weit, er braucht erst mal Abstand. Ich kann das gut verstehen.«

Die sprach von mir!

»Warte mal kurz, Anja, mein Handy klingelt. Ich schau nur eben nach, ob es wichtig ist.«

Sie legte den Hörer zu Boden und nahm die Handtasche vom Haken, holte das Handy hervor und ging ran.

»Stefanie Ortner am Apparat.«

Mit einem Mal erhoben sich die Hunde, beide gleichzeitig, als wäre der Name der neuen Frau meines Vaters das Stichwort gewesen, um aufzustehen. Sie trotteten die Treppe herunter zu ihrem Frauchen, das jetzt nervös »Okay, ich bin sofort da« in das Handy rief, dann den anderen Hörer vom Boden nahm und sagte: »Lisa hat sich übergeben. Ich muss aufhören und sie abholen. Wir telefonieren bald wieder. Mach's gut.« Sie schlüpfte in ihre Schuhe, griff nach der Handtasche und verließ das Haus, wie sie gekommen war. Mit einem lauten Knall.

Besonders schlimm war, dass sein Sohn hier immer wieder auf-

tauchte. Dieser Satz hatte sich mir eingebrannt. Ich rannte die Treppe runter und wollte nur noch raus aus dem Haus, ging aber noch mal in die Küche, um das Fenster zu schließen, das ich gekippt hatte. Ein Topf stand auf der Arbeitsplatte neben dem Herd. Davor ein Schneidebrett und ein Schälmesser. Der Herd war an. Die Flammen loderten ins Leere. Blau innen, gelb außen. Ein Feuerkranz um einen Metallring. Wahrscheinlich wollte die Neue gerade Wasser aufsetzen. Das Mittagessen vorbereiten. Ein Geschirrtuch lag über dem Herd. Zusammengeknüllt. Rot-weiß kariert. Als wäre es schnell dorthin geschmissen und dann vergessen worden. Es lag gefährlich nah am brennenden Kochfeld. Erst wollte ich das Geschirrtuch wegnehmen und das Gas abdrehen. Ich hatte das Geschirrtuch schon in der Hand. Doch dann hörte ich wieder diesen Satz in mir: *Besonders schlimm war, dass sein Sohn hier immer wieder auftauchte*, und die Wut auf meinen Vater, auf die Neue, auf die ganze Welt loderte erneut in mir auf. Wenn ich nicht hier wäre, würde den Herd auch niemand ausschalten. Ich wusste, dass es falsch war, so zu denken, aber es war mir egal. Die Wut war stärker. Ich legte das Geschirrtuch wieder so hin, wie es gelegen hatte. Vielleicht legte ich es auch ein bisschen näher ran an die Flammen. Nur ein bisschen, damit die Flammen an dem Bändchen zum Aufhängen lecken konnten. Der Gedanke gefiel mir. Ich wollte nicht, dass etwas passierte. Ich wollte der Neuen nur einen Denkzettel verpassen. Und es meinem Vater heimzahlen. Ich wollte verletzen, ohne wehzutun.

Ich verließ das Haus über die Terrasse. Wenn ich vorne rausging, durch die Eingangstür oder durch die Garage, konnte mich jemand sehen und erkennen. Wenn ich hinten durch die Terrassentür verschwand, war es unwahrscheinlicher, dass ich bemerkt wurde. Der Garten war gut flankiert von hohen Sträuchern und Bäumen. Dafür hatte meine Mutter stets gesorgt. Allerdings würde dann die Terrassentür nicht verriegelt sein, aber ich ging davon aus, dass sich die neue Frau meines Vaters alles selbst zuschreiben würde. Während ich mir ausmalte, wie mein Vater sie zur Sau machte, weil sie so leichtsinnig war, den Herd anzulassen, lief ich durch den Garten zum Swimmingpool, aus dem wir im Herbst noch zusammen das Wasser gelassen hatten. Ich weiß nicht genau, warum, aber ich stieg hinein, ging ganz bis ans Ende des Beckens und setzte mich auf den Boden, den Kopf gegen die kalten Kacheln gelehnt. Die Kälte lähmte endlich den Kater, der zwischen meinen Schläfen tobte, und ich merkte, wie erschöpft ich war. *Für den ist das auch nicht einfach. Der kapiert ja gar nicht, was los ist.* Was kapierte ich nicht? Ich legte den Kopf in den Nacken, sah in den Himmel, inspizierte die Wolken, die besonders tief hingen. Plötzlich, als ein Schwarm Vögel in der Form eines Pfeils durch mein Blickfeld zog, durchschoss mich die Panik. Was, wenn das Haus Feuer fing? Wenn mich irgendjemand gesehen hatte? Ich verstand mich selbst nicht mehr. Ich sprang auf, stützte meine Hände am Beckenrand ab und drückte mich nach oben. Die Explosion kam, als ich mein Bein gerade auf den Beckenrand stellte. Ein dumpfer Knall, dann noch einer. Ich sah noch, wie die Fenster zur Terrasse aus ihren Rahmen gedrückt wurden und Rauch rausschoss, während ich rücklings zurück in den Pool fiel und mit dem Hinterkopf ungebremst auf den Kacheln aufschlug.

Happy Birthday.

38

Sie schläft auf meinem Arm ein, obwohl sie in Baierbach noch behauptet hat, sie könne nur einschlafen, wenn sie sich von mir wegdrehe. Ich sehe sie an. Das zerzauste Haar. Die erhitzten Wangen. Die Augenbrauen, fast gerade. Die Lider, heller als der Rest der Haut, mit feinen blauen Äderchen. Der blonde Wimpernkranz, wie aufgeklebt. Tina schläft, mein Arm prickelt schon unangenehm, ich bin hellwach. Ich küsse sie auf die Stirn, dann hebe ich vorsichtig ihren Kopf an und befreie meinen Arm.

Wir haben miteinander geschlafen. Es war so, wie ich mir das erste Mal vorgestellt hatte, obwohl es nicht das erste Mal war. Wenn ich Tina ansehe, möchte ich alles richtig machen. Für sie. Für uns. Ich möchte ein guter Mensch sein. Und gut aussehen. Ich möchte mehr Muskeln haben an den Oberarmen. Ich möchte stark sein. Ich möchte Geld verdienen. Ich möchte mit ihr Möbel kaufen. Ein großes Bett, mit Rückenlehne. Ein Sofa, auf dem sie sich ausstrecken kann. Und einen gepolsterten Korb für Pecorino, damit er vor unserem Bett schläft und nicht darin. Ich möchte mit ihr in die Karibik und Kokosnüsse essen. Frisch vom Baum. Ich möchte mit ihr im Wind stehen und auf den Atlantik sehen. Ich möchte mit ihr auf die Zugspitze, bis ganz rauf, und so lange runterblicken, bis wir uns leicht fühlen. Ich möchte mit ihr nach Paris. Ihr zeigen, wo ich mit Nicolas und meinem Vater joggen war. Und sobald die Nacht vorbei ist und Tina aufwacht, möchte ich ihr endlich erzählen, was ich angestellt habe. Es hinter mich bringen.

Ich schalte das kleine Licht am Schreibtisch an, setze mich auf den Stuhl, vor mir der Katzenwein, der unangetastet geblieben ist. Ich fahre mit dem Finger über das Etikett, streichle dem stolzen Tier über das Fell. Tina seufzt im Schlaf, dreht sich auf die andere Seite. Also doch. Ich überlege, wie ich beginnen soll. *Hey Tina, ich muss dir noch was sagen. Ich habe mein Elternhaus abgefackelt und dabei sind zwei Hunde draufgegangen.* Nein, das geht gar nicht. *Tina, ich liebe dich, und ich hoffe, du bist bereit für eine richtig unangenehme Geschichte.* So geht es auch nicht. Vielleicht schreibe ich ihr. Ich könnte einen Brief aufs Kissen neben sie legen. Sie könnte ihn lesen, nachdem sie aufgewacht ist. Das hätte Stil. Ich ziehe die Schreibtischschublade auf und nehme ein unbeschriebenes Blatt Papier daraus hervor. Ich suche einen Stift, der kein Kugelschreiber und kein Bleistift ist. Ich finde meinen Füller in der Kiste, in der ich alle meine wichtigen Unterlagen aufhebe. Es ist ein echter Montblanc, den meine Eltern mir zum sechzehnten Geburtstag geschenkt haben. Mit meinen Initialen in der Füllerkappe und einem Tintenfass voller schwarzer Tinte. Ich ziehe die Tinte auf und fahre mit der Feder so lange über das Papier, bis die Tinte sauber fließt. Dann drehe ich das Blatt um und male die ersten Buchstaben meines Geständnisses langsam und gut lesbar hin. Setze den Stift ab und sehe mir an, was ich geschrieben habe.

»Hey. Schreibst du mir einen Liebesbrief? Oder schreibst du mir, du gehst nur kurz Bier holen und kommst dann nicht mehr wieder?«

Ich zucke zusammen, als hätte sie mich bei etwas Unerlaubtem erwischt.

»Du schläfst ja gar nicht.«

»Ich kann nicht schlafen, wenn du nicht neben mir liegst.«

Ich schenke ihr ein Lächeln. Wie gerne würde ich einfach zu ihr unter die Bettdecke schlüpfen und den Kopf an ihren Bauch legen.

»Was machst du da?«

»Ich schreibe.«

»Das sehe ich. Aber was schreibst du?«

»Ich schreibe auf, warum ich deine Uroma pflege.«

»Warum sagst du es mir nicht, sondern schreibst es mir?«

»Weil es mir total peinlich ist und weil ich mir gestern, als ich auf dich wartete, gedacht habe, du könntest das alles auch so beschissen finden, dass du abhaust.«

»Warum sollte ich abhauen?«

»Na, weil das, was ich getan habe, kriminell war.«

»Ich weiß, dass du was angestellt hast. Ich weiß nur nicht genau, was. Tom hat es mir nicht verraten.«

»Ja, Tom hält dicht, wenn es darauf ankommt.«

»Was war es denn?«

»Willst du die kurze Version oder die lange?«

»Fürs Erste reicht mir die kurze.«

Ich nicke. »Versprichst du mir, dass du mich nicht unterbrichst?«

»Ich verspreche es.«

Wieder nicke ich, als müsste ich bestätigen, was sie versprochen hat.

»Kennst du das? Du machst etwas, das du kurz darauf bereust? Aber noch bevor du es rückgängig machen kannst, ist es zu spät dafür?«

Sie sieht mich lange an. Dann wandern ihre Augen zur Zimmerdecke und wieder zurück auf irgendeinen Punkt schräg hinter mir. Das fängt ja gut an, denke ich.

»Darf ich noch was sagen oder unterbreche ich dich dann schon?«

»Du darfst was sagen, klar«, stoße ich hervor.

»Ich kenne das gut«, sagt sie. »Sehr gut sogar. Ich bin mir nur nicht sicher, ob ich dir erzählen soll, wieso ich das kenne. Ich habe es bislang niemandem erzählt, außer Franzi natürlich, aber die weiß sowieso alles von mir.«

»Ich dachte, du hast mir deine Geheimnisse schon verraten.«

»Meine Geheimnisse schon. Aber nicht meine Abgründe.« Sie schnauft tief durch. Dann setzt sie an: »Ich habe der ersten Freundin meines Vaters, die ich nur deswegen nicht ausstehen konnte, weil mein Vater sich in sie verliebt hatte, einen Ring gestohlen, der ihr sehr wichtig war. Nicht, weil ich den Ring haben wollte, sondern weil ich der Freundin meines Vaters wehtun wollte. Der Ring war ein Erbstück, was ich nicht wusste, als ich ihn ihr wegnahm. Sie sagte es mir erst später und auch, dass es nicht der Wert des Schmuckstücks sei, an dem sie hänge, sondern die Bedeutung, die der Ring für sie habe. Ich bekam sofort ein schlechtes Gewissen. Zumal klar war, dass ich ihn geklaut hatte. Sie wusste, dass ich es war. Und ich wusste, dass sie es wusste. Doch anstatt ihr den Ring zurückzugeben oder ihn irgendwo hinzulegen, wo sie ihn finden konnte, habe ich ihn in den See geschmissen. Ich wollte auf gar keinen Fall, dass man den Ring bei mir fand, und dachte, es wäre sicherer, ihn zu versenken. Ich erinnere mich noch wie heute an das Gefühl, das ich hatte, als ich den Ring auf dem Steg aus der Hand fallenließ. Ich sah ihn wie in Zeitlupe untergehen, und schon eine Sekunde später wäre ich ihm am liebsten hinterhergesprungen. Aber es war Ende November und so kalt, dass ich mich nicht traute. Im Sommer darauf habe ich nach dem Ring getaucht. Stundenlang. Ich habe ihn nicht gefunden. Bis heute möchte ich diese Aktion rückgängig machen.«

»Was ist aus der Freundin deines Vaters geworden?«

»Sie hat ihn verlassen. Ob ich der Grund war – keine Ahnung. Vermutlich nicht. Das schafft mein Vater schon ganz allein.«

»Möchtest du Katzenwein trinken?« Ich zeige auf die Flasche hinter mir. »Ich habe extra einen besorgt, damit du Pecorino nicht so sehr vermisst, wenn du bei mir bist.«

»Lügner«, sagt sie und lacht. »Gerne.« Sie schnappt sich mein Kopfkissen, legt es auf ihres und setzt sich im Bett auf, die beiden Kissen im Rücken. Ich entkorke den Wein und schenke uns ein Glas ein. Ich bringe ihr ihres und gehe wieder zurück zum Stuhl. Hebe das Glas an, sage »Auf uns« und komme mir plötzlich sehr weltmännisch vor. Es ist halb vier Uhr morgens, und der Zeitpunkt ist gekommen, ihr endlich alles zu sagen.

»Auf uns«, antwortet sie. Und dann: »Jetzt du.«

Ich nicke. Trinke. Stelle das Glas ab.

»Sie haben mich bewusstlos im Pool gefunden. Ich blutete am Kopf, weil ich auf den Kacheln aufgeschlagen war. Ich bin erst im Krankenwagen wieder aufgewacht. Auf der Trage, zwei Sanitäter um mich herum, die mich versorgt haben. Ich bin zu mir gekommen, weil ich meinen Vater hörte, wie er brüllte, man solle ihn sofort zu mir lassen. Jedenfalls glaube ich, dass ich deswegen wach geworden bin. Weil ich seine Wut und seine Sorge mitbekam. Vor allem seine Wut. Immer wieder sah ich das rot-weiß karierte Geschirrtuch vor mir. Wie ich es zurück auf den Herd lege und dann noch mal ein Stück nach rechts ziehe, ganz wenig nur, aber doch so nah, dass die Flammen herankommen. Das immer gleiche Bild. Am liebsten wäre ich so lange ins Koma gefallen, dass es am Ende egal gewesen wäre, was ich verbrochen habe. Ich wusste, dass es falsch war. Trotzdem habe ich es getan. Ich wollte der neuen Frau meines Vaters wehtun, weil sie meine Mutter ersetzt hatte. Und meinem Vater, weil er sich wie ein Arschloch verhielt. Ich wollte nicht, dass wirklich etwas passierte. Ich wollte es nur in dem Moment, als ich das Geschirrtuch hinlegte, aber nicht mehr danach. Eigentlich hätte auch nichts passieren dürfen. Wie es zur Explosion kam, fand die Feuerwehr erst hinterher heraus. Sie haben versucht, den Vorgang zu rekonstruieren.«

Ich schenke mir Wein nach und trinke zwei große Schlucke. Bloß nicht in Tinas Gesicht sehen. Einfach weiterreden.

»Die Feuerwehr fand heraus, dass es zu dem Knall kam wegen irgendwelcher Gase, die sich aufgrund der thermischen Aufbereitung der brennbaren Stoffe angesammelt haben. Ja, so haben die das genannt: thermische Aufbereitung der brennbaren Stoffe. Die Fensterscheiben haben dem Druck nicht standgehalten und wurden rausgedrückt. Es hat einfach Bäng gemacht. Die Hunde hatten keine Chance. Ich frage mich die ganze Zeit, warum die nicht gebellt haben. Hunde bellen doch, wenn sie Feuer sehen oder riechen. Warum sind die nicht zur Terrassentür gelaufen. Ich wäre sofort wieder reingerannt. Ich wollte sowieso wieder rein. Aber da hat es die Fenster schon rausgedrückt, wie in einem Actionfilm. Nur eben real. Es war schrecklich.«

Ich habe ganz schnell gesprochen. So schnell, dass ich außer Atem bin. Ich traue mich immer noch nicht, Tina in die Augen zu sehen. Eine Weile geschieht nichts. Es ist einfach nur still im Zimmer.

»Wenn ich das jetzt richtig verstanden habe, dann hast du dein Elternhaus abgefackelt und dabei sind zwei Hunde gestorben?«

»Ja. Welpen.«

»Das ist ziemlich krass, Adam.«

»Ja.« Ich schaue auf. Vorsichtig. Tina sitzt auf dem Bett, als stünde sie Modell für einen Maler, der Träger ihres Oberteils locker über der Schulter. Mir laufen die Tränen herunter. Tropfen vor mir auf die Dielen. Ich kann nicht aufhören zu weinen. Mein Hals schmerzt, so dick steckt der Kloß darin fest. Es ist mir peinlich, vor Tina die Fassung zu verlieren. Wenn sie mich nicht verlässt wegen dem, was ich getan habe, dann spätestens jetzt, nachdem sie gesehen hat, was für ein Weichei ich bin. Ich möchte aufhören zu flennen, doch es gelingt mir nicht. Irgendwann steht Tina auf, legt die Hand auf meine Schulter, knetet sie. Und die Tränen fließen und fließen.

»Ich ... habe es verbockt«, schluchze ich.

Draußen beginnen die Vögel zu singen. Mit einem Schlag, als wäre es schon hell. Sie sitzen in dem einzigen Baum im Hinterhof und zwitschern sich die Seele aus dem Leib.

»Jetzt sei mal nicht so wehleidig«, sagt Tina und hört auf, meine Schulter zu kneten.

»Du hast ja keine Ahnung«, schluchze ich noch lauter als zuvor. »Mein Vater … Mein Vater …«

»Was ist mit deinem Vater?«

Sie kniet sich vor mir hin. Wartet. Sagt nichts mehr. Macht nichts mehr. Kniet einfach nur vor mir, als müsste sie mir helfen, die Schuhe zu binden. Und als ich nicht antworte, nimmt sie mich so lange in den Arm, bis der Lärm der Stadt die Vögel übertönt.

39

Mein Vater ließ sich nicht aufhalten. Mein Vater hat sich nie aufhalten lassen. Er war arm aus Polen gekommen und hier reich geworden. Darauf war er stolz, obwohl er sich aus Materiellem nichts machte. Er brauchte keine dicken Autos. Keine teuren Anzüge. Keine fette Uhr. Das interessierte ihn nicht. Im Herzen war mein Vater der Bauernbub geblieben, der er gewesen war. Mit großen Händen und breiten Fingern.

Das Haus hatte mein Vater für meine Mutter und für mich gebaut. Wir sollten alles haben, was wir wollen. Mein Vater gehört zu der Sorte Mensch, die nicht lange braucht, um eine Entscheidung zu treffen. Er besitzt eine natürliche Autorität. Sie liegt in seiner Stimme. In der Art, wie er die Hand hebt oder einen ansieht. Man hört ihm zu, wenn er anfängt zu sprechen. Man lacht, wenn er einen Witz reißt, auch wenn der Witz nicht gut ist. Mein Vater kann einem das Wort abschneiden, ohne einen unterbrechen zu müssen. Man verstummt von selbst, sobald er will, dass man die Klappe hält.

Als ich ihn vor dem Krankenwagen brüllen hörte, wusste ich, dass sie ihn nicht lange würden aufhalten können. Er stürmte in den Wagen. Ich lag auf der Trage und schämte mich vor ihm und vor den Sanitätern, die nicht wussten, was sie tun sollten, als mein Vater mit beiden Händen die Trage packte und mich von oben herab anschrie, bis seine Spucke auf mich herabtropfte. Er schrie mich an, ob ich noch bei Trost sei und dass er mich anzeigen werde. Dass ich nicht ganz normal sei und in Behandlung gehöre. »Die Hunde sind tot! Die

Hunde sind tot!«, brüllte er immer wieder, und ich wäre am liebsten gestorben. Einer der Sanitäter fasste Mut und sagte beschwichtigend, er möge doch bitte den Wagen verlassen und sich erst einmal beruhigen. Aber mein Vater war nicht wegzukriegen. Er wurde nur plötzlich ganz leise. Ich konnte kaum mehr verstehen, was er sagte, was schlimmer war, als von ihm angeschrien zu werden. Er flüsterte, dass ich zwei Hundebabys ermordet hätte und was gewesen wäre, wenn die Mädchen sich noch im Haus befunden hätten. Ich sagte, dass ich gewusst hatte, dass die Kinder nicht da waren und auch nicht seine neue Frau. Und dass es mir leidtäte und dass er mich bitte nicht anzeigen solle, ich sei doch sein Sohn. Es war weniger die Anzeige bei der Polizei, die ich fürchtete, als die Tatsache, dass mein eigener Vater mich anzeigen wollte. Er lachte. Hysterisch, wie jemand, der gerade durchdreht. Ich verstand nicht, was mit ihm passierte. Dann flüsterte er, noch leiser als zuvor, es war nur noch ein Hauchen: Du bist nicht mein Sohn, Adam. Du bist nicht mein Sohn! Du bist nur ein Bastard, den deine Mutter angeschleppt hat. Ich zeige dich an, weil du nicht mein Sohn bist. Er drehte sich um und stieg aus dem Wagen. Die Sanitäter glotzten mich an. Sahen meinem Vater nach. Und ich schloss die Augen und dachte an meine Mutter. Plötzlich ergab so vieles einen Sinn. Ich dachte auch an die Welpen. Ob sie jetzt im Himmel waren. Ich sah sie fliegen, zwischen den Wolken, mit großen weißen Flügeln an ihren Körpern. Meine Mutter streichelte ihnen über den Kopf und dann das Fell unter dem Maul, während mein Vater an ihnen vorbeikraulte, ohne aufzuschauen.

Meine Mutter und mein Vater waren bei der Gerichtsverhandlung anwesend. Mein Vater saß links im Sitzungssaal A34 des Jugendgerichts, meine Mutter rechts. Mehr Abstand ging nicht. Nicolas saß neben meiner Mutter. Und neben ihm saß Tom. Meine Mutter schien die Tatsache, dass ich vor Gericht stand, nicht zu interessieren. Zumindest sah ich nicht, dass sie ein einziges Mal zu mir, zur Richterin oder überhaupt nach vorne schaute. Sie stierte bloß meinen Vater an, der die Hand seiner neuen Frau hielt, das Kinn auf der Brust, als säße er im Zug und schliefe. Die neue Frau meines Vaters hingegen ließ mich nicht aus den Augen. Manchmal glaubte ich, sie zwinkerte mir zu. Aus Nervosität. Dann wieder sah ich in ihrem Blick Verachtung.

Meiner Mutter hatte ich verboten, mit mir zu sprechen. Mich überhaupt anzusprechen. Mir irgendwie nahe zu kommen. Ich hatte ihre Nummer gewählt, als ich den Krankenwagen auf eigene Verantwortung verließ und der erste Schock verflogen war. Ich hatte sie gefragt, ob es stimmte, was mein Vater gesagt hatte. Meine Stimme brach, ich musste mich konzentrieren, die Frage auszusprechen, ohne loszuschreien. Ich kannte die Antwort. Doch ich wollte sie von ihr hören. Ein einfaches: Ja, es stimmt. Keine Erklärungen. Kein wie und weshalb. Dafür war es zu früh. Oder zu spät. Bevor sie sich erklären konnte, legte ich auf und schickte eine SMS hinterher, sie solle mich nicht anrufen, sie solle sich von mir fernhalten. Meine Mutter rief mich danach mindestens fünfzigmal an. Sie klingelte ins Leere. Sie hinterließ Nachrichten auf der Mailbox, schickte eine SMS nach der anderen. Irgendwann hörte mein Handy auf zu vibrieren, und Nicolas meldete sich per WhatsApp, dass meine Mutter mich in Ruhe lassen werde, dass ich sie anrufen solle, sobald ich bereit sei, mit ihr zu sprechen. Und dass er für mich da sei, falls ich lieber mit ihm reden wolle.

Mein Vater verließ den Gerichtssaal direkt nach der Urteilsverkündung. Mit schnellem, ausladendem Schritt. Die Neue lief ihm hinterher, als hielte mein Vater sie an einer unsichtbaren Leine. Meine Mutter beeilte sich, ebenso schnell aus dem Gerichtsaal zu kommen wie mein Vater und seine Gefährtin. Sie warf sich die Jacke über, schnappte sich die dazu passende Handtasche und jagte den beiden nach. Nicolas hielt sie am Ausgang kopfschüttelnd am Armgelenk fest. Er redete auf sie ein, bis sie ergeben nickte und ihr Gesicht an seinem Hals vergrub. Ich fragte mich, für wen sie dieses Schauspiel veranstaltete. Es gab außer mir niemanden, der ihr dabei zusah, wie sie sich verausgabte, meinen Vater zu erreichen. Tom kam auf mich zu, streckte die Hand aus und klopfte mir freundschaftlich auf den Rücken, als wolle er mir damit sagen, dass ich meine Sache gut gemacht hätte.

»Deinen Eltern ist nicht zu helfen.«

»Ich weiß.«

»Ich hätte nicht gedacht, dass deine Mutter mal so unsouverän sein würde. Die steht neben der Tür, statt bei dir zu sein, und macht mit deinem Onkel rum.«

»Sie macht nicht mit meinem Onkel rum!«

»Was macht sie dann an seinem Hals? Also für mich sieht das eindeutig aus.«

»Du bist doch nur eifersüchtig.«

»Okay. Erwischt. Ein bisschen vielleicht.«

»Ich habe meiner Mutter verboten, mit mir zu sprechen. Deswegen steht sie so blöd rum. Sie suhlt sich in Selbstmitleid. Das ist alles.«

»Und warum willst du nicht mit ihr sprechen?«

»Weil ich keinen Bock auf ihre Lügen habe.«

»Aber sie hat doch gar keinen Grund mehr zu lügen. Das wäre eine Gelegenheit, endlich die ganze Wahrheit zu erfahren.«

»Zu spät.«

»Du bist genauso stur wie dein Vater.«

»Keine Ahnung, wie stur mein Vater ist.«

»Und mindestens so selbstgerecht.«

»Du mich auch.«

Noch immer umarmte Nicolas meine Mutter. Er sah mich von der Seite an, ernst und gutmütig zugleich. Zuckte pausenlos mit den Achseln, wahrscheinlich um mir zu signalisieren, dass auch er nicht wüsste, was er mit meiner Mutter anfangen sollte. In ihrer rechten Hand baumelte die Handtasche. Knallrot, wie die Jacke. Nicolas dafür ganz in Weiß, ein Guru, der eine Ungläubige einzufangen versuchte.

Ich ließ Tom stehen und ging auf meinen Onkel und meine Mutter zu. Als ich etwa einen Meter vor ihnen stand, löste sich Nicolas aus der Umarmung und öffnete den Kreis, den sie gebildet hatten, damit ich eintreten konnte. Ich zeigte ihm den Vogel und sagte, sie sollten ihr Techtelmechtel woanders ausleben. Dann kehrte ich ihnen den Rücken, um schnell nach draußen zu gelangen, raus aus dem Raum, in dem die Luft so stickig war, dass sie stand. Kaum war ich bei der Tür angekommen, lief meine Mutter mir hinterher, griff mit beiden Händen nach meinen Armen. Theatralischer ging es nicht mehr. Sie flehte mich an, ich möge ihr verzeihen. Immer die gleiche Litanei. Es ärgerte mich, dass meine Mutter so tat, als sei sie das Opfer. Vor allem ärgerte es mich, dass sie glaubte, sie könne damit etwas bei mir erreichen. Ich wollte, dass sie sich zusammenriss. Dass sie nicht lautstark etwas einforderte, das ich ihr in dem Moment niemals geben konnte. Gleichzeitig hatte ich den Impuls, sie trösten zu müssen. Nicolas packte meine Mutter am Arm. Zog sie aus dem Saal, während ich dastand und mich beschissen fühlte, weil meine Mutter mit ihren Schuhen, mit Sicherheit made in Paris, den Boden schleifte, da ihr das Rückgrat fehlte, darüber zu laufen.

40

Meine Mutter und ich haben uns in einem Café in der Au verabredet. Es war ihr Vorschlag. Ich habe sofort zugestimmt, obwohl ich immer noch das Gefühl habe, sie bestrafen zu müssen. Und wie hätte ich das besser können, als ihr einen Korb zu geben? Aber seitdem ich mit Tina zusammen bin, ist alles anders. Seitdem möchte ich vernünftig sein. Für Tina. Sie soll wissen, dass ich jemand bin, auf den man sich verlassen kann.

Ich bin eine halbe Stunde vor der verabredeten Uhrzeit da. Gehe zu einem Tisch ganz am Rand, dort, wo Schatten ist. Ich möchte nicht, dass meine Mutter mir dabei zusieht, wie ich ins Café komme. Ich möchte, dass sie auf *mich* zukommt, während ich Schorle trinke und gelassen wirke, obwohl mir schon bei dem Gedanken daran, gleich meine Mutter zu treffen, vor Aufregung die Hände schwitzen. Es ist Wochen her, dass wir uns zuletzt gesehen haben. Und das war alles andere als schön.

Auch meine Mutter kommt früher als geplant. Lässt mir keine Zeit, mich mental auf das Treffen vorzubereiten. Durchkreuzt meine Pläne – ihre Spezialität. Ich sehe sie schon von weitem, wie sie in einem zitronengelben Kleid die Isarauen entlangrauscht. Das Kleid endet knapp unterhalb der Knie und schlägt Wellen, an denen so was wie Wattebäusche kleben. Sicherlich eine Eigenkreation, inspiriert von ihrem neuen Leben in Paris. Jetzt steht sie am Zebrastreifen, wo gerade ein Cabrio vorbeifährt, Musik voll aufgedreht, zwei Frauen vorne, zwei Männer hinten. Meine Mutter sieht aus wie eine Schauspielerin, frisch von der Leinwand gesprungen, auf der sie zuvor mit einem Mann im Frack übers Parkett gefegt ist. Sie blickt dem Cabriolet nach, greift in eine kleine hellblaue Handtasche und zückt ihr Handy. Es muss neu sein, denn sie wischt darüber, statt zu tippen, wie sie es bei ihrem alten machen musste. Dann überquert sie die Straße, ohne noch mal nach links oder rechts zu schauen, blickt auf, entdeckt mich, winkt. Die Augen groß, der Mund offen. Freudig und doch so, als dürfte sie sich nicht freuen. Ich hebe kurz die Hand, ohne eine Miene zu verziehen. Zweimal fährt sie sich mit den Fingern durchs offene Haar, streicht sich die Mähne glatt, bevor sie durch die parkenden Autos hindurch auf mich zukommt. Ich beobachte, wie die zwei Männer, die an einem der Tische an ihren Cappuccinos nippen, sie anglotzen. Sie haben aufgehört, miteinander zu sprechen. Ihre Köpfe gedreht, die Beine übereinandergeschlagen, die Rücken angelehnt. Sie genießen die Sonne und wie meine Mutter mit den Wattebäuschen wedelt.

»Bonjour, Adam.« Sie sagt es, während sie mich küsst, erst links, dann rechts, dann auf die Stirn. Unsicher das Lächeln danach.

»Hallo Mama.«

»Du siehst gut aus.«

»Du auch. Selbstgenäht?« Ich zeige aufs Kleid.

»Nein. Aber entworfen.« Sie sieht mich an. Ich sehe ihre Aufregung, ihr gerötetes Gesicht, die kleinen Schweißperlen auf der Nase. »Ich entwerfe Kleider für eine Bekannte von Nicolas.« Sie spricht sehr schnell. Zieht den Stuhl zurück. Nimmt Platz. »Die Bekannte hat ein kleines Atelier mit Boutique in Saint-Germain-des-Prés. Die haben viele prominente Kunden, Schauspieler, Musiker.«

»Das ist toll. Freut mich für dich.« Ich dachte, ich würde lügen, als ich es ausspreche, aber ich sage die Wahrheit.

»Danke, dass du das sagst.«

»Was willst du trinken?«

»Wasser. Ohne Kohlensäure.«

Ich winke der Bedienung. Bestelle eine Apfelschorle und ein stilles Wasser.

»Du bist erwachsen geworden. Es ist schön, dich zu sehen. Wie geht es dir?«

Wieder spricht sie schnell. Macht keine Pausen zwischen den Sätzen.

»Es geht mir gut. Ich habe eine Freundin. Tina.« Ich lasse mir Zeit. Spreche jeden Satz bewusst langsam aus.

»Oh. Das ist wunderbar. Das ist ganz wunderbar, Adam.« Meine Mutter klatscht in die Hände. Strahlt über das ganze Gesicht. Ich spüre, wie stolz sie ist, dass ich sie ins Vertrauen ziehe. Ihr Strahlen ist echt. Und ansteckend.

»Ja. Das ist es.« Ich versuche, ernst zu bleiben, damit sie nicht auf die Idee kommt, nach diesem Treffen sei alles wieder gut zwischen uns. Leicht möchte ich es ihr nicht machen, obwohl es so viel gibt, das ich ihr gerne erzählen würde. Gleichzeitig habe ich Hunderte Fragen, deren Antworten ich fürchte. Eine Pause entsteht. Meine Mutter kommt mir fremd vor. Wie eine Frau, die zufällig meine Mutter ist und die eine Menge Probleme hat. Sie ist nicht mehr die, die sie mal für mich war – perfekt.

»Jetzt sitzen wir hier und wissen nicht, wie wir uns begegnen sollen.«

Dieses Mal kommt sie mir zuvor.

»Ja. Das stimmt.«

»Ich bin nicht nur wegen dir nach München gekommen. Ich werde auch deinen Vater treffen.«

Damit hatte ich nicht gerechnet. »Papa will dich sehen?«

»Ja. Es gibt einiges zu besprechen.«

»Was denn? Ich denke, ihr redet nicht mehr miteinander. Tabula rasa. Du erinnerst dich?«

»Es ist viel Zeit vergangen. Ich glaube, Wiktor ist bereit, mir zuzuhören. Außerdem will er das Testament ändern lassen. Das können wir nur gemeinsam.«

»Alles klar, verstehe. Er lässt mich rausstreichen.«

»Nein, das glaube ich nicht.«

»Ich weiß nicht, was ich dir glauben kann und was nicht.«

»Es tut mir leid, Adam.«

»Wie kann man nur so viele Jahre mit einer solchen Lüge leben? Wie geht das?«

»Ich habe mir etwas vorgemacht, bis ich selbst daran geglaubt habe.«

»Das kenne ich«, antworte ich. »Man erbt wohl nicht nur die guten Eigenschaften seiner Erzeuger.«

Sie mustert mich, während sie auf der Backe herumkaut. Ich frage mich, warum mir diese Angewohnheit früher so liebenswürdig erschien.

»Ich kann dir nicht sagen, welche Eigenschaften dein leiblicher Vater hat. Ich habe ihn kaum gekannt. Als immer klarer wurde, wem du ähnlich siehst, warst du schon fünf, fast sechs. Ich hatte den Zeitpunkt verpasst, deinem Vater, also Wiktor, reinen Wein einzuschenken. Und es hätte keinen Unterschied gemacht.«

»Keinen Unterschied? Hörst du dich eigentlich selbst sprechen?«

»Verzeih, so war es nicht gemeint.«

»Wie heißt mein Vater?«

»Etienne.«

»Wie noch?«

»Etienne Legrand.«

»Und was macht er?«

»Ich weiß es nicht. Er ist ziemlich bald ausgewandert. Île de la Réunion. Arbeitet dort angeblich als Lehrer.«

»Weiß er, dass es mich gibt?«

»Nein.«

Ich nicke, als ob ich damit gerechnet hätte. »Wie ist er so? Ich meine, wie war er so, damals?«

»Ich kann es dir nicht sagen. Es war ein Fest. Ein Abend. Wir kannten uns nur flüchtig. Er kam nicht aus Plomeur. Er war der Cousin eines Bekannten aus Marlènes Clique, der auf Besuch war. Wegen der Wellen. Ein Elsässer, der das Surfen liebte. Er kam irgendwo aus der Nähe von Colmar, daran erinnere ich mich. Ich war mit deinem Vater noch nicht zusammen. Es war kurz davor. Etwa zur gleichen Zeit. Es war *mein* Sommer. Der erste Sommer, in dem sich die Männer um mich rissen und nicht nur um Marlène. Das war mir neu, und ich genoss es. Es gab mir Selbstvertrauen. Ich hatte mich immer an Marlène orientiert. Sie war nur eineinhalb Jahre älter als ich. Aber zu der Zeit waren eineinhalb Jahre viel. Ich war die Kleine, sie die Große. Marlène und ich verstanden uns gut, aber es gab auch eine große Konkurrenz zwischen uns. Etienne war genau Marlènes Typ. So wie Wiktor. Ich kann dir nicht sagen, ob sie sich ihrerseits in die beiden verguckt hatte, jedenfalls interessierten sich weder Wiktor noch Etienne für sie. Sondern für mich. Und ich ließ Etiennes Annäherungen zu, weil es mir guttat, dass er Marlène links liegenließ. Bei deinem Vater war es dann anders – ihn wollte ich nicht nur, weil Marlène ihn wollte, sondern weil ich wirklich in ihn verliebt war, schockverliebt, und als ich kurz darauf schwanger wurde, war mir klar, dass das Kind auch –«

»Eine Apfelschorle, ein stilles Wasser.«

»– von Etienne sein konnte. Aber ich habe nicht daran geglaubt. Ich war total in deinen Vater verliebt, während Etienne mir mehr oder weniger egal war. Du konntest nur von Wiktor sein. Du durftest nur von ihm sein.«

»Wann hast du bemerkt, dass Papa nicht mein Vater ist?«

»Schon nach der Geburt hatte ich das Gefühl, dass du Etienne ähnlich siehst. Marlène hat es auch gesehen und mich genötigt, einen Vaterschaftstest zu machen. Was ich nicht wollte. So wie es war, war es perfekt. Wiktor, du und ich. Außerdem sah ich immer öfter Wiktor in dir. In der Gestik. In der Art, wie du weintest. In der Art, wie du lachtest.«

»Hattest du keine Angst, dass irgendwann alles auffliegt?«

»Doch. Marlène und ich stritten jahrelang deswegen. Sie meinte, Wiktor hätte ein Recht darauf zu erfahren, dass du eventuell nicht sein leiblicher Sohn bist. Und Etienne, dass er vielleicht einen Sohn hat. Ich sah das anders. Es klingt paradox, aber obwohl mir klar war, dass du Etienne wie aus dem Gesicht geschnitten bist, warst du für mich ganz eindeutig Wiktors Sohn.«

»Ich kann mir nicht vorstellen, wie das gehen soll. Du weißt, dass ich nicht Papas Sohn bin, und bist dir doch sicher, dass ich es bin?«

»Ja. So in etwa.«

»Ziemlich schizophren.«

Meine Mutter nippt am stillen Wasser. Es sieht aus, als teste sie, ob es bitter ist oder süß. Sie setzt die Lippen an den Rand des Glases und kippt es leicht an. Wartet. Nippt ein weiteres Mal. Stellt das Glas dann wieder ab.

»Meine Therapeutin nennt das kognitive Dissonanz.«

»Du bist in Therapie?«

»Ja.«

»Ich auch.«

»Wirklich?«

»Ja. Hättest im Gerichtssaal ja auch mal zuhören können, statt ständig Papa anzustarren.«

Meine Mutter winkt entschuldigend ab. Will etwas sagen, doch ich komme ihr zuvor.

»Hast du meinen Vater nie gegoogelt? Wo er ist, was er macht?«

»Nein. Erst, als es rausgekommen ist.«

»Wie hat Papa denn erfahren, dass ich nicht sein Sohn bin?«

»Von Marlène. Sie hatte mir geschworen, es ihm nie zu sagen, was ihr sehr schwerfiel. Aber sie hielt sich daran, bis sie uns eröffnete, dass Nicolas und sie sich überlegten, ein Kind zu adoptieren. Da kam eines zum anderen. Dein Vater meinte, dass er nicht wüsste, ob er ein Kind, das nicht von ihm sei, genauso lieben könnte. Er provozierte Marlène, weil er fand, Nicolas und sie sollten endlich akzeptieren, dass sie keine Kinder bekommen könnten und dass man sich nicht einfach eines holen könnte, wenn man es selbst nicht hinbekam. Außerdem seien sie inzwischen schon viel zu alt dafür. Es war ziemlich verletzend, was er sagte. Und dumm. Marlène war so getroffen von dem, was er ihr und Nicolas an den Kopf warf, dass sie zurückschlug – mit der Wahrheit. Das Schlimmste ist, dass ich ihr danach den Tod gewünscht habe.«

Meine Mutter schlägt die Hände vor dem Gesicht zusammen und gibt einen tiefen, röhrenden Laut von sich. Die beiden Männer, die vorher noch still ihren rauschenden Auftritt genossen haben, drehen sich überrascht um und werfen mir einen besorgten Blick zu. Ich lächle ihnen zu, warte, bis meine Mutter ausgeweint hat, dann reiche ich ihr ein Taschentuch, das sie vollschnäuzt und in den Aschenbecher vor uns legt.

»Wie hat Papa reagiert?«

»Er sprach nicht mehr mit mir. Er ignorierte mich, tagelang. Es war fürchterlich, dieses Schweigen zu ertragen. Irgendwann, es war noch recht früh am Morgen und er war gerade aus Helsinki zurückgekommen, weckte er mich und sagte, dass er Abstand brauche. Er wollte sich nicht von mir trennen. Das weiß ich. Das habe ich gespürt. Ich sah, dass es ihn quälte. Er konnte nicht anders. Er hatte wochenlang versucht, sich dir gegenüber nichts anmerken zu lassen. Es war ihm sehr gut gelungen. Anfangs. Doch dann wollte er Sicherheit. Es war ja nicht bewiesen, dass du nicht sein Sohn bist. Wir haben einen Vaterschaftstest machen lassen – und der fiel eindeutig aus. Danach zog er sich auch von dir zurück. Machte eine Dienstreise nach der anderen. Er kam kaum mehr nach Hause, wie du weißt. Und dann eröffnete er mir eines Abends, als du schon im Bett warst, dass er sich von mir trennen wolle. Er sagte auch, dass er nicht wüsste, wie er mit der Situation umgehen solle und dass er auch Abstand zur dir bräuchte, obwohl du nichts dafür konntest.«

Mein Handy klingelt. Tinas Bild erscheint auf dem Display. Meine Freundin am Steg, im Bikini, dahinter der See, wie er in der Abendsonne glitzert. Und obwohl ich noch viel mehr wissen möchte, über Etienne, über meinen Vater, der nicht mein Vater ist, darüber, wie sich alles zugetragen hat, jubelt alles in mir auf. Und ich merke, wie erleichtert ich bin, dass Tina mich rausholt aus diesem Sumpf, in dem meine Mutter steckt.

41

Mein Vater verkaufte das Haus. Für zwei Komma acht Millionen Euro, wie ich von Sven erfuhr. »Eine Menge Asche dafür, dass du 'ne Räucherkammer draus gemacht hast.« Mehr wusste Sven nicht zu berichten, auch nicht, wohin er mit der neuen Frau und den Kindern gezogen war. Meine Mutter wollte ich nicht fragen. Sie hätte es wahrscheinlich eh nicht gewusst. Also tat ich, was ich in letzter Zeit so häufig getan hatte. Ich fuhr zu unserem Haus, um mal wieder das Fahrrad zu holen, das seit dem Brand dort stand. Ich wusste, dass Täter oft an den Tatort zurückkehren. Jedenfalls im Fernsehen. Entweder, um von der Polizei überführt zu werden, oder weil sie total krank im Kopf sind. Überführt war ich schon. Total krank im Kopf – ich glaubte nicht, dass ich es war, aber wahrscheinlich glaubte keiner, der krank im Kopf ist, dass er krank im Kopf ist. Es würde sich ja bei der Psychotante zeigen, die noch auf ihre erste Stunde mit mir wartete. Doch erst einmal wollte ich sehen, ob mein Vater sich wirklich verpisst hatte.

Ich ging am Haus vorbei, ohne stehenzubleiben. Wegen der Nachbarn. Ich wollte auf keinen Fall gesehen werden. Ein sanfter Wind blies unter das Käppi, das ich mir zur Tarnung aufgesetzt hatte. Ich kam mir albern damit vor. So wie mir die ganze Aktion albern erschien. Als ich unser Grundstück sah, erschrak ich. Das Haus lag still in der schwachen Frühjahrssonne. Still und ausgebrannt. Zumindest das untere Stockwerk. Ich glaubte, noch den Geruch von verbranntem Holz und Plastik wahrzunehmen, der in der Luft hing. Obwohl in dieser

Gegend eine Immobilie an die andere grenzte, war niemand zu sehen. Die Straße, an deren Ende ich kehrtmachte, um erneut am Haus vorbeizugehen, war wie ausgestorben. Dieses Mal blieb ich stehen, sah mich um und ging die Einfahrt hinauf bis zur Eingangstür, die Adern voller Adrenalin. Voller als in der Nacht, in der ich in das Haus einbrach, mit einem Mädchen, dessen Namen ich nicht kannte. Von drinnen waren Bohrgeräusche zu hören. Aus einem der oberen Stockwerke. Ich sah mich um. Nirgends war der Wagen eines Handwerkers. Ich wollte schon kehrtmachen, geschockt von dem, was ich angerichtet hatte, als der Wind Stimmen aus dem Garten herüberwehte. Es war die Stimme einer Frau. Und die eines Kindes.

Die Rosen an der dem Garten zugewandten Hausseite waren frisch geschnitten worden. Vereinzelt lagen noch die abgeschnittenen Stiele in den Beeten. Meine Mutter hatte die Rosen stets gestutzt, sobald die Forsythien anfingen zu blühen. Ich sah sie vor mir, in der grünen Latzhose, mit den grünen Stiefeln, wie sie die Gartenschere ansetzte, einen Stiel nach dem anderen abzwackte und dabei lautstark *La vie en rose* sang. Was typisch war für meine Mutter, die gerne zu bestimmten Situationen passende Lieder sang. Meine Mutter hat eine warme Stimme. Warm und voll. Wahrscheinlich hätte sie auch Sängerin werden können, wie meine Tante. Vielleicht nicht Opernsängerin, das hätte nicht zu ihr gepasst. Eher Frontfrau einer Band mit Schlagzeug, Bass und Ukulele.

Um die Rosen musste sich in diesem Frühjahr jemand anderes gekümmert haben. Jemand, der sich mit Rosen auskannte und wollte, dass die Rosenseite des Hauses, wie meine Mutter sie immer genannt hatte, weiterhin bis in den Spätsommer blühte.

Je näher ich der Terrasse kam, desto deutlicher wurden die Stimmen. Sie kamen mir bekannt vor, aber ich konnte sie nicht einordnen. Vorsichtig schaute ich um die Ecke. Im leeren Swimmingpool standen die Nachbarin und ihre blonde Rastatochter und kickten einen schlecht aufgeblasenen Wasserball hin und her. Als ich mich wieder zurückziehen wollte, entdeckten sie mich.

»Hallo Adam«, rief die Nachbarin, streckte die Hand nach oben und winkte mir zu. Das Rastakind rannte zu seiner Mutter und hielt sich an ihren Beinen fest.

»Hi«, antwortete ich, peinlich berührt. Das Blut schoss mir ins Gesicht.

»Kehrst du an den Tatort zurück?«

Mein Kopf glühte, so lästig war es mir, dabei erwischt worden zu sein, wie ich hier herumschlich. Als wäre ich ein besessener Stalker. Es wunderte mich, dass die Nachbarin mir gegenüber so gut aufgelegt war. Dass sie mich nicht beschimpfte und mir drohte, sie würde die Polizei rufen.

»Ich wollte nur mal sehen, ob es stimmt, dass mein Vater das Haus verkauft hat. Sven hat mir das erzählt.« Es klang wie eine Entschuldigung. Es war eine Entschuldigung.

»Ja, es stimmt. *Wir* haben es gekauft.« Sie zeigte dabei auf sich, beide Zeigefinger gegen ihren Körper gerichtet. Das Rastakind zog seinen Wollkopf zwischen ihren Beinen hervor und kickte den Wasserball gegen die Seitenwand des Pools.

»Für zwei Komma acht Millionen?«, platzte es aus mir heraus.

Die Nachbarin sah mich überrascht an. Dann lachte sie, den Kopf nach hinten geworfen, die Backenzähne entblößt. »Hat Sven das auch erzählt?«

»MA-MA, weiterspielen!«

»Ja, hat er.«

»Sven hat keine Ahnung. Aber davon eine ganze Menge, nicht wahr?«

»MAA-MA!«

Ich nickte zustimmend. »Wohin ist mein Vater denn gezogen?«

»Er hat eine Wohnung bei den Osterseen gekauft. In Iffeldorf, wenn ich mich recht erinnere. Ich bin mir aber nicht ganz sicher.«

»MAA-MA!!«

»Er hat sie allein gekauft, ohne die Frau und die Kinder.« Sie wirft mir einen verschwörerischen Blick zu, als würde sie mir mit dieser Aussage etwas Gutes tun.

»Hat mein Vater das gesagt?«

»Nein. *Sie* hat es mir erzählt.«

»Und wohin ist sie gegangen?«

»Wieder zurück zu ihrem Mann.«

»MAA-MAAA!!! SPIEL ENDLICH!«

Ich musste an das Türschild denken, das ich in die Büsche gepfeffert hatte. »Also, ich geh dann mal wieder.« Ich drehte mich um und setzte schnell zwei Schritte voreinander. Bloß weg von hier, bevor mich noch jemand sah, der nicht ganz so entspannt war wie die Nachbarin mit ihrem Kind.

»Adam!«

Die Art, wie sie mich rief, erinnerte mich daran, wie meine

Mutter mich gerufen hatte, immer dann, wenn ich etwas angestellt hatte.

»Ja«, sagte ich und blieb schuldbewusst stehen.

»Ich muss mir aber keine Sorgen machen, dass du uns etwas antust, weil wir das Haus gekauft haben, oder?«

42

Tina und ich verbringen den restlichen Tag im Biergarten. Es gibt nichts Vernünftigeres, als das Treffen mit meiner Mutter bei einer Maß Bier zu verarbeiten. Franzi sitzt schon dort, als wir ankommen. Rudi kaut zufrieden im Buggy auf seinen Zehen herum. Er hat sich verändert, seit ich ihn das letzte Mal gesehen habe. Weniger Glatze, das Gesicht kindlicher, nicht mehr so babymäßig. Ich habe jetzt sogar das Gefühl, etwas Asiatisches darin zu erkennen. Was hat meine Mutter gesagt? Dass sie meinen Vater in mir gesehen hat, obwohl ich meinem Erzeuger wie aus dem Gesicht geschnitten war. Vielleicht sehen Eltern in Kindern immer nur das, was sie sehen möchten, denke ich. Vielleicht ist das das ganze Geheimnis. Vielleicht findet man erst dann zu sich selbst, wenn man das, was die Eltern in einem sehen, von dem trennt, was man wirklich ist.

Franzi umarmt Tina, dann mich. Sie streicht mir über den Rücken, als müsse sie mich trösten. Natürlich weiß Franzi über mich und den familiären Misthaufen, auf dem ich sitze, Bescheid. Auch wenn Tina mir nicht gesagt hat, dass sie mit Franzi über mich spricht, weiß ich es spätestens jetzt, als Franzi mich ansieht. Mit einem Blick, der sagt: Mach dir nichts draus, ist halb so schlimm, ich kenne weder meine Mutter noch meinen Vater und komme auch ganz gut durchs Leben. Ich zwinkere ihr zu, als Dankeschön für den aufmunternden Augenaufschlag, kneife Rudi in die Backe und verabschiede mich zum Ausschank, um die Getränke zu holen. Die Sonne wärmt mir den Rücken. Sie sticht nicht mehr so herunter wie noch vor wenigen Tagen. Ihr Licht ist gelber geworden. Es hat die Farbe des Biers, das in die Krüge fließt. Die Schlange am Ausschank ist lang, trotzdem geht es zügig voran. Das Bier wird im Akkord gezapft, von zwei Männern mit Tattoos auf den Oberarmen und grünen Schürzen vor den Bäuchen. Ich genieße den Betrieb und die Stimmen um mich herum. Obwohl so viel los ist, fühlt es sich nicht hektisch an. Ich will gerade die Augen schließen und das Gesicht ins Licht drehen, als ich das Mädchen entdecke, mit dem ich ins Haus meiner Eltern eingebrochen bin. Das Mädchen, das mir meine Unschuld nahm. Es steht keine zwei Meter vor mir und ist noch kleiner, als ich es in Erinnerung habe. Neben ihr steht Charly, der Türsteher, den ich nur daran erkenne, dass er wieder diesen Hut trägt, den er von seinem Urgroßvater geerbt haben muss. Kurz durchfährt es mich heiß. Bevor ich dem Impuls nachgeben kann, mich vor dem Mädchen zu verstecken, dreht Charly sich um und sieht mich. Offenbar erkennt er mich, was ich nicht gedacht hätte. Er starrt mich an, als hätte ich ihn dabei erwischt, wie er mit meiner Freundin rummacht. Dann bückt er sich einen halben Meter hinunter und flüstert dem Mädchen etwas zu. Das Mädchen dreht sich um und schlängelt sich prompt an den Wartenden vorbei. Ich erwarte, dass es sauer auf mich ist oder sagt, es sei schwanger und ich sei der Vater – irgend so etwas. Ich weiß nicht, warum ich das denke und mich schon innerlich darauf vorbereite. Ich weiß nur, dass mir in dem Augenblick der Arsch auf Grundeis geht und ich mir wünsche, nie in den Biergarten gegangen zu sein. Doch nichts dergleichen passiert. Das Mädchen bleibt mit einem kleinen aufgeregten Sprung vor mir stehen und streckt mir seine Lippen gespitzt entgegen. Ich reagiere nicht. Erstens bin ich zu verblüfft, zweitens möchte ich nicht, dass Tina zufällig sieht, wie ich ein anderes Mädchen küsse. Eines, das so groß ist wie ein eingeklappter Zollstock. »Freundlich wie immer«, sagt das Mädchen und legt los, wie abgefahren es die Nacht mit mir gefunden hätte, dass Charly ziemlich eifersüchtig gewesen sei und gleich am nächsten Tag bei ihm aufgekreuzt sei, um ihm den Hof zu machen. Es sagt tatsächlich »den Hof machen« und macht dabei einen Knicks. Es sagt auch, dass ich total übertrieben habe, was meine Eltern betrifft. Von wegen streng. Und dann erzählt es mir, wie es am nächsten Tag noch mal zum Haus gefahren sei, weil es dachte, es hätte seinen Schal dort liegenlassen. Dass alles abgefackelt gewesen sei, total heftig, die ganze Küche, aber mein Vater, ganz cool. Er habe nur nach ihrem Namen gefragt und danach, wann wir nach Hause gekommen seien und wo wir gefeiert und wie viel wir getrunken und in welchem Zimmer wir übernachtet hätten, was das Mädchen ein wenig merkwürdig fand, doch eigentlich eher nett, »total interessiert«. Nur jetzt, sagt das Mädchen, würde es schon gerne wissen, ob es Glück gehabt habe, an dem Morgen so früh abgehauen zu sein, weil das Glück es einem nicht verzeihe, wenn man es nicht als solches erkenne. Ich denke einen Moment darüber nach, und als ich antworten möchte, dass das Glück mit ihr aus der Haustür gegangen ist, gesellt sich Charly zu uns und legt dem Mädchen den Arm um die Schulter, als müsse er mir damit zeigen, dass es zu ihm gehöre und nicht zu mir.

»Eine Maß und eine Apfelsaftschorle.« Einer der Typen mit den Tattoos und der grünen Schürze nimmt meine Bestellung entgegen, zeigt auf die dreiviertel gefüllten Maßkrüge links von mir auf der Schankablage und lässt eine Schorle durch den Hahn in ein Glas laufen. Ich nehme die Getränke an mich und stelle mich an der Kasse an, gefolgt von dem Mädchen und von Charly, die jeweils einen Krug mit Bier in den Händen halten.

»Also, was ist jetzt?«, fragt das Mädchen, als ich andeute, wieder zurück zu meinen Leuten gehen zu wollen.

»Das Glück sei mit dir«, sage ich bedeutungsschwer, drehe mich um und lasse die beiden stehen.

43

Als es an der Haustür läutet, steht Tina unter der Dusche und ich bin am Herd, wo ich die Milch gerade noch rechtzeitig von der Platte ziehe, bevor sie schäumend überkocht. Sven öffnet die Tür nach dem dritten Klingeln und kommt kurz darauf mit meinem Vater in die Küche, während ich die Milch in eine Müslischale gieße und Pecorino mal wieder eine Markierung setzt, indem er erst den Kopf an meiner Wade reibt, dann den fetten Bauch und schließlich den steil aufgerichteten zitternden Schwanz. Inzwischen ist es morgens schon richtig kühl, und ich spüre die Gänsehaut an den Beinen, die nur in Boxershorts stecken und sich vor Schreck nicht mehr bewegen, seit mein Vater die Küche betreten hat, was Pecorino nicht daran hindert, weiter Duftstoffe auszusenden, die, wie mir Tina erklärt hat, dazu dienen, mich als seine Vertrauensperson zu kennzeichnen.

»Schön hast du es hier«, sagt mein Vater, ohne mich zu begrüßen und als sei es das Normalste der Welt, dass er hier zur Frühstückszeit hereinschneit. Er rückt den Stuhl am Küchentisch beiseite und nimmt Platz, fegt, während er sich hinsetzt, zwei leere Dosen Energydrink, eine Zeitung und einen Stapel Post beiseite, zeigt auf die Espressokanne und wartet, die Daumen aneinandertippend, bis ich ihm einen Kaffee eingeschenkt habe. Schwarz natürlich. Mein Vater nimmt die Tasse, die ich ihm reiche, trinkt einen Schluck, stellt die Tasse auf den Tisch, steht auf, geht zum Fenster und blickt in den Hof, sein breiter Rücken von einer schwarzen Kapuzenjacke bedeckt, die aussieht, als hätte er sie aus meinem Kleiderschrank genommen. Als Tina hereinkommt, ein Handtuch um den Körper gewickelt, eines wie eine Sahnehaube auf dem Kopf, dreht sich mein Vater um, sieht erst Tina an, dann mich, dann wieder Tina, geht auf sie zu und reicht ihr wie ein Geschäftsmann die Hand. Tina schüttelt sie überrascht und stellt sich als meine Freundin vor, während sie mit dem Unterarm das Handtuch an die Brust drückt. Auf dem Küchentisch dampft die Kaffeetasse meines Vaters vor sich hin und entsendet Aromen, die Pecorinos Duftstoffausschüttung zu stören scheinen, da er wie wild geworden eine Acht nach der anderen um meine Beine dreht und dabei miaut, als hätte er seit Tagen nichts mehr zu fressen gekriegt.

»Was willst du hier?«, frage ich und schaue dabei nicht ihn, sondern Tina an, die aussieht, als wüsste sie für einen Augenblick lang nicht, ob ich sie oder den Mann in der Küche meine, der mal mein Vater war. Ich kann sehen, wie sie überlegt, ob sie sich erst anziehen oder gleich an den Küchentisch setzen soll, um nicht zu verpassen, was hier gerade passiert. Sie entscheidet sich dafür, sich erst etwas überzuziehen, und verlässt, sich höflich bei meinem Vater entschuldigend, die Küche.

»Sympathisch, deine Freundin«, antwortet mein Vater, als sei das die einzige logische Antwort auf meine Frage. Dann setzt er sich wieder an den Tisch.

Mein Vater ist alt geworden. Das Gesicht. Nicht der Körper. Er hat graues Haar bekommen. An den Schläfen und oben, über der Stirn. Es ist nicht das Grau der Haare, das ihn alt aussehen lässt. Es sind mehr die Augen, die milchig wirken, als wäre er zu lange in Chlorwasser geschwommen. Wir reden nicht, als hätten wir ein Abkommen, darauf zu warten, dass Tina sich fertig anzieht. Eigentlich wollte ich ihr und mir Frühstück machen. Toast toasten, Butter und Marmelade draufstreichen. Apfelstücke in Joghurt ertränken, Eier kochen. Aber mir ist der Appetit vergangen. Es dauert unendlich lange, bis Tina zurückkommt, in Wirklichkeit wahrscheinlich nicht mehr als fünf Minuten. Sie riecht nach Ananas und Piña Colada. Die Haare hat sie streng zur Seite gekämmt, anders als sonst, als erfordere der Besuch meines Vaters eine seriöse Frisur. Sie setzt sich ihm gegenüber an den Tisch, klopft dreimal mit den Handflächen auf die Oberschenkel, während sie dabei gekonnt wie ein Wellensittich zwitschert, woraufhin Pecorino sich von meinen Waden losmacht und ihr auf den Schoß hüpft. Dass er es schafft, seinen Hundertkilokörper mit einem Satz nach oben zu wuchten, ist mir nach wie vor ein Rätsel. Nicht nur mir, was ich am Gesichtsausdruck meines Vaters erkennen kann. Und einen kurzen Moment lang ist es so, als würden keine Monate des Schweigens zwischen uns liegen.

»Sie sind also Adams Vater, der nicht mehr sein Vater sein möchte«, fragt Tina und blickt ihm direkt ins Gesicht, während sie Pecorino den Nacken krault. Mein Vater schlägt die Beine übereinander, beugt den Oberkörper nach vorne, legt das Kinn in der Kuhle zwischen Daumen und Zeigefinger ab, den Ellenbogen auf die übereinandergeschlagenen Beine gestemmt. Er mustert Tina, sichtlich beeindruckt von ihr. Sie hält seinem Blick mit einem überlegenen Lächeln stand. Ich drehe mich von ihnen weg, als könnte ich so in die Situation eingreifen, sie verändern oder sie auflösen, nehme eine Tasse aus dem Haufen mit schmutzigem Geschirr, wasche sie unter fließendem Wasser ab, fülle sie mit dem Rest des Kaffees aus der Espressokanne und reiche sie Tina, die nach ihr greift und sie sofort zum Mund führt, die Augen weiter auf meinen Vater gerichtet. Ich komme mir vor wie ein Kellner, der ein intimes Gespräch stört.

»Ich war stinksauer auf meine Mutter, als sie sich davongemacht hat. Aber meine Mutter hatte wenigstens einen Grund.«

»Welchen Grund hatte Ihre Mutter?« Mein Vater klingt ehrlich interessiert.

»Wir nannten ihn Freddy. Eine ziemlich fiese Sau. Nahm alles für sich ein, das er kriegen konnte. Freddy hat ein Jahr gebraucht, um meine Mutter von innen heraus aufzufressen, trotz Chemo. Wegen Freddy hat meine Mutter uns verlassen.«

»Das tut mir sehr leid.«

»Welchen Grund haben Sie?«

»Keinen, der mit dem Grund Ihrer Mutter mithalten könnte.«

»Was willst du dann hier?«, traue ich mich endlich zu Wort.

»Ich möchte mit dir reden.« Mein Vater macht eine lange Pause, bevor er weiterspricht, in knappen Sätzen, die wie auswendig gelernt klingen. So als würde er angestrengt versuchen, sich an ihre Reihenfolge zu erinnern.

»Es tut mir leid, dass du das Haus angezündet hast.«

»Ich kann verstehen, warum du das gemacht hast.«

»Es wäre sicher nicht passiert, wenn ich mich dir gegenüber anders verhalten hätte.«

»Ich war mit der Situation überfordert.«

»Ich brauchte Zeit, um zu verarbeiten, was geschehen war.«

»Trotzdem hätte ich dich niemals im Stich lassen dürfen.«

»Ich hätte dir niemals das Gefühl geben dürfen, dass du mir nicht wichtig bist.«

Genau in der Sekunde, in der mein Vater die Stimme senkt, springt Pecorino von Tinas Schoß und verlässt erhobenen Haupts die Küche. Tina folgt ihrem Kater, ohne sich nach mir oder meinem Vater umzudrehen. Sie geht einfach zur Tür hinaus und schließt sie leise hinter sich. Ich setze mich an ihren Platz, der noch ganz warm ist von ihrem Po, inspiziere die Maserung des Holztischs, bevor ich zu sprechen ansetze.

»Ich hätte das Geschirrtuch niemals dort liegenlassen dürfen. Mir tut es leid, was geschehen ist. Ich habe das nicht gewollt.«

»Das weiß ich, Adam.«

Die Pause, die jetzt zwischen uns entsteht, ist unerträglich. Mein Vater dreht die Kaffeetasse in den Händen. Ich fahre mit dem Fingernagel am Tisch entlang, ordne Brösel entlang der Maserung, die zu einem Astloch führt.

»Die Nachbarin hat erzählt, du bist nach Iffeldorf gezogen? Ohne deine neue Freundin?«

»Ja. Ich habe mich von ihr getrennt.«

Ich kann die Erleichterung bei meinem Vater spüren, dass ich etwas gesagt habe. Dass sich das Vakuum um uns herum wieder mit Luft füllt.

»Warum?«

Mein Vater atmet tief durch, sucht irgendetwas am Boden der Kaffeetasse, bevor er aufsieht.

»Weil ich deine Mutter liebe. Ich habe mir etwas vorgemacht. Ich habe geglaubt, ich könnte neu beginnen, wenn ich mir eine neue Familie zulege. Das war falsch.«

»Du liebst Mama noch?«

»Ja.«

Ich schnippe die Brösel vom Tisch und auf den Küchenfußboden. Mein Vater sieht mir dabei zu.

»Aber wir werden nicht mehr zusammen sein können. Das Vertrauen ist weg. Und es kann nicht wiederkommen.«

»Sie hätte dir niemals vorenthalten dürfen, dass ich nicht dein Sohn bin.«

Mein Vater nickt. »Ja, das war ein großer Fehler.«

»Wärst du denn mit ihr zusammengeblieben, wenn du gewusst hättest, dass ich nicht von dir bin?«

»Ich weiß nicht. Damals vielleicht nicht, ich war sehr konservativ erzogen worden, das legt man nicht so schnell ab, wie man möchte. Heute schon. Heute würde ich sie trotzdem heiraten, auch wenn ich wüsste, dass sie ein Kind in sich trägt, das nicht von mir ist. Heute sehe ich vieles anders. Heute würde ich auf die Nachricht auch anders reagieren.«

»Wie denn?«

»Ich würde meine Enttäuschung über den Vertrauensbruch deiner Mutter nicht an meinem Sohn auslassen.«

»Hast du mich denn gar nicht mehr lieb gehabt, als du erfahren hast, dass du nicht mein leiblicher Vater bist?«

»Doch. Natürlich. Ich war nur so verletzt, dass ich deiner Mutter wehtun wollte. Und ich konnte ihr am besten damit wehtun, indem ich mich zurückzog. Auch von dir. Im Nachhinein kann ich mir das nicht erklären. Ich habe wie in einer Blase gelebt. Ich war nicht bei Verstand. Vernebelt. Verblendet.

Nenn es, wie du willst. Ich habe lange gebraucht, um das zu akzeptieren und zu verstehen. Um aufzuwachen. Um wieder klar sehen zu können. Ich wünschte, ich hätte dich dabei nicht verloren.«

Er sieht mich hoffnungsvoll an. Aus seinen Augen tropft milchige Tränenflüssigkeit. Sie rinnt ihm die Backe herunter und hinterlässt eine Spur bis zu den Mundwinkeln. Zum ersten Mal fühle ich mich meinem Vater gegenüber stark. Wie oft habe ich mir diese Begegnung vorgestellt. Ich habe ihn in Gedanken beschimpft, ihm gesagt, dass ich nichts mehr mit ihm zu tun haben wolle, dass er nie mein Vater gewesen sei, auch nicht zu der Zeit, als er noch dachte, er sei es. Aber jetzt, da mein Vater vor mir sitzt, bin ich einfach nur froh, ihn zu sehen. Alles, was ich ihm an den Kopf werfen wollte, ist wie ausgelöscht. Plötzlich trage ich nichts mehr mit mir herum, das ich loswerden will. Ich fühle die Ruhe in mir, die sich langsam, aber mächtig während unseres Gesprächs in mir ausgebreitet hat. Und die Sonne, die sonst immer zwischen meinen Eltern aufging, wenn sie sich küssten, erklimmt ihren Weg zum Zenit. Sie steht zwischen mir und meinem Vater und brennt, obwohl der Herbst den Raum kühlt, ein Loch in den Küchentisch.

»Ich werde ihn suchen, meinen Erzeuger«, sage ich.

Mein Vater nickt.

Dann sage ich: »Magst du ein Toast und ein Ei? Du siehst aus, als könntest du eine Stärkung gebrauchen.«